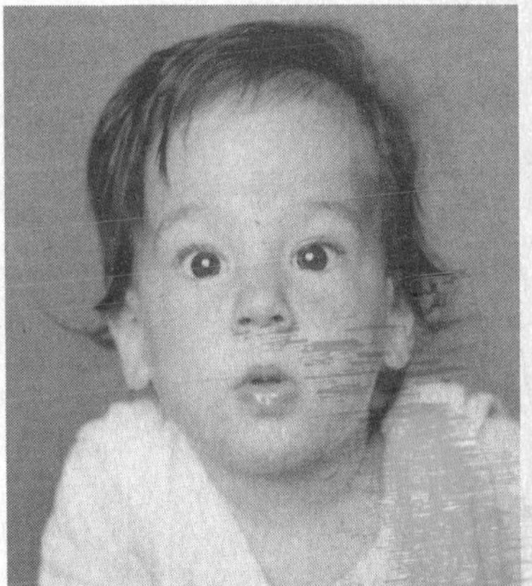

Zu diesem Buch

Das Kind im ersten Lebensjahr, vor allen Dingen, wenn es das erste ist, stellt seine Eltern oft vor besondere Probleme. Denn gerade Eltern, die ihre sorgende und fördernde Rolle ernst nehmen, stehen ratlos vor der Flut der Erziehungsratgeber. Sie wollen die Voraussetzungen dafür schaffen, daß ihr Kind zu einer psychisch stabilen, ausgeglichenen und selbständigen Persönlichkeit heranwächst. Aber welcher Weg ist der richtige?
Das Elternbuch trägt dazu bei, daß Erziehung nicht zum unlösbaren Problem oder zur lästigen Pflicht wird. Wissenschaftlich fundiert und leicht verständlich gibt es Auskunft über Stufen und kritische Phasen der körperlichen, psychischen und kognitiven Entwicklung des Kindes, über Erziehungsziele und Erziehungsstile, über möglichst konfliktfreie Abstimmung des Familienlebens auf die besonderen Bedürfnisse des Kindes. Und vor allem: die gezielten, abwechslungsreichen Entwicklungsprogramme für soziale Verhaltensweisen und Gefühle helfen den Eltern, spielerisch die Fähigkeiten des Kindes zu fördern und seine Fertigkeiten auszubilden.

ULRICH DIEKMEYER, geboren 1940, Diplom-Psychologe und Pädagoge, arbeitet nach längjähriger wissenschaftlicher Tätigkeit in einem pädagogischen Institut für angewandte und wissenschaftliche Forschung als psychologischer Berater, Fortbildner und freischaffender Publizist in München

Außerdem lieferbar:
Das Elternbuch 2 (rororo Sachbuch 9121)
Das Elternbuch 3 (rororo Sachbuch 9122)
Das Elternbuch 4 (rororo Sachbuch 9123)
Das Elternbuch 5 (rororo Sachbuch 9124)
Das Elternbuch 6 (rororo Sachbuch 9125)

Ulrich Diekmeyer

Das Elternbuch 1

Unser Kind im 1. Lebensjahr

Ärztliche Beratung:
Dr. med. Brigitte Mertin

rororo
Rowohlt

rororo – Mit Kindern leben

Umschlaggestaltung
Büro Hamburg / Jürgen Kaffer
(Foto: Kerstin Leesch)

Redaktionsstand April 1997
196. – 201. Tausend Juni 1997

Vollständig überarbeitete und
erweiterte Neuausgabe
Veröffentlicht im Rowohlt Taschenbuch Verlag GmbH,
Reinbek bei Hamburg, Februar 1992

Satz Times PostScript Linotype Library, PM 4.0
Langosch Grafik + DTP, Hamburg
Gesamtherstellung Clausen & Bosse, Leck
Printed in Germany
1490-ISBN 3 499 19120 2

Inhalt

Ihr Kind – Persönlichkeit und Partner. Eine Einführung 9

Rund um die Geburt 15

Die letzten Vorbereitungen vor der Geburt 16

Arzttermine, Mutterpaß und Hebamme 16

Was Sie in der Klinik brauchen 16

Haus- oder Klinikgeburt? 18

Was für die Klinik spricht 18

Was für die Hausentbindung spricht 18

Rooming-in 19

Die ambulante Geburt 19

Ihr Kind erblickt das Licht der Welt 20

Der Geburtstermin 20

Wie sich die Geburt ankündigt 20

Lage des Kindes 21

Soll der Vater bei der Geburt dabeisein? 21

Verlauf der Geburt 21

Das Kind nach der Geburt 22

Die Mutter nach der Geburt 26

Früh- und Spätgeburt 27

Das erste Kind verändert Ihr Leben 28

Die Situation des ersten Kindes 28

Veränderungen im Leben junger Eltern 29

Besondere Familienformen und -situationen 30

Der Körper des Kindes 33

So verändert sich der Körper Ihres Kindes im ersten Lebensjahr 34

Die Geburt als größte Umstellung 34

Skelett 34

Muskulatur 34

Fettgewebe 35

Brustdrüsen 35

Haut 36

Entwicklung des Schädels 36

Atmung 36

Herz und Kreislauf 37

Verdauungsorgane 37

Nieren 37

Sexuelle Entwicklung 37

Ungesteuerte und gesteuerte Reaktionen 38

Sauberkeitserziehung 38

Die Zähne 40

Milchzähne 40

Schmerzen beim Zahnen 40

Das erleichtert den Zahndurchbruch 40

Zahnpflege 41

So bleibt Ihr Kind gesund und vergnügt 42

Schlaf 42

Frische Luft und Sonne 43

Hygiene und Pflege 45

Das brauchen Sie zur Körperpflege für Ihr Kind 45

Aufnehmen und Tragen des Babys 46

Nabelpflege 46

Das tägliche Waschen 46

Baden macht erst Spaß, wenn's spritzt 47
Haarwäsche 48
Hautpflege 48
Nägelschneiden 48
Wiegen 50
Wickelmethode 50
Zimmertemperatur 50

Ihr Kind hat seinen eigenen Tagesrhythmus 53
Essen 53
Spiele und Beschäftigungen 53
Schlafen 54

Die Früherkennungs-Untersuchungen sind lebenswichtig 55

Impfungen – kein Problem 58
Impfkalender für Kinder 59

Das können Sie vorbeugend tun, um Unfälle zu vermeiden 60

Erste Hilfe – wenn es passiert ist 65

So helfen Sie Ihrem kranken Kind 70
Allgemeine Krankheitssymptome und ihre Behandlung 70
Besuch bei der Kinderärztin 71
Mütterberatungsstellen 72
Häufige Krankheiten 72

Ernährung 79

Muttermilch – das Beste für die ersten Lebensmonate 80
Muttermilch, die beste Erstnahrung 80
Stillregeln 82
Ernährung der Mutter 85
Schwierigkeiten beim Stillen 85
Abstillen 86

Die Mahlzeit aus der Flasche 87
Ernährung mit Fertigprodukten 87
Die Zubereitung der Flaschennahrung 90
Hat Ihr Baby Durst? 92

Jetzt wird der Speiseplan reichhaltiger 93
Beikost 93
Säfte 93
Breikost 95
Mit dem Löffel essen 97
Kräftigende Zugaben 97
Junior- und Kleinkinderkost 97

Essen und Trinken macht allen Kindern Spaß 99
Die Flasche 99
Die richtige Nahrungsmenge 99
Gebrauch der Fertigprodukte 100
So lernt Ihr Kind essen und trinken 101
Hygiene und Ausstattung der Babyküche 102

Die Verdauung «stimmt» 104
Stuhlgang 104
Beschwerden 105

Umwelt 107

Wäsche und Kleidung sollten vor allem praktisch sein 108
Zum Thema Windeln 108
Die erste Garderobe 109

Im Bett soll sich Ihr Kind richtig wohl fühlen 114
Korb, Wiege oder Stubenwagen 114
Das richtige Bett 114

Ihr Kind braucht sein eigenes Kinderzimmer 118
Größe und Lage 118
Raumausstattung 119

Unterwegs mit Ihrem Kind 123
Kinderwagen – Sportwagen – Tragetasche 123
Sicherheit im Auto 126
Einige Tips für den Kauf der «Transportgeräte» 127
Daran sollten Sie denken 127
Reisen mit Kleinstkindern 128

Mitwelt 129

Vater und Mutter, meine besten Freunde 130

Familie heute 130

Die Bedeutung der Eltern für das Kind 131

Die Beziehung der Eltern untereinander 132

Mutti, spielst du jetzt nicht mehr mit mir? 136

Geschwister wollen informiert sein 136

Ängste älterer Geschwister 136

Jeder Zwilling ist eine eigene Persönlichkeit 140

Ein Babysitter muß kinderlieb und intelligent sein 143

Verwandte, Freunde und Bekannte 144

Psychische Entwicklung 147

Das erfährt Ihr Kind im ersten Lebensjahr 148

Was Entwicklung bedeutet 148

Das Neugeborene und seine Mutter 149

Das erfährt ein Kind beim Stillen 151

Was Wahrnehmen mit Wünschen zu tun hat 151

Das Kind und der Erwachsene 152

Die Sprechentwicklung 153

Die Bandbreite der Entwicklung 154

Die häufigsten Ursachen für Fehlentwicklungen 157

Schädliche Haltungen und Einstellungen der Mutter 158

Jetzt will Ihr Kind schon spielen 161

Kinder spielen gern 161

Geeignetes Spielzeug 161

Spielen Sie mit Ihrem Kind 166

Tagebuch 167

Tagebuch des ersten Lebensjahres 168

Entwicklungsanregungen 177

Was Sie über Spielen, Spaß und Lernen wissen sollten 178

Die wichtigsten Lernregeln 180

Das Verhalten Ihres Kindes 183

Ihr eigenes Verhalten 184

Gymnastik und Bewegung machen Ihr Kind vergnügt 185

Ab dem 1. Monat 185,
Ab dem 2. Monat 186,
Ab dem 4. Monat 197,
Ab dem 6. Monat 187,
Ab dem 8. Monat 190,
Ab dem 10. Monat 190,
Ab dem 12. Monat 192

Wer viel sieht, lernt viel 193

Ab dem 1. Monat 193,
Ab dem 3. Monat 193,
Ab dem 4. Monat 193,
Ab dem 5. Monat 194,
Ab dem 6. Monat 196,
Ab dem 9. Monat 196

Mit Mund und Händen fühlen und tasten 197

Ab dem 1. Monat 197,
Ab dem 3. Monat 197,
Ab dem 4. Monat 197,
Ab dem 7. Monat 199

Wer viel hört, will bald auch sprechen 200

Ab dem 2. Monat 201,
Ab dem 4. Monat 201,
Ab dem 6. Monat 202,
Ab dem 8. Monat 203

Ihr Kind will Lärm machen 205

Ab dem 4. Monat 205,
Ab dem 6. Monat 205

Das Musikverständnis fördern 206

Ab dem 3. Monat 206,
Ab dem 6. Monat 206

Kreativität und Denken von Anfang an 207
Ab dem 3. Monat 207,
Ab dem 6. Monat 207,
Ab dem 9. Monat 208,
Ab dem 11. Monat 210

Die Selbstsicherheit wächst mit dem Vertrauen in die Welt 211
Ab dem 1. Monat 211,
Ab dem 3. Monat 211,
Ab dem 6. Monat 213

Sie können die Gefühle Ihres Kindes wecken 214
Ab dem 1. Monat 214,
Ab dem 2. Monat 214,
Ab dem 4. Monat 216,
Ab dem 6. Monat 216,
Ab dem 8. Monat 216

So öffnen Sie Ihrem Kind den Weg zu anderen Menschen 217
Ab dem 1. Monat 217,
Ab dem 2. Monat 219,
Ab dem 3. Monat 219,
Ab dem 4. Monat 220,
Ab dem 6. Monat 221,
Ab dem 8. Monat 221

Recht 223

Diese Rechte hat Ihr Kind 224

Was Sie über «elterliche Sorge» wissen müssen 226

Mutterschutz, Erziehungsgeld und -urlaub 228
Mutterschutz 228
Erziehungsgeld 228
Erziehungsurlaub 229

Die wichtigsten Leistungen des Staates für Familien mit Kindern 230

Übersichten 233

So entwickeln sich Körper, Wahrnehmung und soziales Verhalten 234
Am Ende des 1. Monats 234
Am Ende des 2. Monats 234
Am Ende des 4. Monats 235
Am Ende des 6. Monats 235
Am Ende des 8. Monats 236
Am Ende des 10. Monats 237
Am Ende des 12. Monats 237

Bei diesen Symptomen sollten Sie den Arzt fragen 239

Über diese Adressen erhalten Sie Hilfe und Auskünfte 241

Gewicht und Größe 245

Literatur 246

Bildquellen 247

Register 248

Ihr Kind – Persönlichkeit und Partner. Eine Einführung

Zunächst möchten wir Ihnen zu Ihrem Kind, das Sie jetzt erwarten oder vielleicht schon bekommen haben, sehr herzlich gratulieren. Es liegt nun weitgehend in Ihrer Hand, wie Sie die Entwicklungsbedingungen für Ihr Kind gestalten, welchen Erziehungsstil Sie anwenden und wie Sie schädliche Einflüsse von Ihrem Kind fernhalten.

Allerdings gibt es Bedingungen, auf die Sie wenig Einfluß haben und die den Lebensraum, in dem Ihr Kind aufwächst, wesentlich prägen: Einflüsse der Natur etwa, der Nahrungsmittel, der gesellschaftlichen Situation, Lebensbedingungen innerhalb Ihrer Familie usw. Darüber hinaus können die Möglichkeiten, die Ihnen für Entwicklung und Erziehung Ihres Kindes zur Verfügung stehen, begrenzt sein, wenn Ihr Kind körperliche Probleme hat, die auch durch ärztliche und medizinische Hilfeleistungen nicht behoben werden können.

Dennoch: Es liegt weitgehend bei Ihnen, ob Ihr Kind eine glückliche Kindheit haben wird, denn Liebe und Zuwendung zu Ihrem Kind sind dafür die wichtigsten Voraussetzungen. Sich voll und ganz für Ihr Kind einzusetzen ist keine leichte Aufgabe für Sie. Je älter Ihr Kind wird, desto häufiger gibt es Situationen, in denen Sie nicht eindeutig wissen, wie Sie sich ihm gegenüber verhalten sollen. Auch wir werden Ihnen dann nicht immer konkrete Ratschläge, Hinweise oder Tips geben können.

Halten Sie sich dann bitte an den Grundgedanken, der sich wie ein roter Faden durch das ganze Buch zieht: den Gedanken, daß ein Kind vom ersten Lebenstag an eine eigenständige Persönlichkeit und Ihr Partner ist. Es hat von Anfang an sehr ausgeprägte Wünsche und stellt deutliche Anforderungen an seine Umgebung. Doch lange Zeit hindurch kann es sich keinen seiner Wünsche selbst erfüllen – es ist also zwar eigenständig, aber nicht selbständig. Zugleich ist es immer auch Ihr Partner. Es ist abhängig von seinen Eltern, aber doch völlig gleichberechtigt.

Wenn Sie Ihr Kind in dieser Weise als Partner und Persönlichkeit sehen, dann werden Sie bemüht sein, auf seine Bedürfnisse und auch weitgehend auf seine Wüneinzugehen; in vielen Fällen werden Sie feinfühlig erraten und spüren, was es gerade braucht. Sie werden von Ihrem Kind nur Verhaltensweisen erwarten, die es «kann», und Sie werden versuchen, seine und Ihre Interessen miteinander in Einklang zu bringen.

Ihr Kind ist der schwächere Partner und kann sich gegen mögliche Fehlentscheidungen nicht wehren. Machen Sie sich deshalb nur um so deutlicher bewußt, daß alle Entscheidungen, die Ihr Kind angehen, unter der Voraussetzung «Partner und Persönlichkeit» getroffen werden sollten. Weniger problematisch als die Erziehung ist das, was Sie für das körperliche Wohlbefinden Ihres Kindes, für seine Ernährung, Pflege und medizinische Betreuung tun sollten. In dieser Hinsicht haben Sie es weitaus besser als noch Ihre eigenen Eltern.

In Fachkreisen werden die Aufgaben, die Eltern im Hinblick auf ihr Kind haben, häufig mit den folgenden drei Aktivitäten umschrieben: Wichtig ist, ein Kind zu bilden, zu erziehen und zu betreuen.

Vordergründig ist sicher das Betreuen der dabei wichtigste Aspekt, also für die Lebensgrundlagen sorgen, Sicherheit bieten, für das Kind dasein.

Aber ist es nicht ebenso wichtig, das Kind so zu erziehen, daß es eine gute Basis für seine eigene Zukunft hat?

Schließlich: «das Kind bilden». Damit ist nicht etwa nur der humanistische Bildungsbegriff gemeint, auch nicht nur allgemeine Schulbildung. Bildung heißt hier, alle Fähigkeiten und Fertigkeiten des Kindes ansprechen, ihnen «Nahrung» bieten, damit sie sich entwickeln können: die Voraussetzungen für intensives Wahrnehmen zu vermitteln, das Sprechen, die Sprache anzuregen, das Denken und die Kreativität des Kindes zu fördern, seine sozialen Verhaltensweisen zu entfalten und zu differenzieren, auch die Beweglichkeit und Bewegungsfähigkeit des Kindes zu stimulieren.

In jedem Entwicklungsabschnitt stellt Ihnen Ihr Kind bestimmte Aufgaben, auf die Sie durch Betreuung, Erziehung und Bildung reagieren sollen, teils selbst, teils dadurch, daß Sie Aufgaben auch anderen Menschen übertragen (dem erwachsenen Partner, den Großeltern, anderen Verwandten, Freunden, Erzieher/inne/n, später den Lehrer/inne/n). Insofern scheint uns der Standpunkt der «Antipädagogik» in mancher Hinsicht überzogen – weg von Erziehung, von bewußter Einflußnahme, nur auf die «Eigenkräfte» des Kindes setzen. Voll zu bejahen ist an dieser pädagogischen Bewegung, daß sie sich dafür einsetzt, das Kind als eigenständige Persönlichkeit zu sehen, voll seine Rechte zu vertreten, den übermächtigen Erwachsenen in seinem Einfluß zu mäßigen und so dem

Eine Familie – drei Partner und Persönlichkeiten!

Kind einen möglichst großen Freiraum für seine Entwicklung zu schaffen.

Die Themen und Fragestellungen, die in diesem Band behandelt werden, betreffen das Kind in seinem ersten Lebensjahr:

Das Elternbuch 1 beginnt nach diesem einführenden Kapitel mit den Tagen vor der Geburt und den letzten, nötigen Vorbereitungen. Ist eine Hausgeburt oder eine Geburt in der Klinik sinnvoll? Es folgen Informationen über die Geburt selbst und die ersten Tage danach, über die völlig veränderte Lebenssituation, die Ihr Kind unmittelbar nach der Geburt erwartet, die aber auch Sie selbst vor neue Fragen stellt.

Von da an steht das Kind ganz im Vordergrund. Sie erfahren alles über seine normale körperliche Entwicklung, incl. das Wachstum der Zähne, über Körperpflege, Hygiene, gesunde Lebensführung und die übliche Tageseinteilung. Danach informieren wir Sie über die Früherkennungs-Untersuchungen (auch Vorsorgeuntersuchungen genannt), die Impfungen, über die notwendige Unfallverhütung innerhalb der Wohnung und einige Maßnahmen der Ersten Hilfe (ein Kurs dazu ist immer empfehlenswert!). Außerdem geben wir Ihnen Hinweise für den Besuch beim Kinderarzt und sprechen die häufigsten Kinderkrankheiten an.

Anschließend finden Sie alles über das für die körperliche und seelische Entwicklung des Kindes so wichtige Stillen, die Zubereitung der Flaschenkost und die spätere Breikost. Im nächsten Kapitel sagen wir Ihnen, was zur Wäsche- und Kleidungsausstattung gehört und wie das Bett (oder die Wiege) aussehen sollte. Außerdem finden Sie Tips für die zweckmäßige Einrichtung des Kinderzimmers, und wir geben Ihnen Anregungen, wie Sie es ersetzen können, wenn Sie eine sehr kleine Wohnung haben. Ein weiterer Abschnitt beschäftigt sich mit den notwendigen Anforderungen, die an einen guten Kinder- und Sportwagen gestellt werden, und mit der Frage, wie Sie Ihr Kind am sichersten im Auto unterbringen.

Im Kapitel «Mitwelt» geht es um die Menschen in der unmittelbaren Umgebung des Kindes, also um Vater und Mutter und um die Geschwister. Daran schließt sich ein Abschnitt über die besondere Situation von Eltern mit Zwillingen an, einer über den Babysitter und einer über die teils erwünschten, teils unerwünschten Besuche von Verwandten, Freunden und Bekannten. Der folgende, längere Abschnitt beschreibt im einzelnen, wie sich die seelische Entwicklung des Kindes vollzieht, wie Fehlhaltungen entstehen, welche Verhaltensweisen der Eltern und welche Umweltbedingungen eine besonders günstige Wirkung haben. Außerdem gehen wir auf das Spielen ein, das im ersten Lebensjahr einer der wichtigsten Entwicklungsimpulse ist.

Das Fototagebuch (dort kleben Sie selbst Fotos von Ihrem Kind ein) mit seinen vielen Fragen ist in erster Linie für Ihr Kind gedacht – es findet darin später einmal viele der Fragen beantwortet, die es Ihnen über seine eigene Kleinkindzeit stellt. Aber auch für Sie ist dieses Kapitel später immer wieder einmal lesenswert.

Den Umfang des dann folgenden Kapitels über Entwicklungsanregungen begründen wir gern ausführlicher. Alle sorgfältig durchgeführten wissenschaftlichen Untersuchungen, die sich über einen längeren Lebensabschnitt erstreckten, kamen übereinstimmend zu folgendem Ergebnis: Die gezielte Förderung des Kindes in allen Lebensbereichen regt die Intelligenz, das Denken und die Lernfreude an und hilft dem Kind, Selbstsicherheit und Selbstvertrauen zu entwickeln.

Es besitzt dann sehr gute Startbedingungen für die Anforderungen, die das Leben später stellt. Die Lernfähigkeit eines Kindes spielt ja nicht nur in der Schule eine große Rolle – sie ist eine der wichtigsten Fähigkeiten überhaupt. Wenn sie nicht durch gezielte Anregungen in den ersten sechs Lebensjahren geweckt und gefördert wird, führt das zu Lernbeeinträchtigungen, die sich später nie mehr ganz ausgleichen lassen. Auch die seelische Entwicklung des Kindes wird beeinträchtigt, weil es weniger positive Rückmeldung durch seine Mitwelt bekommt, als es benötigt.

Es ist also wichtig, daß jedes Kind schon sehr früh in kindgemäßer Weise mit den wichtigsten Fähigkeiten und Fertigkeiten bekannt und vertraut gemacht wird. Und kindgemäß, das heißt hier: spielerisch, abwechslungsreich, mit Lob und recht viel Spaß. Die Entwicklungsanregungen bieten Ihnen und Ihrem Kind vielseitige Spiele und Beschäftigungen, mit denen Sie frühzeitig beginnen sollten, damit Ihr Kind Lernschwierigkeiten später gar nicht erst kennenlernt.

Einige der Anregungen sind übrigens gar nicht so neu, sondern waren auch schon bei Ihren Großmüttern und Großvätern beliebt: viel erzählen, herumtragen, Dinge anschauen und berühren, Reime und Verse vorsagen, zu denen oft rhythmische Bewegungen gemacht werden. Aber manches ist auch neu hinzugekommen durch die Erkenntnisse der modernen Medizin und Psychologie, z. B. die gezielten Bewegungs- und Gymnastikübungen für Säuglinge, die die natürliche Entwicklung fördern.

Und damit Sie sich leicht zurechtfinden, sind unsere Anregungen in einzelne Lernbereiche gegliedert.

Für die vorgeschlagenen Beschäftigungen brauchen Sie übrigens nicht so viel Zeit, wie Sie vielleicht zunächst vermuten. An der Reaktion Ihres Kindes werden Sie bald ablesen können, wieviel Spaß ihm dies macht. Und das wird Sie wiederum veranlassen, kaum einen Tag auszusetzen. Voraussetzung ist allerdings immer, daß Ihr Kind Bereitschaft und Interesse zeigt – sonst versuchen Sie es lieber ein anderes Mal.

Im vorletzten Kapitel des Buches geht es um die «Rechte» Ihres Kindes und um die wichtigsten Bestimmungen des Mutterschutzgesetzes.

Zum Schluß enthält Elternbuch 1 noch einige Übersichten, eine Liste wichtiger Krankheitssymptome, Adressen für den Notfall, ein Stichwort- und Literaturverzeichnis.

Noch kurz zu einigen sprachlichen Besonderheiten: In der Regel sprechen wir Sie ganz persönlich an. Mit diesem «Sie» meinen wir meist beide Eltern, Vater und Mutter. Fast alle Aufgaben, Spielanregungen und Beschäftigungen können ja von beiden Eltern übernommen werden. Gelegentlich wird in diesem Buch auch von «Partnern» gesprochen. Damit wollen wir betonen, daß Sie nicht nur als Eltern für das Kind eine bestimmte Rolle spielen, sondern daß Sie sich immer auch als Partner verstehen sollten.

Es wird immer wieder mal diskutiert, in welcher Form man vom Kind sprechen sollte. Vom Baby? Von dem oder der Kleinen? Bei diesen Ausdrücken bedenkt man nicht, daß es bereits von Anfang an ein «ganzer» Mensch ist, eine

Persönlichkeit. Auch mit der Bezeichnung «Ihr Kind» sind wir nicht ganz zufrieden, obwohl wir sie überwiegend verwenden. Das Fürwort «Ihr» soll nicht etwa Besitzansprüche zum Ausdruck bringen oder begründen, sondern heißt nur, daß das Kind durch Sie, seine beiden Eltern, entstanden und Ihnen jetzt anvertraut ist, so lange, bis es im Laufe der Jahre immer mehr auf «eigenen Füßen» steht.

Das Elternbuch 1 ist der erste Band einer für alle Eltern, Erzieherinnen und Pädagogen gedachten Buchreihe über die ersten sechs Lebensjahre des Kindes. Jeder der sechs Bände bringt alle wichtigen Informationen zur Erziehung und Entwicklung des Kindes für ein Lebensjahr. Sie finden im Buch hin und wieder Verweise auf andere Textstellen («vgl. ...»). Weitere Informationen finden Sie über das Stichwortverzeichnis.

Die Elternbuch-Reihe wurde bereits in den siebziger Jahren entwickelt. Zur Konzeption hat damals Werner Kirst beigetragen, an den ersten Typoskripten waren als Mitarbeiter Beate Diele, Sylvia Erhard, Hannelore Potthof und Bruno Horst Bull beteiligt, denen an dieser Stelle vielmals gedankt sei. Herzlich sei hier auch Dr. Brigitte Mertin gedankt, die den Autor mit Geduld ärztlich beriet.

Nachdem man in medizinischer und psychologischer Sicht zu neuen Erkenntnissen gelangt ist und sich die gesellschaftliche Situation, auch die Familienformen, geändert haben, wurde eine deutliche Erweiterung des Elternbuches 1 erforderlich und auch eine Neubearbeitung wesentlicher Textteile.

Auf die größere Differenzierung der Gesellschaft, die verschiedenen Familienformen und Regionen innerhalb des deutschen Sprachraums können wir im Elternbuch 1 – auch aufgrund des beschränktes Raums – nicht gesondert eingehen. Wir hoffen aber, daß die Ziele unserer Entwicklungsanregungen, unserer Ratschläge, wie Sie Ihr Kind fördern und pflegen, wie Sie gute Rahmenbedingungen schaffen und wie Sie am besten Liebe und Zuwendung dem Kind vermitteln können, so klar dargestellt sind, daß alle Mütter und Väter sie ihrer jeweiligen Lebenssituation anpassen können. Wenn Sie dem Autor eine wichtige Anregung weiterleiten möchten, die bei einer Neuauflage berücksichtigt werden sollte, schreiben Sie bitte an den Verlag – schon jetzt dafür herzlichen Dank!

Ein Kind gut erziehen heißt mitfühlen, mitdenken und beim Handeln von den Bedürfnissen und Möglichkeiten des Kindes ausgehen: wenn das Elternbuch 1 dazu beiträgt, hat es sein Ziel erreicht.

Rund um die Geburt

Die letzten Vorbereitungen vor der Geburt

Während der letzten Monate der Schwangerschaft sind eine Reihe von Vorbereitungen erforderlich. Einige wichtige Dinge, an die Sie denken sollten, sind im folgenden Überblick zusammengefaßt:

Arzttermine, Mutterpaß und Hebamme

Ab den ersten Zeichen einer möglichen Schwangerschaft haben Sie vermutlich in regelmäßigen Abständen einen Arzt / eine Ärztin aufgesucht, damit etwaige Komplikationen rechtzeitig erkannt und vorbeugende Maßnahmen getroffen werden können. Er oder sie hat Ihnen einen Mutterpaß ausgestellt, worin alle Ergebnisse der im Sechs-Wochen-Abstand durchgeführten Untersuchungen dokumentiert sind. (In den letzten Wochen vor der Entbindung werden Sie sogar alle 14 Tage kontrolliert; die entstehenden Kosten werden von den Krankenkassen übernommen.)

Weitere Sicherheit bieten Ihnen die Schwangerschaftsgymnastik und die dort geübten Atem- und Entspannungstechniken, ein Säuglingskurs, vielleicht auch Gespräche mit Frauen, die bereits ein Kind geboren haben, sowie schriftliche Informationen aus Büchern, Zeitschriften oder Broschüren, wie sie in Familienberatungsstellen oder auch in den Räumen, in denen die Schwangerschaftsgymnastik stattfindet, ausliegen.

Wenn Sie eine Hausgeburt (oder eine ambulante Geburt) planen, sollten Sie spätestens 2–3 Wochen vor dem berechneten Geburtstermin Kontakt zu der Hebamme aufnehmen, die Ihnen bei (bzw. nach) der Geburt behilflich sein soll. Bei einer normalen Klinikentbindung werden Sie von der jeweils diensthabenden Hebamme versorgt.

Was Sie in der Klinik brauchen

Auch wenn Sie eine Hausgeburt planen, sollten Sie vom siebten Monat an für den Notfall einen kleinen Koffer gepackt haben, der folgendes enthält:

♦ Für Ihr Kind
– erste Garnitur (siehe dazu Wäsche-Grundausstattung S. 109,

Sie benötigen für die Klinik allerdings nur einen Teil davon)
- evtl. Windeln und Nabelbinden; wird meistens von den Kliniken bereitgestellt
- Nabelbinde
- warme Kleidung für die Heimfahrt (Wollmützchen und -jäckchen, Strampler, Decke)

♦ Für Sie selbst
- 4 bis 8 Nachthemden, die sich vorn bis zur Taille öffnen lassen (zum Stillen erforderlich)
- eine Bettjacke oder ähnliches
- einen Bademantel oder Morgenrock
- 8 bis 10 kochfeste Slips oder Wegwerfhöschen sowie dicke Binden als Einlage
- 2 Stillbüstenhalter und Stilleinlagen
- Socken oder Strümpfe
- Hausschuhe
- einige (Frottier-)Handtücher
- 2 Gesichts- und 2 Körperwaschlappen
- Ihre üblichen Körperpflegeutensilien
- etwas zum Lesen (z. B. Das Elternbuch 1), vielleicht ein kleines Radio oder einen Walkman
- Geld (auch Münzen zum Telefonieren, Telefonnummern nicht vergessen)
- (weite) Kleidung für die Heimfahrt

♦ Urkunden / Papiere
- Mutterpaß
- Kostenübernahmeschein der Krankenkasse und / oder Geld für einen Kostenvorschuß (je nach Krankenhaus)
- Personalausweis
- Familienstammbuch (oder Geburtsurkunde)

Wenn Sie mit dem Auto abgeholt werden, sollten Sie einen Säuglings-Sicherheitssitz bereitstellen, notfalls eine Tragetasche.

Haus- oder Klinikgeburt?

Was für die Klinik spricht

In den letzten Jahren ist die Diskussion um die Vor- und Nachteile der Entbindung zu Hause oder in der Klinik verstärkt entbrannt. Die oft unpersönliche Gestaltung der Klinikräume, die Anwesenheit vieler fremder Personen, auch anderer Mütter – all das können Gründe sein, die eine Geburt zu Hause verlockend erscheinen lassen. Allerdings sollten Sie die Entscheidung darüber nicht auf die leichte Schulter nehmen. Auch wenn die Schwangerschaft komplikationslos war, stehen nur in einer Klinik die medizinischen Einrichtungen zur Verfügung, die plötzlich notwendig sein können. Und eine zuverlässige Vorhersage über den Geburtsverlauf gibt es nicht.

Die Besichtigung der Klinik (auch mehrerer Kliniken) kann eine Entscheidungshilfe für Sie sein – und Sie können sich innerlich schon auf die Kliniksituation einstellen. Weitere Vorteile der Entbindung in der Klinik liegen auf der Hand: Hebamme und Arzt kennen sich bestens aus, alle benötigten Dinge sind sofort zur Hand, Sie selbst müssen sich im Wochenbett um nichts kümmern.

Was für die Hausentbindung spricht

Der Vorteil einer Hausgeburt liegt darin, daß Sie sich in vertrauter Umgebung befinden, was Ihnen helfen kann, sich besser zu entspannen: möglicherweise verläuft die Geburt dann leichter. Außerdem wird das Kind ganz selbstverständlich vom ersten Moment an in die Familie aufgenommen. Für die ersten Tage und Wochen danach brauchen Sie allerdings Helfer, die sich um Sie, um das Kind und um den Haushalt kümmern. Wenn Sie sich wohl fühlen, wird sich das auch auf Ihr Kind übertragen. In der intimen Atmosphäre zu Hause werden evtl. auftretende Anfangsschwierigkeiten (beim Stillen, in der Mutter-Kind-Beziehung) eher vermieden oder leichter überwunden.

Zu einer Hausentbindung sollten Sie sich allerdings nur entschließen, wenn folgende Voraussetzungen gegeben sind:

- Ihr Arzt oder Ihre Ärztin muß

ganz sicher sein, daß keine Komplikationen zu erwarten sind, und er oder sie muß in den kritischen Tagen zuverlässig erreichbar sein.
- Sie sollten eine warme Wohnung und helles Licht haben.
- Das Bad sollte nicht weit vom Schlafzimmer entfernt sein.
- Ihr Bett muß bei der Geburt ringsum begehbar sein.
- Sie müssen jemanden haben, der Sie nach der Entbindung versorgt.

Weitere Einzelheiten sagt Ihnen Ihre Hebamme, mit der Sie vorher genau darüber sprechen sollten.

Rooming-in

Eine sinnvolle Kompromißlösung die von vielen Kliniken mittlerweile angeboten wird, ist das Rooming-in. Ihr Kind bleibt Tag und Nacht, oder wahlweise nur tagsüber, bei Ihnen, in seinem eigenen Bettchen. Auf diese Weise können Sie vom ersten Tag an eine wesentlich engere Beziehung zu Ihrem Neugeborenen aufbauen. Sie versorgen es, soweit es Ihnen möglich ist, von Anfang an selbst, haben aber den fachlichen Beistand der Krankenschwestern. Sie können Ihr Kind nach Bedarf stillen und können es sofort trösten, wenn es weint.

Die ambulante Geburt

Auch das ist möglich: die Geburt in der Sicherheit der Klinik zu erleben und anschließend wieder nach Hause zu gehen. Das kann bereits einige Stunden nach der Geburt sein oder auch am ersten oder zweiten Tag danach. Sie sollten Ihre Entscheidung davon abhängig machen, wie es Ihrem Kind und Ihnen selbst geht. Sie können bis zu zehn Tagen nach der Geburt, gegebenenfalls auch länger, die Leistungen einer Hebamme beanspruchen (bezahlt die Krankenkasse).

Ihr Kind erblickt das Licht der Welt

Der Geburtstermin

Den wahrscheinlichen Geburtstermin können Sie selbst berechnen, wenn Sie einen 28tägigen Zyklus hatten. Vom ersten Tag Ihrer letzten Menstruation gehen Sie drei Kalendermonate zurück und fügen 7 Tage dazu (z.B. «erster» Tag – 9. Dezember; drei Monate zurück – 9. September; 7 Tage dazu – 16. September: Geburtstermin). Wenn Ihr Zyklus kürzer war, müssen Sie entsprechend viele Tage dazugeben. Etwa zwei Drittel aller Kinder werden bis zu zehn Tagen vor oder nach dem errechneten Termin geboren. Planen Sie dementsprechend also nicht zu genau.

Wie sich die Geburt ankündigt

Wenn Sie die Geburt Ihres ersten Kindes noch vor sich haben, warten Sie wahrscheinlich halb ungeduldig, halb ängstlich auf das große Ereignis. Und weil man den Geburtstermin nicht auf den Tag genau voraussagen kann, vergrößert sich die Spannung noch.

Es gibt verschiedene Anzeichen dafür, daß es nun endlich soweit ist, daß die Geburtsphase begonnen hat: die Wehen setzen ein; und/oder der blutige Schleimpfropf, der den Muttermund verschlossen hat, löst sich und geht ab; oder die Fruchtblase platzt: das Fruchtwasser läuft langsam oder schwallartig aus der Scheide.

Den Beginn der Wehen erkennen Sie an zunächst meist nur leichten Kreuzschmerzen und einem Ziehen in der Gebärmutter, wie Sie es vielleicht auch bei Ihrer normalen Periode schon gespürt haben. Legen Sie sich dann am besten hin und schauen Sie auf die Uhr, ob sich der Schmerz in regelmäßigen Abständen wiederholt. Diese Schmerzen treten manchmal schon einige Wochen vor der Geburt auf, verschwinden dann aber wieder völlig. Das sind die sogenannten «falschen» oder «wilden» Wehen – Übungsphasen der Gebärmutter. Trotzdem müssen Sie auch in diesem Fall Ihren Arzt verständigen, denn es könnte sein, daß sich damit eine Frühgeburt ankündigt.

Wenn Sie eine Stunde lang im Abstand von etwa zehn bis fünfzehn Minuten immer wieder Wehen verspüren, ist dies ein sicheres Anzeichen für die bevorstehende Entbindung. Die schmerzfreien Phasen werden im Laufe der nächsten Stunden immer kürzer. Der Schleimpfropf löst sich, das Fruchtwasser geht ab. Springt die Fruchtblase schon vor dem Einsetzen der Wehen, und tritt das Fruchtwasser schwallartig aus, müssen Sie sich unbedingt sofort hinlegen und den Arzt oder Ihre Klinik verständigen: es besteht die Gefahr eines Nabelschnurvorfalls (d.h., die Nabelschnur könnte zwischen dem Kopf des Kindes und Ihrem Becken eingeklemmt werden).

Lage des Kindes

Durch Tasten oder mit Hilfe des Ultraschallgeräts kann man die Lage des Kindes während der Schwangerschaft und vor der Geburt genau feststellen.

- ♦ Normale Lage: Der Kopf des Kindes ist unten, der Po mit den angezogenen Beinen oben. Nur vier von 100 Kindern liegen nicht so.
- ♦ Steißlage: Das Kind «sitzt» gewissermaßen in der Gebärmutter, Kopf oben, Po unten. Das Kind kommt mit dem Po voran auf die Welt. In Steißlage befinden sich drei von 100 Kindern.
- ♦ Querlage: Das Kind liegt quer in der Gebärmutter und muß vor der Geburt gedreht werden. Wenn die Drehung nicht möglich ist, wird ein Kaiserschnitt gemacht. Querlage ist sehr selten (eines von 300 Kindern).
- ♦ Falsche Kopflage: Hinterhauptlage, Vorderhauptlage, Stirnlage, Gesichtslage. Die Geburt dauert bei diesen falschen Kopflagen länger; in manchen Fällen ist eine operative Geburtshilfe erforderlich.

Soll der Vater bei der Geburt dabeisein?

Vielleicht haben Sie sich gemeinsam überlegt, daß der Vater während der Geburt eigentlich dabeisein sollte, zumal die Kliniken fast alle darauf eingerichtet sind. Bücher, Filme und Schwangerschaftskurse für Paare geben dem Mann die Möglichkeit, sich auf seine Rolle bei der Geburt vorzubereiten. Ob er nur dabei ist und Ihre Hand hält oder ob er Sie massiert, mit Ihnen atmet, Ihren Rücken stützt: die meisten Frauen empfinden die Anwesenheit des Mannes als große Hilfe; und für die Männer ist die Geburt oft ein großartiges, unvergeßliches Erlebnis.

Verlauf der Geburt

Nach dem Beginn der ersten Wehen, die bei vielen Frauen zwischen 22 Uhr und Mitternacht einsetzen, dauert es in der Regel noch zehn bis 24 Stunden, bis das Kind geboren wird (in manchen Fällen aber auch nur eine Stunde, in anderen wieder bis zu 48

Stunden). Die «Eröffnungsperiode», in der sich der Muttermund öffnet, dauert bei Erstgebärenden in der Regel zwischen acht und 18 Stunden, bei Frauen, die schon ein Kind geboren haben, zwischen sechs und neun Stunden. Spätestens am Ende der Eröffnungsperiode platzt die Fruchtblase. Nun beginnt die «Austreibungsperiode» mit den «Preßwehen». Jetzt sollen Sie «mitpressen», wenn sich eine Wehe ankündigt. Die Hebamme wird Ihnen in den verschiedenen Phasen sagen, wie Sie sich verhalten müssen. Schließlich wird der Kopf des Kindes am Scheidenausgang sichtbar. Wenn er den Geburtskanal passiert hat und am Scheidenausgang durchtritt, haben Sie den schwierigsten Teil der Geburt überstanden; das Durchtreten des Körpers ist weniger schmerzhaft.

Unmittelbar nach der Geburt macht die Hebamme die Atemwege des Kindes von Schleim und Blut frei, und oft bekommen Sie jetzt das Kind auf den Bauch gelegt. Dann wird die Nabelschnur durchgetrennt. Nachdem das Kind von Schleim und Fruchtwasser gereinigt, untersucht und gewogen wurde, bekommt es ein Namensschild um sein Handgelenk, damit keine Verwechslung passieren kann. Die Nachgeburt erfolgt etwa eine halbe Stunde später. Dabei werden der Mutterkuchen (die Plazenta) und die Eihäute unter kleineren Wehen (den sogenannten Nachgeburtswehen) nach außen gepreßt.

Das Risiko einer Geburtsschädigung ist heute ziemlich gering. Am Fruchtwasser erkennt der Arzt, ob ein Kind gefährdet ist und die Geburt rasch eingeleitet werden muß (übelriechendes, grünliches, fleckiges Fruchtwasser).

In allen Kliniken überwacht ein Herztonschreiber während der Geburt den Herzschlag des Kindes. Eine Veränderung der Herztöne und der -frequenz bedeutet eine Bedrohung des Kindes. In diesem Fall wird die Geburt möglichst bald beendet, u. U. auch durch Kaiserschnitt. Eine Gefahr für das Kind kann auch durch die Lage der Plazenta entstehen, wenn sie vor dem Muttermund gelegen ist oder sich zu früh löst (Blutungen).

Wenn Sie während der Schwangerschaft regelmäßig zu den Untersuchungen gehen und sich eine gute Klinik für die Entbindung aussuchen, haben Sie die Gewähr, daß eventuelle Unregelmäßigkeiten rechtzeitig festgestellt werden. Nutzen Sie deshalb die Untersuchungen laut Mutterpaß.

Das Kind nach der Geburt

♦ Nach der Abnabelung wird das Kind gründlich von der Hebamme gereinigt, Mund, Nase und Ohren werden von Schleim und Blut befreit. Der Nabelschnurrest wird mit der Nabelbinde geschützt.

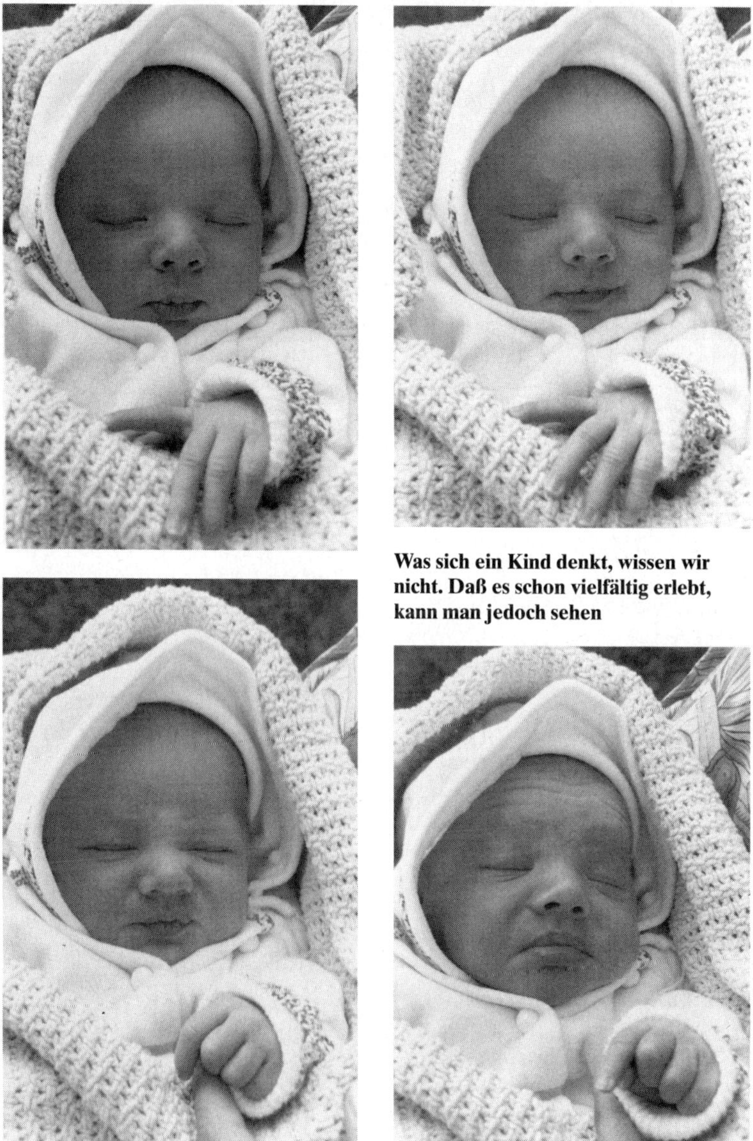

Was sich ein Kind denkt, wissen wir nicht. Daß es schon vielfältig erlebt, kann man jedoch sehen

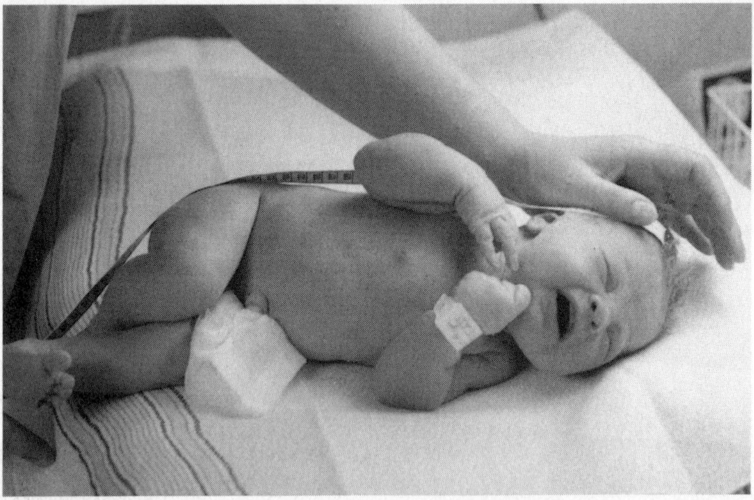

Die Bedeutung von Körpergröße, Gewicht und Kopfumfang sollten Sie nicht überschätzen.

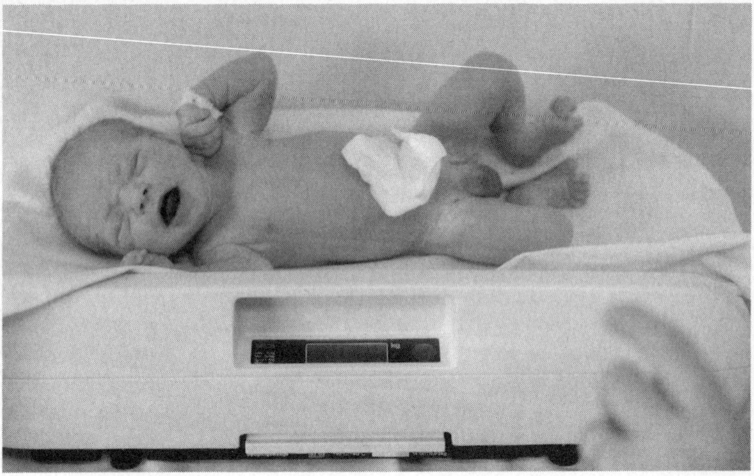

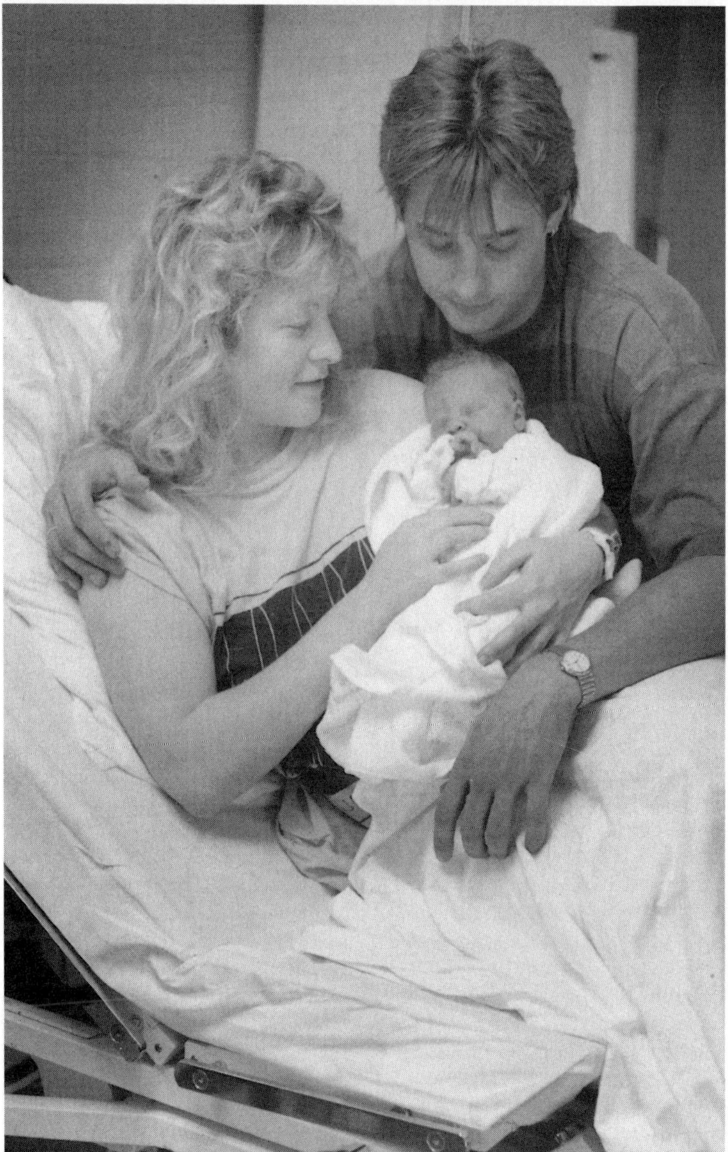

♦ In den ersten 24 Stunden bekommt es oft schon eine Traubenzuckerlösung als Nahrung (vgl. Stillen).

♦ Am zweiten oder dritten Tag erkranken die meisten Kinder an einer leichten, völlig harmlosen Gelbsucht; die Leber kann den Gallenfarbstoff noch nicht schnell genug abbauen. Ist die Gelbsucht stärker, wird sie mittels Fototherapie behandelt, d. h., das Kind wird ein oder zwei Nächte unter eine spezielle Lampe gelegt. Bemerken Sie zu Hause nach einigen Tagen Anzeichen für eine verstärkte Gelbsucht, das heißt, wenn auch das Augenweiß des Kindes sich gelb färbt, wenn Ihr Kind schlecht trinkt und auffällig matt erscheint, müssen Sie einen Kinderarzt aufsuchen.

Die Mutter nach der Geburt

♦ Zwei bis sechs Wochen dauert der Wochenfluß. Anfangs ist er blutig, später bräunlich und weißlich.

♦ Innerhalb von rund sechs Wochen bildet sich auch die Gebärmutter wieder zurück. Die körperliche Umstellung bedeutet eine große Belastung für den Organismus, daher brauchen Sie in den ersten Tagen nach der Geburt viel Ruhe.

♦ Ca. sieben Tage dauert es, bis die Dammschnittnarbe verheilt ist. Vor allem bei Erstgebärenden ist oft ein Dammschnitt nötig, um das Einreißen des Damms zu vermeiden, der sonst sehr viel schlechter wieder heilt.

♦ Eine Wöchnerin ist anfälliger für Krankheiten, vermeiden Sie deshalb möglichst jede nur denkbare Infektionsgefahr. Außerdem befinden sich im Wochenfluß sehr viele Bakterien, deshalb ist Hygiene besonders wichtig. Das gilt auch für die Brustpflege; Sie müssen alles tun, um eine Brustentzündung zu vermeiden.

♦ Sie werden bald wieder das gleiche Gewicht haben wie vor der Schwangerschaft, wenn Sie in den neun Monaten nicht zu üppig gegessen haben. Für den Bauch gibt es eine spezielle Gymnastik, die man Ihnen noch in der Klinik zeigt – hungern Sie sich die überflüssigen Pfunde nicht ab, solange Sie noch stillen (sonst könnte Ihr Kind die im Fettgewebe einlagerten Schadstoffe mit der Muttermilch aufnehmen).

♦ Auf Alkohol, Zigaretten und Kaffee sollten Sie ebenfalls verzichten, weil sonst das Kind die schädlichen Stoffe mit der Milch aufnimmt.

♦ Sechs bis acht Wochen nach der Geburt erfolgt die gynäkologische Nachuntersuchung. Fragen Sie Ihren Arzt oder Ihre Ärztin, wann Sie erstmals wieder Geschlechtsverkehr haben können.

Früh- und Spätgeburt

Eine Frühgeburt ist nach den Festlegungen der Weltgesundheitsorganisation (WHO) gegeben, wenn ein Kind unter 259 Tage alt ist (unter 37 Wochen), eine Spätgeburt (das Kind ist «übertragen»), wenn ein Kind über 294 Tage alt ist (über 42 Wochen). Ein zwischen 37 und 42 Wochen altes Kind gilt als «reif geboren».

Frühgeborene Kinder wiegen oft unter 2500 g, sie sind heute bereits ab der 25.–26. Woche lebensfähig, wenn die Versorgung in einem neonatologischen Zentrum (Zentrum für Neugeborene) erfolgt. Höhere Gefährdung ist vor allem bei Erkrankungen der Mutter während der Schwangerschaft gegeben, bei Anomalien der Geschlechtsorgane, bei Mehrlingsschwangerschaften, starkem Streß oder hohem Zigarettenkonsum. Ca. sieben Prozent aller Geburten sind Frühgeburten (vor allem in Großstädten). Die zu früh geborenen Kinder werden zuerst im Brutkasten versorgt (u.a. künstliche Beatmung, Infusionen, dauernde Überwachung der Herzfrequenz) und holen den körperlichen Entwicklungsrückstand spätestens bis zum Schuleintritt auf.

Nach 42 Schwangerschaftswochen gilt ein Kind als «übertragen», und die Geburt wird künstlich eingeleitet.

Das erste Kind verändert Ihr Leben

Die Situation des ersten Kindes

Was spricht eigentlich dafür, daß Ihr Kind freiwillig den schützenden Schoß der Mutter verläßt, um in eine sehr ungewisse Zukunft und eine fremde Umwelt einzutreten? Könnte es die neue Situation überblicken, würde es gewiß ein wenig davor zurückschrecken. Was erwartet es denn «draußen»? Eltern, die wenig oder gar keine Erfahrung mit einem Baby haben, eine ganz andere Ernährung als bisher, die Schwierigkeiten der Umstellung nach der Geburt überhaupt und viele andere, zuerst nicht immer erfreuliche Dinge mehr.

Aber andererseits haben Sie sich ja auf Ihr Kind vorbereitet und wollen sich die allergrößte Mühe geben. Die ganze Liebe und Fürsorge der Eltern konzentriert sich auf dieses eine Kind.

Erstgeborene genießen also einerseits besondere Aufmerksamkeit, haben allerdings andererseits mit der Unsicherheit ihrer Eltern zu tun, die vielleicht noch nicht wissen, wann sie etwas «durchgehen» lassen dürfen, wann Geduld angebracht ist, wann sie ein bestimmtes Verhalten beim Kind erwarten können usw. Da sie unsicher sind, ist ihr Verhalten oft inkonsequent, und damit verwirren sie das Kind.

Viele dieser Unstimmigkeiten können Sie vermeiden, wenn Sie sich mit Ihrem Partner darüber unterhalten oder sich über das Stichwortverzeichnis im Anhang dieses Buches zusätzliche Informationen einholen. Wenn es Probleme gibt, sollten Sie immer daran denken, daß Sie während der ersten Lebensjahre Ihres Kindes immer zugleich auch «sein Anwalt» sein müssen.

In Diskussionen über das Thema «Einzelkind» – und das Erstgeborene ist ja zunächst einmal Einzelkind – wird oft der Einwand gebracht, daß solche Kinder zu sehr im Mittelpunkt stünden, was sich für ihre Entwicklung schädlich auswirke. Aber: Stehen Kinder wirklich im Mittelpunkt der Familie? Ist es nicht vielmehr so, daß sich die Kinder – Einzelkinder und andere – überwiegend nach den Bedürfnissen der Erwachsenden richten müssen?

Das zeigt sich deutlich am Grundriß der meisten Wohnungen. Das Kinderzimmer ist in der Regel sehr viel kleiner als Wohn- oder Schlafzimmer der Eltern. Oft haben die Kinder auch nicht einmal einen eigenen Raum, sondern nur eine «Spielecke». Sie müssen auf kostbare

Bodenvasen Rücksicht nehmen, dürfen nicht an den interessanten Knöpfen des Fernsehapparates herumspielen, wegen der Nachbarn nicht in der Wohnung herumrennen – Sie werden es selbst noch wissen, was Ihnen alles verboten wurde.

Manche Eltern sehen all das, was sie ihren Kindern erlauben, als ein großes Entgegenkommen an und nicht als das selbstverständliche Recht ihres Kindes auf Entwicklung und Entfaltung. Hinter der Befürchtung, ein Kind könne zu sehr im Mittelpunkt stehen, steckt oft nichts anderes als die Sorge, daß man eigene Vorteile einbüßen, daß man selbst im Leben zu kurz kommen könnte, vielleicht sogar eine versteckte Kinderfeindlichkeit. «Im Mittelpunkt stehen» – das heißt ja nicht, daß Ihr Kind dauernd Schokolade in den Mund geschoben bekommt. Richtig verstanden bedeutet das, daß Sie sich Ihrem Kind voll zuwenden und auf seine Wünsche und Bedürfnisse eingehen.

Veränderungen im Leben junger Eltern

Mit dem ersten Kind verändert sich ungemein viel. Aus der Partnerschaft wird nunmehr eine Familie mit drei Personen und neuen Rollen. Die Partnerbeziehung tritt in den Hintergrund, statt dessen ist die Partnerin nun zugleich eine Mutter und der Partner ein Vater. Die Eltern des jungen Paares werden zu Großeltern und haben vielleicht ebenfalls mit ihren neuen Rollen Gestaltungs- und Anpassungsprobleme. Engagieren sich beide Eltern für das Neugeborene, so entsteht für keinen ein Vakuum – die neuübernommenen Aufgaben lenken davon ab, daß man nicht mehr soviel Zeit füreinander hat. Dennoch werden Ungleichgewichte entstehen, und beide Partner sollten bewußt darauf achten, daß die Partnerbeziehung auch weiterhin Aufmerksamkeit, Interesse, Intensität, Zuneigung, Liebe, Rücksichtnahme und vieles mehr erfordert, auch im Interesse des Neugeborenen – in der Partnerschaft glückliche Eltern vermitteln dem Kleinkind Geborgenheit.

Laut Statistik sind die meisten Eltern bei der Geburt ihres ersten Kindes zwischen 22 und 27 Jahre alt. Das hat gewisse Vorteile: Sie können sich an die neue Situation im allgemeinen leichter gewöhnen als ältere Paare, die sich in ihrem Leben ohne Kind schon zu gut eingerichtet haben. Andererseits empfinden gerade junge Eltern selbst ein erwünschtes Kind zeitweilig als lästig. Dann nämlich, wenn sie wegen des Kindes auf bestimmte Vergnügungen verzichten müssen (Parties, Discobesuche, Ausflüge, Reisen usw.). Paare, die ihr erstes Kind erst Ende Zwanzig oder in den Dreißigern bekommen, haben diese Unternehmungslust meistens schon befriedigen können und ertragen daher die Einschränkungen leichter.

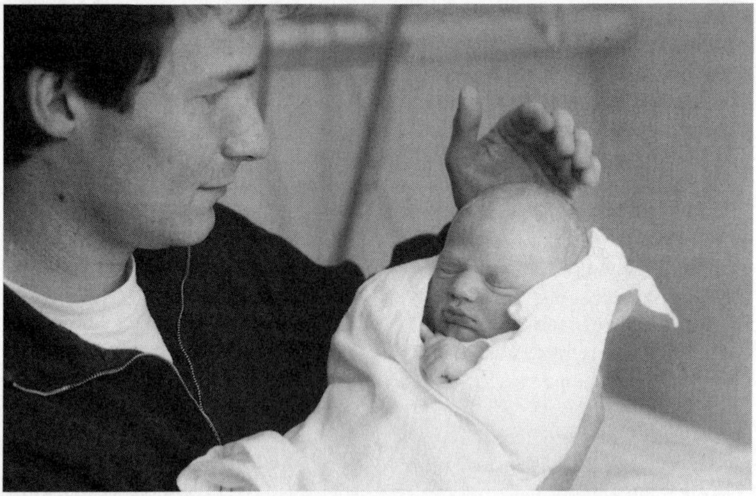

Die Verantwortung für ihr Kind tragen Mutter und Vater gemeinsam

Wenn Sie noch gar keine Erfahrung im Umgang mit Säuglingen haben, bereitet Ihnen die Pflege Ihres Kindes in den ersten Tagen und Wochen nach der Geburt sicher einiges Kopfzerbrechen. Vielleicht sind Sie auch verunsichert durch die Vorschriften und «guten Ratschläge», die von allen Seiten auf Sie einstürmen. Aber nur Mut: Wenn Sie sich neugierig und offen dem hinzugekommenen Menschen nähern, werden Sie sicher bald auch gut mit ihm umgehen können. Nicht zuletzt wird Ihnen auch Ihr Instinkt helfen. Sie können sich mit Hilfe der Medien informieren (Bücher, Zeitschriften, Rundfunk und Fernsehen). Sie können sich aber auch an Elterngruppen wenden, die, auf privater Basis oder von öffentlichen und kirchlichen Trägern angeboten, es den Müttern und Vätern ermöglichen, Erfahrungen auszutauschen, Informationen einzuholen und, nicht zuletzt, aus der Isolation auszubrechen.

Oft entwickeln sich aus solchen Kontakten auch Babygruppen und Kinderläden oder andere Organisationsformen, die den herrschenden Mangel an Krippen- und Kindergartenplätzen ausgleichen.

Besondere Familienformen und -situationen

Während in den Reden von Politikern noch oft pauschale

Aussagen zur Familie zu hören sind, findet sich diese «klassische» Familie mit Vater, Mutter und ein bis drei Kindern deutlich seltener als früher. Die folgenden hinzugekommenen Familienformen und besonderen Lebenssituationen von Familien sind zu berücksichtigen, und manche Aussagen (auch dieses Buches) müssen erst für die besondere Situation übersetzt oder übertragen werden.

♦ Alleinerziehende
Manche der Alleinerziehenden sind dies aus Überzeugung, manche gerieten in diese Situation aus von ihnen nicht selbst zu verantwortenden Gründen. In jedem Fall ruhen damit die Sorge, Verantwortung und (Über-)Belastung primär auf einem Erwachsenen, die Beziehung zum Kind droht zu eng zu werden, und eine Lockerung ist notwendig durch den Aufbau und die Intensivierung von Kontakten zu anderen Erwachsenen, Geschwistern, Großeltern, Bekannten, Freunden, insbesondere aber auch durch den Anschluß an Mütter oder Väter in ähnlicher Situation (Interessengruppen), wobei der Weg hierzu auch durch ein Inserat gefunden werden kann. Weiterführende Informationen können Alleinerziehende durch die Broschüre «So schaffe ich es allein» bekommen, die über den «Verband alleinstehender Mütter und Väter e.V.», Von-Groote-Str. 20, 53173 Bonn, gegen eine Schutzgebühr erhältlich ist. Darin wird auch auf nahe gelegene Ortsverbände verwiesen.

♦ Berufstätige Eltern
Die Berufstätigkeit von Vätern gilt in unserer Gesellschaft als selbstverständlich. Hingegen wird die in den letzten Jahren deutlich zunehmende Berufstätigkeit von Müttern vielfach als egozentrische Handlungsweise und als Schädigung für das Kind aufgefaßt. Die Bundesrepublik Deutschland ist einer der Staaten in Europa, in denen mütterliche Erwerbstätigkeit bisher eher selten war (abgesehen von den fünf neuen Bundesländern). Auch aus diesem Grund fehlen bei uns Institutionen für Kleinkindererziehung, die es einer Frau ermöglichen würden, Beruf und Familie miteinander zu vereinbaren. Kinderkrippen existieren für lediglich ca. 1,5 Prozent der Kinder unter drei Jahren, Tagespflegestellen, Tagesmütter usw. gibt es für ca. dieselbe Anzahl von Kindern. Viele Frauen helfen sich deshalb mit der zeitweisen Übertragung der Aufsicht und Pflege auf die Großeltern oder durch andere Privatinitiativen.

♦ Eltern und Kinder, die integriert werden müssen
Hier sind vor allem Menschen aus anderen Ländern, aus anderen Kulturkreisen oder Gesellschaften zu nennen, die aufgrund ihrer Biographie besondere Hilfe benötigen, die Anschluß an diejenigen brauchen, die gesichert

in unserer Gesellschaft leben. Wesentlich ist hier der Staat gefordert, der diese Familien vorübergehend oder dauernd aufgenommen hat. Aber ebenso wichtig wie finanzielle Unterstützung ist für die einzelne, betroffene Familie der Kontakt und das Einbezogenwerden durch Menschen. Zu oft wird vergessen, daß wir von denjenigen, die über die Grenzen zu uns gekommen sind, viel im Sinne einer interkulturellen, toleranten Gesellschaft lernen können.

♦ Arbeitslosigkeit eines oder beider Elternteile

Arbeitslosigkeit bringt nicht nur finanzielle Not für die Betroffenen mit sich, sondern führt auch zu einer oft drastischen Veränderung und Einschränkung der sozialen Kontakte. Besuche zu machen und Besuche zu empfangen bedeutet immer auch finanzielle Aufwendung. Es bedeutet weiterhin, sich über die eigene Situation artikulieren zu müssen, weshalb es Familien mit einem arbeitslosen Elternteil oft schwerfällt, Kontakte aufrechtzuerhalten. Mit dem eingeschränkten Personenkreis entfallen auch Möglichkeiten, sich auszusprechen, Anregungen und Anerkennung von anderen zu bekommen, so daß das Selbstwertgefühl ausgehöhlt wird. Rückzug auch innerhalb der eigenen Familie oder Aggressionen sind häufig die Folgen – eine weitere Belastung für die Familie. Die entscheidende Hilfe, die Außenstehende leisten können, ist in aller Regel die Vermittlung von Arbeit!

♦ Länger dauernde Krankheit oder Behinderung eines Kindes

Die Eltern eines behinderten oder von Behinderung bedrohten Kindes benötigen Hilfe und Unterstützung. Pflege, Erziehung und ergänzende Fördermaßnahmen können nicht von der Familie allein getragen werden. In den letzten Jahren ist das Netz der «Einrichtungen und der Stellen der Frühförderung in der Bundesrepublik Deutschland» (vgl. die gleichnamige Broschüre des Bundesministeriums für Arbeit und Sozialordnung, dort kostenlos beziehbar) dichter geworden.

Medizinisch-therapeutische, psychologische, pädagogische und soziale Hilfen werden von sozialpädiatrischen Zentren und ambulanten Frühförderstellen geleistet, ergänzt durch die mobile Hausfrühförderung und durch Eltern-Selbsthilfegruppen (Lebenshilfe e. V.). Immer mehr geht es dabei auch um die Integration behinderter und nichtbehinderter Kinder, um die Ausgrenzung der betroffenen Kinder und Eltern aus der Gesellschaft möglichst zu beenden.

Weitergehende Informationen sind vor allem über Krankenkassen, Jugend- und Sozialämter und die Finanzämter zu erhalten.

Der Körper des Kindes

So verändert sich der Körper Ihres Kindes im ersten Lebensjahr

Die Geburt als größte Umstellung

Mit der Geburt ändern sich die Lebensbedingungen für den kindlichen Organismus grundlegend. Später im Leben wird der Körper nie wieder eine so große Umstellung bewältigen müssen. Der kindliche Kreislauf ist nicht länger an den Plazentakreislauf angeschlossen, sondern muß selbst funktionieren. Viele Organe übernehmen ihre volle Funktion überhaupt erst jetzt, wie etwa die Lungen oder der Verdauungskanal.

Der Körper des Kindes muß sich von 36 Grad (im Mutterleib) auf eine schwankende Außentemperatur einstellen; da er aber seinen Wärmehaushalt selbst noch nicht gut regulieren kann, packen wir das Neugeborene sofort nach der Geburt warm ein. Aber eine Überhitzung wäre genauso schädlich wie Unterkühlung, da das Kind darauf noch nicht mit Schwitzen reagieren kann. Im folgenden wird die Entwicklung genauer dargestellt (die anatomische sowie die Entwicklung der einzelnen Organe und des Nervensystems).

Skelett

Das Skelett besteht zunächst aus weichem Knorpel, der erst allmählich durch Knochensubstanz ersetzt wird. Diese «Verknöcherung», die im dritten Embryonalmonat beginnt und die ganze Kindheit hindurch andauert, ist erst kurz vor der Pubertät abgeschlossen. Je jünger das Kind ist, desto elastischer ist demnach sein Skelett, desto weniger ist dieses auch mechanischen Belastungen gewachsen. Sorgen sind überflüssig, wenn Ihr Kind O-Beine hat – die haben nämlich fast alle Säuglinge. Im Kleinkindalter bekommen die Beine dann eine leichte X-Stellung. Wenn Sie meinen, daß die O-Beine besonders ausgeprägt sind oder zu lange nicht gerade wachsen, fragen Sie Ihren Arzt um Rat, z. B. bei der nächsten Früherkennungs-Untersuchung.

Muskulatur

Ein Säugling hat in den ersten Lebensmonaten eine schwach ausgebildete Muskulatur. Sie wird gekräftigt, wenn das Kind sich viel bewegt, wenn es strampelt, durch

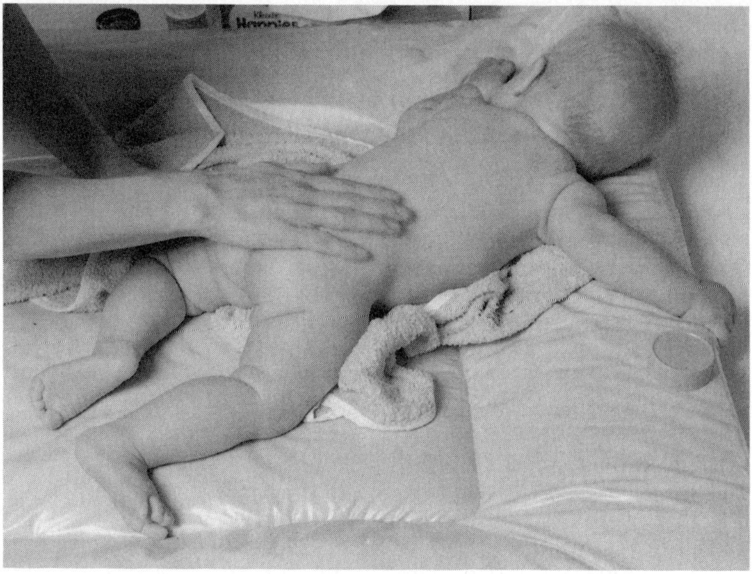

In jeder Woche können Sie spannende Entwicklungsschritte beobachten

die Wohnung robbt oder herumkrabbelt. Sie können zusätzlich etwas für seine Muskulatur tun, wenn Sie regelmäßig Bewegungsspiele und Gymnastik mit ihm treiben.

Fettgewebe

In den letzten Monaten vor der Geburt bildet der kindliche Körper sehr viel Fettgewebe. Anders als beim Erwachsenen handelt es sich dabei hauptsächlich um Fettgewebe in der Unterhaut. Es dient als Kalorienreserve und Wärmeisolator. Nach der Geburt hängt die Fettspeicherung von der Veranlagung, von der Ernährung und der Beweglichkeit des Babys ab.

Brustdrüsen

Kurz vor der Geburt schwellen bei manchen Mädchen und Jungen die Brustdrüsen mehr oder weniger stark an, weil Geschlechtshormone (Östrogene) von der Mutter ins Kind übergehen. Am dritten und vierten Tag nach der Geburt sondern sie sogar Milch ab, die sogenannte Hexenmilch. Sie darf keinesfalls abgedrückt werden, weil große Entzündungsgefahr besteht.

Nach einigen Wochen geht die harmlose Schwellung von selbst zurück.

Haut

Bei allen Neugeborenen löst sich die oberste Hautschicht in kleinen Schuppen oder größeren Partien ab. Manche haben auch rosa Flecken im Nacken oder im Gesicht, Erweiterungen kleiner Blutgefäße (der sogenannte «Storchenbiß»). Sie sind fast immer völlig harmlos. Manchmal haben Neugeborene auch winzige weiße Punkte auf der Nase, der Stirn oder den Wangen. Das sind Mitesser, die durch Hormone der Mutter entstanden sind. Der «Storchenbiß» zeigt sich auf der Stirn (über der Nasenwurzel bis zum Haaransatz, manchmal auch auf den Augenlidern und im Nacken) als flächenhafte, klar abgegrenzte Rötung.

Alle diese Erscheinungen verschwinden bald wieder von selbst. Im allgemeinen ist die Haut eines Säuglings frisch, rosig und sehr elastisch. Aber sie ist auch sehr empfindlich und kann durch Stuhl oder Urin am Gesäß und an den Beinen schnell wund werden.

Entwicklung des Schädels

♦ Geburtsgeschwulst
Am Hinterkopf entsteht bei der Geburt manchmal eine Schwellung, die Geburtsgeschwulst. Bei Steißgeburten befindet sie sich am Gesäß. Sie geht innerhalb der ersten Lebenstage von selbst zurück.

♦ Fontanellen
Ein Neugeborenes hat Nahtstellen zwischen den Schädelknochen, die erst im Laufe der ersten beiden Lebensjahre zusammenwachsen: vor allem die große Fontanelle (sie schließt sich bis zum Ende des ersten Lebensjahres auf Pfenniggröße) und die kleine Fontanelle am hinteren Ende des Schädeldachs. Eine feste Hautschicht schützt den Kopf an diesen Stellen. Das Gehirn des Kindes kann deshalb wachsen, sich in den beiden ersten Lebensjahren verdoppeln. Wenn das Kind erregt ist, kann man über der großen Fontanelle den Puls fühlen, manchmal auch sehen.

♦ Kopf-Körper-Proportionen
Der Kopf eines Neugeborenen ist – im Verhältnis zur Körpergröße – viel größer als der eines Erwachsenen. Er beträgt ein Viertel der Gesamtlänge (beim Erwachsenen nur ein Achtel).

Atmung

Ein gesundes Kind im ersten Lebensjahr atmet in seinen Wachphasen im allgemeinen regelmäßig, bei Aufregung oder Anstrengung etwas beschleunigt.

In den Schlafphasen kann es unregelmäßig atmen, auch kleine Atempausen machen. Beim Träumen atmet es u. U. sehr unregelmäßig und oberflächlich: kein Grund zur Beunruhigung für Sie.

Übrigens: Säuglinge niesen häufig. Das hat nichts mit einer Erkältung zu tun; sie reinigen auf diese Weise ihre Nase von Schleim.

Herz und Kreislauf

Wie schon erwähnt, werden die Hauptfunktionen der Plazenta nach der Geburt von den eigenen Organen des Neugeborenen übernommen, der Kreislauf des Kindes muß nun selbständig arbeiten. Im Verhältnis zu seinem Körpergewicht ist das Herz eines Säuglings ziemlich groß. Kurz nach der Geburt schlägt es bis zu 140mal in der Minute, bei Erregung kann man sogar 200 Pulsschläge pro Minute zählen. Während der weiteren Monate pendelt sich der Herzkreislauf dann auf 110 bis 120 Pulsschläge pro Minute ein (zum Vergleich: das Herz eines Erwachsenen schlägt 70mal in der Minute). Erst wenn die Herz- und Gefäßfunktionen voll entwickelt sind, stabilisiert sich der Pulsschlag.

Verdauungsorgane

Bis zur Geburt sind die Verdauungsorgane so weit entwickelt, daß der Säugling seine neue Nahrung, die Muttermilch, gut verdauen kann. Magen und Darm stellen sich im Verlauf der nächsten Lebensmonate auf die steigenden Bedürfnisse des Körpers, was Ernährung und Stoffwechsel betrifft, ein. Die Magenschleimhaut sondert dann vermehrt Magensäfte ab, so daß das Kind auch Vollmilch und Breikost verträgt.

Nieren

Die Nieren des Neugeborenen sind im Verhältnis fast doppelt so groß wie die eines Erwachsenen. Das liegt daran, daß der Körper des Säuglings einen sehr großen Wasserumsatz hat. Bei dem relativ hohen Stoffwechsel entstehen Substanzen, die durch die Nieren ausgeschieden werden müssen. So erklärt es sich auch, daß ein Säugling täglich 15- bis 20mal seine Blase entleert.

Sexuelle Entwicklung

♦ Geschlechtsorgane
Bei Jungen sind die männlichen Keimdrüsen (Hoden) nach der Geburt in den meisten Fällen (90 %) schon im Hodensack, andernfalls wandern sie während der ersten zwölf Monate dorthin. Der Hodensack ist anfangs schlaff und relativ groß. Ihr Kinderarzt wird bei der ersten Untersuchung auch die Geschlechtsorgane Ihres

Neugeborenen beachten, um eventuelle Störungen möglichst frühzeitig zu erkennen und zu beheben. Bei Mädchen liegen die kleinen Schamlippen verborgen unter den großen. In Ausnahmefällen können die großen Schamlippen verkleben. Die weiblichen Keimdrüsen (Eierstöcke) sind in der Bauchhöhle eingelagert.

♦ Sexualität
Im Säuglingsalter schon von Sexualität zu sprechen ist keinesfalls verfrüht, auch wenn ihr Auftreten nicht mit dem sexuellen Verhalten der Erwachsenen vergleichbar ist. Gesunde Säuglinge empfinden ihren Körper, besonders die Ausscheidungsvorgänge, das Gestilltwerden, das Baden, Abtrocknen und Abreiben, als lustvoll. Bei kleinen Jungen treten Gliedversteifungen gar nicht so selten auf, kleine Mädchen reiben gerne die Oberschenkel aneinander. Das kann den ersten Anstoß zu späterem Onanieren geben. Reagieren Sie darauf nicht «moralisch» oder mit Strenge. Sexualität ist eine natürliche Lebensäußerung. Es besteht kein Grund zur Sorge. Übersehen Sie derartige Spiele am besten ganz, sie schaden Ihrem Kind bestimmt nicht.

Ungesteuerte und gesteuerte Reaktionen

In den ersten Lebensmonaten rufen Reize fast in der gesamten Körpermuskulatur sehr allgemeine, diffuse, das heißt ungezielte Reaktionen hervor. Erst in den späteren Monaten reagiert der Körper dann mit ganz bestimmten Einzelreaktionen. Diese Entwicklung von allgemeinen hin zu gezielten Reaktionen zeigt, wie die Zentren des Gehirns, welche kompliziertere Aufgaben wahrnehmen, allmählich tätig werden. Am deutlichsten sieht man das an den einzelnen Phasen, in denen ein Kind im Laufe des ersten Lebensjahres – oder etwas später – lernt, sich selbständig fortzubewegen.

Sauberkeitserziehung

Früher begannen die meisten Mütter mit der Sauberkeitserziehung bereits dann, wenn das Kind allein sitzen konnte, also lange vor Ende des ersten Lebensjahres. Heute raten Wissenschaftler jedoch aus den verschiedensten Gründen davon ab. Denn:

- Ihr Kind kann erst mit 24 bis 32 Monaten seine Aftermuskulatur beherrschen.
- Jeder «Erfolg» auf dem Töpfchen vor diesem Alter beruht auf reiner «Dressur»; Rückfälle (also volle Hosen) sind häufig.
- Ihr Kind reagiert unter Umständen mit Trotz und wehrt sich

eigensinnig gegen den Zwang und die starre Regelmäßigkeit, mit der es auf das Töpfchen gesetzt wird. Nicht selten führt solche Dressur zu späteren Verhaltensstörungen oder gar Neurosen.

- Außerdem besteht die Gefahr, daß Ihr Kind später, wenn es «sauber» war, rückfällig wird und sich damit für den frühen Zwang «rächt».

Es ist früh genug, wenn Sie mit 2 1/4 Jahren Ihr Kind langsam an das Töpfchen zu gewöhnen beginnen. Es begreift jetzt den Zusammenhang zwischen dem Gefühl in Darm und Blase und den anschließenden Ausscheidungsvorgängen. Außerdem können Sie in diesem Alter bereits «vernünftig» mit ihm darüber sprechen. Sie ersparen sich und Ihrem Kind viel Ärger und viele Enttäuschungen, wenn Sie es nicht zu früh zur Sauberkeit erziehen. Wir gehen deshalb auch erst in Elternbuch 2 und 3 näher auf dieses Thema ein.

Die Zähne

Milchzähne

Im ersten halben Jahr verkalken die Milchzahnkeime: ungefähr zwischen dem fünften und zehnten Monat bereiten die ersten ihren großen Durchbruch vor. Das geht leider nicht immer schmerzlos ab. Zuerst zeigen sich die zwei unteren Schneidezähne. Dann folgen die vier oberen Schneidezähne, wobei jeweils die mittleren vor den äußeren erscheinen. Wenn Ihr Kind sein erstes Lebensjahr vollendet hat, zeigt es Ihnen sicherlich die ersten Zähnchen, die wohl ein wenig abschätzig nur «Milchzähne» heißen. Vollständig ist dieses Milchgebiß aber erst im dritten Lebensjahr mit insgesamt 20 Zähnen. Manchmal klappt die Reihenfolge des Erscheinens nicht genauso, wie es hier beschrieben wurde. Hin und wieder kommt es auch zu Verzögerungen. Machen Sie sich deswegen keine Sorgen. Auch eine Entwicklung in Schüben und unter Umständen mit starken Verzögerungen liegt durchaus im Normalbereich.

Schmerzen beim Zahnen

Es gibt Kinder, die überhaupt nichts zu spüren scheinen, wenn die Zähne wachsen. Bei anderen wiederum kommen sie nur mit Schmerzen an. Kein Wunder, wenn Ihr Kind dann unruhig schläft und gelegentlich auch weint. Durch das Zahnen wird der kleine Körper stark in Anspruch genommen und geschwächt. Deshalb ist das Kind während dieser Zeit besonders anfällig für Infektionen. Kommt es zum «Zahnfieber», dann sollten Sie kein Kinderzäpfchen geben, da das Fieber gar nichts mit dem Zahnen zu tun hat. Gehen Sie in einem solchen Fall lieber zum Arzt und lassen Sie Ihr Kind untersuchen, weil es sich wahrscheinlich um eine Erkältungs- oder gar um eine Infektionskrankheit handelt.

Das erleichtert den Zahndurchbruch

Kinder stecken bekanntlich alles in den Mund, was sie erreichen können. Beißringe oder große Brotrinden, an denen sich Ihr Kind nicht verschlucken kann, geben den kleinen Kiefernknochen Arbeit;

Der erste Zahn sorgt oft für Aufregung in der Familie

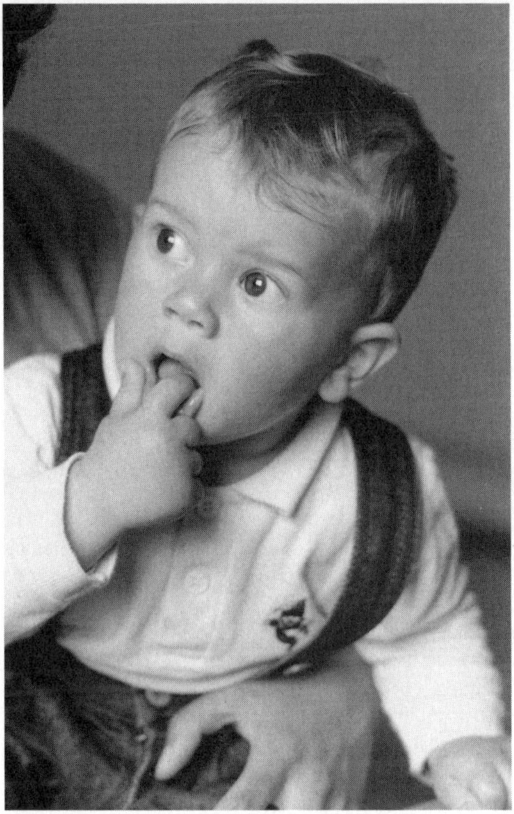

Das Kauen festigt das Zahnfleisch und erleichtert den Zahndurchbruch. Sie sollten den Beißring von Zeit zu Zeit sorgfältig auskochen.

Zahnpflege

In den ersten Monaten brauchen die Milchzähne noch keine besondere Pflege; allenfalls mit Watte oder einem Läppchen können Sie gelegentlich die Zähne säubern. Zähneputzen mit einer Zahnbürste ist jetzt noch nicht aktuell. Sie sollten aber darauf achten, daß keine Fleisch- oder Gemüsereste zwischen den Zähnen hängenbleiben. Die beste Prophylaxe gegen Karies ist in dieser Phase die Ernährung: Geben Sie Ihrem Kind möglichst wenig Zucker mit seinen Speisen. Wenn das Kind im Anschluß an das Essen ungesüßten Tee trinkt, reinigt es damit auch seine Zähne: das ist deutlich besser als Säfte oder Fertigtees, die Zucker (Süßstoff) enthalten.

Kinderärzte und Zahnärzte empfehlen auch die Einnahme von Fluorid-Tabletten – fragen Sie dazu Ihren Arzt, der Ihr Kind gut kennt.

So bleibt Ihr Kind gesund und vergnügt

Schlaf

Achten Sie von Anfang an darauf, daß Ihr Kind manchmal auf dem Bauch schläft, das ist gut für die Wirbelsäule. In dieser Lage kann es normalerweise besser atmen. Ärzte warnen allerdings davor, Kinder immer in Bauchlage schlafen zu lassen: erhöhte Lebensgefahr (plötzlicher Kindstod) besteht besonders bei Kindern im 3. oder 4. Monat bei Bauchlage in der kalten Jahreszeit, wenn zugleich in der Umgebung häufig und stark geraucht wird.

Sie brauchen nicht zu befürchten, daß Ihr Kind Mund und Nase in die Unterlage bohrt und ersticken könnte. Seine Reflexe sorgen dafür, daß seine Atemwege frei bleiben, jedenfalls bei glatter, gleichmäßig fester Unterlage. Gefährlich ist jedoch ein weiches Kopfkissen, in das es mit dem Gesicht einsinken könnte. Wählt ein Kind beim Liegen eine bestimmte Vorzugshaltung, schaut es also beispielsweise immer nach links oder nach rechts, sollten Sie seine Lage systematisch wechseln, um eine einseitige Wirbelsäulenbelastung zu vermeiden und eine gleichmäßige, schöne Kopfform zu bewahren. Montag, Mittwoch und Freitag in der Woche lassen Sie das Licht von links auf sein Bett scheinen, an den anderen Tagen von rechts. (Drehen Sie das gesamte Bett oder das Kind in seinem Bett.) Das Kind wird sich dem Licht zuwenden und seine Lage entsprechend verändern. Durch die gleichmäßige Belastung der Wirbelsäule werden dauerhafte Schäden vermieden. Ihr Kind wird es Ihnen danken, wenn es erwachsen ist.

Die Schlafdauer insgesamt beträgt innerhalb von 24 Stunden im allgemeinen
- im 1. und 2. Monat 16 bis 19 Stunden,
- im 3. und 4. Monat 15 bis 18 Stunden,
- im 5. und 6. Monat 14 bis 16 Stunden,
- im 7. und 8. Monat 13 bis 15 Stunden,
- im 9. und 12. Monat 12 bis 14 Stunden.

Manche Kinder schlafen aber auch länger. Ein sechs Monate altes Kind z. B. kann noch bis zu 18 Stunden hintereinander schlafen; lassen Sie es dann ruhig durchschlafen und beunruhigen Sie sich nicht. Zunächst kann Ihr Kind noch kaum zwischen Essen, Schlafen und Wachen unterscheiden. Nach einigen Wochen ändert sich das: Es hat dann «gelernt», zwischen Schlafen und Wachen zu unterscheiden. Am Anfang hat es mehrere Schlafperioden, da es zwischen den Mahlzeiten meist schläft.

Am Ende des ersten Lebensjahres gibt es dann nur noch zwei bis drei Schlafzeiten: nachts, am späten Vormittag und am Nachmittag. Unruhiger Schlaf Ihres Kindes kann vor allem auf Schwitzen, Träumen, Hunger oder Schmerzen (auch beim Zahnen) beruhen.

Auch ein Kind, das kurz vor dem Schlafengehen noch ganz neue Eindrücke verarbeiten muß (weil es etwa noch vor Ladenschluß mit der Mutter beim Einkaufen war oder mit seinen Geschwistern oder mit dem Vater herumtoben durfte), kann Schwierigkeiten beim Einschlafen haben: es ist dann so überreizt und nervös, daß es trotz großer Müdigkeit nicht einschlafen kann.

Vor dem abendlichen Einschlafen sollte ein Kind durch Bewegung und frische Luft ermüdet sein, und Mutter oder Vater sollten ein regelmäßig durchgeführtes Einschlafzeremoniell entwickeln: sich ein bißchen ans Bett setzen, ein kleines Lied singen oder summen, beruhigend zum Kind sprechen, ein Gute-Nacht-Bussi geben. Wichtig ist, daß das Einschlafzeremoniell nicht interessanter ist als gemeinsame Beschäftigungen tagsüber – sonst ist Ihr Kind bald putzmunter.

Frische Luft und Sonne

♦ Ihrem Kind tut es gut, wenn es möglichst viel an die frische Luft und an die Sonne kommt. Das ist ein sehr gutes Mittel gegen Katarrhe und gegen Grippe. Durch die Sonnenstrahlung bildet der Organismus außerdem das für die Knochenentwicklung so wichtige Vitamin D (gegen Rachitis).
♦ Wenn Sie einen Garten, eine Terrasse oder einen Balkon besitzen, können Sie Ihr Kind auch während seiner Schlafenszeiten dort lassen. Im Sommer müssen Sie es allerdings während der größten Mittagshitze ins Zimmer holen oder mindestens für Schatten sorgen; im Winter ziehen Sie es warm an und geben ihm eine Wärmflasche in sein «Freiluftbett».
♦ Vor der Sonne schützen Sie Ihr Kind am besten durch ein weißes Leinenhütchen. Kinder im ersten Lebensjahr sollten nie in der prallen Sonne liegen; wenn Sie Ihr Kind in der Sonne herumtragen oder wenn es draußen herumkrabbelt, dann schützen Sie es mit einer Creme mit hohem Lichtschutzfaktor.
♦ Beginnen Sie zunächst mit einer halben Stunde Frischluft am Tag, und steigern Sie diese Zeitspanne allmählich, möglichst bis zu vier Stunden (einschließlich Spaziergang). Wenn Sie in der Stadt wohnen, ist es natürlich nicht so einfach, dieses Pensum durchzuführen, besonders wenn Sie in einem Hochhaus wohnen und kein Park in der Nähe ist. Sie können sich auch

damit behelfen, daß Sie längere Zeit hindurch die Fenster weit öffnen und Ihr Kind bei frischer Luft im Zimmer spielen lassen. Wenn Ihr Kind auf dem Balkon schläft: Sicherheitsmaßnahmen beachten!
Trotzdem sollten Sie sich bemühen, wenigstens ein bis zwei Stunden täglich mit Ihrem Kind in einem Park spazierenzufahren.

♦ Bei großer Kälte sollten Sie Ihr Kind mit einer reinen Fettcreme (wenig Wasseranteile) gegen Erfrierungen im Gesicht schützen. Sie können fast bei jeder Witterung ausfahren, also auch, wenn es regnet. Wenn Ihr Baby unter sieben Monate alt ist, sollten Sie bei Temperaturen unter minus acht Grad und bei Nebel oder Sturm zu Hause bleiben.

Hygiene und Pflege

Ein Säugling hat nur sehr schwache Abwehrkräfte gegen Krankheitserreger. Daher ist, besonders am Anfang, eine saubere Umgebung wichtig. Waschen Sie sich die Hände, bevor Sie Ihr Kind aus dem Bettchen nehmen (dazu gehört auch das Bürsten der Fingernägel), und auch andere Menschen sollten es nicht mit ungewaschenen Händen anfassen. Ganz besonders gefährlich wäre das, wenn Krankheitserreger durch eine Wunde eindringen könnten (deshalb darf das Kind z. B. nicht gebadet werden, bevor der Nabel restlos verheilt ist). Es versteht sich von selbst, daß keine kranken Menschen ins Kinderzimmer gehen dürfen. Sollten Sie selbst einmal eine Erkältung haben, können Sie einen Mundschutz (z. B. ein Taschentuch über Mund und Nase) tragen. Gestillte Babys sind allerdings weniger gefährdet. Wenn jemand Fieberbläschen (Herpes simplex) hat, bitte das Baby nicht abküssen, oder am besten sich entfernt halten!

Das brauchen Sie zur Körperpflege für Ihr Kind

- Wattebausch (und selbstgedrehte Wattepröpfchen)
- Zellstofftücher
- Gesichtswaschlappen
- Körperwaschlappen
- Öl
- Kinderseife
- Kinderbad
- Tücher zum Abtrocknen (Handtücher, Badetücher)
- Haut-Lotion (oder Hautcreme)
- Nabelbinde und Mullkompressen
- Windelpaket, frische Wäsche
- Fieber- und Badethermometer
- Kamm und Bürste
- Baby-Nagelschere
- Wickelkommode oder Wickelaufsatz (für die Wäschekommode oder Badewanne)
- Auflage für die Wickelkommode, mit Plastikschutz und wechselbarer Stoffauflage
- Windeleimer
- Baby-Badewanne
- Badewannen-Aufsatz
- Einlage für Badewannen-Aufsatz (dann rutscht Ihr Kind weniger leicht).

Aufnehmen und Tragen des Babys

Anfangs haben Sie vielleicht ein bißchen Angst, Ihr Kind anzufassen, weil es so zart und zerbrechlich wirkt und Sie sich noch so unsicher fühlen. Doch die Sicherheit stellt sich schneller ein, als Sie glauben. Mit diesem Griff kann Ihrem Kind bestimmt nichts passieren: Ihr Kind liegt auf dem Rücken (sonst drehen Sie es zunächst in diese Lage). Greifen Sie dann auf seiner rechten Seite stehend mit der flachen linken Hand und abgespreiztem Daumen ein wenig unter seine rechte Achsel und drehen Sie es dann mit der rechten Hand unter der anderen Achsel durchgreifend so, daß es mit seinem Bauch voll auf Ihre linke Hand zu liegen kommt. Der Daumen Ihrer linken Hand umschließt jetzt den linken Oberarm des Kindes. Mit der rechten Hand (der Daumen ist ebenfalls abgespreizt) greifen Sie zwischen seinen Beinen so durch, daß die Finger unter den Bauch des Kindes geschoben werden, der Daumen stützt das Gesäß. Dann können Sie es mit der linken Hand und der rechten zugleich aufnehmen und mit dem Rücken Ihrem Oberkörper zuführen. Der Vorteil dieser Art, ein Kind aufzunehmen, liegt darin, daß es den Kopf und seine Rückenmuskulatur selbst kontrolliert und zugleich aktiv ist.

Nabelpflege

Nach der Geburt wird die Nabelschnur durchgeschnitten, ein kleiner Rest bleibt noch am Nabel des Kindes. Er trocknet bald ein; der bereits in der Klinik aufgetragene Silberpuder trägt zur schnellen Abheilung bei.

Pudern Sie die Wunde auch zu Hause täglich mit Silberpuder. Legen Sie dann einen frischen Mulltupfer auf, darüber wird die Nabelbinde (nicht zu fest) gewikkelt: Ihre Säuglingsschwester oder die Hebamme zeigen Ihnen das ganz genau. Die Windeln dürfen die Binde nicht berühren, weil die Wunde sonst durch Urin feucht wird und schlechter heilt.

Innerhalb von 12–14 Tagen sollte der Nabel vollends verheilt sein, andernfalls sollten Sie einen Kinderarzt fragen.

Das tägliche Waschen

Hier die wichtigsten Tips für das tägliche Waschen Ihres Kindes:

- Das Zimmer muß warm sein, es darf keine Zugluft herrschen (Fenster schließen). Legen Sie sich vorher alles zurecht, was Sie brauchen.
- Solange die Nabelwunde nicht verheilt ist, dürfen Sie Ihr Kind nicht baden, sondern nur waschen, ohne dabei die Wunde zu berühren.
- Wenn Ihr Kind Schorf oder

Schuppen hat, können Sie die Körperpflege auch an den befallenen Stellen wie üblich durchführen, jedoch nur einmal pro Woche. Schuppen behandeln Sie besser mit einem Spezialbad nach entsprechender Verordnung des Arztes.

- Verwenden Sie möglichst wenig Seife, weil sie das Hautfett zerstört. Wasser und Öl genügen zur Reinigung.
- Nase und Ohren reinigen sich selbst, falls notwendig, säubern Sie sie ganz vorsichtig mit einem zusammengedrehten Wattestück (Wattestäbchen bergen Verletzungsgefahren).
- Die Augen wischen Sie mit zwei Mulltupfern jeweils vom äußeren zum inneren Augenwinkel aus.
- Verwenden Sie zum Waschen möglichst zwei verschiedenfarbige Schüsseln, eine für den Kopf, die andere für den übrigen Körper.

♦ So waschen Sie Ihr Baby
Gesichtswäsche: Waschen Sie das Gesicht mit einem Extraläppchen, während Ihr Kind noch angezogen ist (damit es sich nicht erkältet).

Körperwäsche: Das Badetuch liegt auf dem Wickelaufsatz. Legen Sie Ihr Kind darauf und ziehen Sie es aus. Die Höschenwindeln kommen in den Eimer, dann wischen Sie Stuhl und Urin mit weichen Öltüchern (oder Öl und Waschlappen) vom Po.

Hals, Brust und Beine säubern Sie mit Wasser. Dann legen Sie das Kind auf den Bauch und waschen seine Rückseite.

Zuletzt waschen Sie die Geschlechtsteile. Bei einem Mädchen müssen Sie von vorn nach hinten abwischen, damit keine Bakterien vom Kot in die Scheide geraten, die zu einer Infektion führen können.

Danach trocknen Sie Ihr Kind ab. Achten Sie besonders darauf, daß auch alle Hautfältchen gut trocken sind, sie werden sonst schnell wund.

Baden macht erst Spaß, wenn's spritzt

♦ Mehr als dreimal pro Woche brauchen Sie Ihr Kind nicht zu baden. Baden Sie es nie direkt nach einer Mahlzeit, sondern immer vorher. Das Abendbad ist besonders bei Kindern zu empfehlen, die schlecht einschlafen: es macht müde.

♦ Wichtig ist, daß die Wanne ganz fest auf dem Untersatz steht und auf keinen Fall verrutschen kann.

♦ Alle Pflegemittel und Kleidungsstücke müssen vorher bereit liegen, denn Sie dürfen Ihr Kind keinen Augenblick allein im Wasser oder auf dem Wickeltisch lassen, um «schnell» etwas Vergessenes zu holen.

♦ Messen Sie immer zuerst die Wassertemperatur, bevor Sie das Baby ins Wasser legen: sie sollte

zwischen 35 und 37 Grad betragen.
- Sie sollten das Kind nie sofort mit dem ganzen Körper ins Wasser tauchen, sondern zuerst immer nur mit den Füßen. Sonst erschrickt es vielleicht.
- Beim Baden stützen Sie das Kind mit Ihrem linken Unterarm unter Kopf und Schulter und halten dabei seinen linken Oberarm gut fest. So haben Sie die rechte Hand zum Waschen frei. (Oder umgekehrt für Linkshänder.) Das Wasser soll gerade die Schultern bedecken.
- Anfangs dauert das Bad nur fünf Minuten, später doppelt so lange. Dann heben Sie Ihr Kind aus dem Wasser und wickeln es ins vorgewärmte Badetuch.
- Nach ein paar Wochen gehören auch Schwimmtiere und ein Schöpfbecher ins Wasser, damit Ihr Kind spielen kann. Ermutigen Sie es dann auch zum Planschen, damit es Freude am Baden bekommt.

Haarwäsche

Die Haare werden ein- bis zweimal pro Woche beim Baden gewaschen und täglich mit einer weichen Naturbürste gebürstet. Spülen Sie das Haarwaschmittel nicht zum Gesicht hin aus, damit Ihr Kind nichts davon in die Augen bekommt. Bei Schuppen oder Schorf reiben Sie das Köpfchen vor dem Schlafen dick mit Vaseline ein und setzen ihm ein Baumwoll-Mützchen auf. Nach dem Schlafen entfernen Sie dann die lockeren Teile des Schorfs sorgfältig mit den Fingerkuppen. Danach waschen Sie die Vaseline gut ab. Nach wenigen Tagen ist bei dieser Pflege – bei zwei bis drei Wiederholungen – der gesamte Schorf von der Kopfhaut gelöst. (Manchmal genügt auch schon etwas Öl.)

Hautpflege

Nach dem Abtrocknen reiben Sie Ihr Kind entweder mit Öl oder Hautmilch ein (das ist allerdings nicht nötig, wenn Sie statt Seife einen fetthaltigen Badezusatz verwenden).

Nägelschneiden

Einmal in der Woche schneiden Sie Ihrem Kind die Finger- und Fußnägel. Die Fingernägel dürfen nicht zu lang wachsen, damit sich Ihr Kind nicht das Gesicht zerkratzt. Halten Sie beim Schneiden mit der Babyschere die Hand des Kindes von unten mit Ihrer linken Hand, und drücken Sie seine Finger mit Ihrem Daumen gerade. Die Fingernägel werden leicht rund geschnitten (nicht allzu kurz, damit sie nicht seitlich in die Haut einwachsen), die Zehennägel fast gerade.

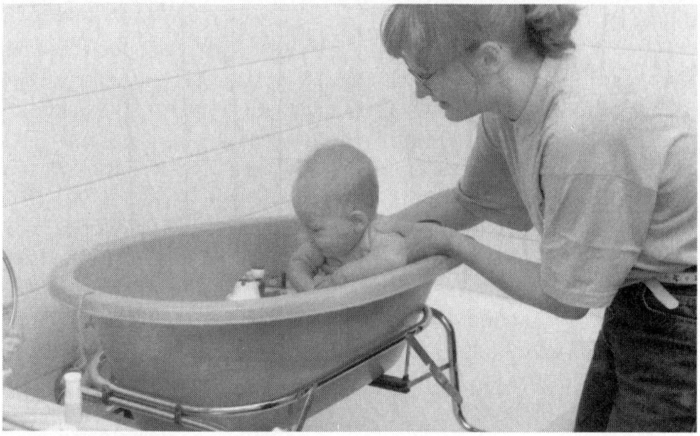

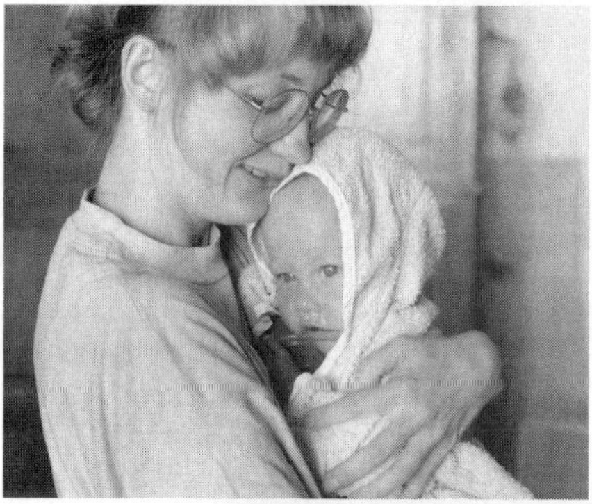

Körperpflege kann viel Spaß machen – nehmen Sie sich Zeit dafür!

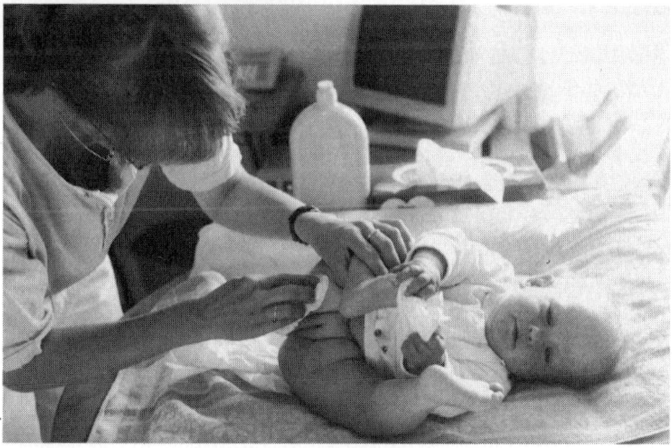

Wiegen

Sie sollten Ihr Kind höchstens alle 14 Tage wiegen, keinesfalls täglich (kleine Gewichtsschwankungen machen Sie nämlich nur nervös). Stellen Sie die Waage am besten jeweils nach dem Baden auf eine feste Unterlage in die Mitte des Tisches, damit nichts passieren kann, wenn das Kind darauf herumkrabbeln möchte. Und legen Sie eine Windel auf die Schale, denn sie ist ziemlich kalt. Vergleichen Sie das Gewicht einmal im Monat mit der Gewichtstabelle am Schluß des Elternbuchs.

Wickelmethode

Es gibt verschiedene Wickelmethoden, die Sie kennen sollten, wenn Sie keine Windel-Höschen o.ä. verwenden. In den Bildern dieses Abschnittes finden Sie eine, die häufig angewendet wird: die Drachenmethode.

Sie klappen die linke und rechte Ecke der Windel sowie das obere Ende zur Mitte. Dann legen Sie Ihr Kind darauf, das Vlies direkt unter den Po. Nun klappen Sie den unteren Zipfel um und schlagen ihn zwischen den Beinen hoch, so daß Urin von einer doppelten Stoffschicht aufgefangen werden kann. Die beiden seitlichen Windelecken werden nun auf den Bauch geklappt. Dann ziehen Sie ein Frotteehöschen darüber. In den ersten sechs Wochen nehmen Sie statt des Höschens ein Moltoneinschlagtuch. Legen Sie das Kind auf die Mitte des Tuchs und schlagen Sie die untere Ecke und die beiden Seiten rechts und links über den Bauch. Sie brauchen Ihr Kind nicht jedesmal zu wickeln, wenn Sie glauben, es sei naß. Es genügt, wenn sie das jeweils vor der Mahlzeit tun; zwischendurch nur dann, wenn Sie am «Duft» merken, daß Ihr Kind ein «großes Geschäft» erledigt hat.

Besonders breit sollten Sie Ihr Kind wickeln, wenn es eine Abspreizhemmung hat oder eine Gesäßfaltenasymmetrie (beides wird gegebenenfalls durch einen Arzt bei der ersten Früherkennungs-Untersuchung diagnostiziert). Legen Sie in diesem Fall zwischen den Oberschenkeln des Kindes ein mehrfach gefaltetes Frotteetuch auf die Windel, das die Beinspreizung betont. (Beachten Sie bei dem Hinweis Ihres Arztes auf eine Abspreizhemmung oder Gesäßfaltenasymmetrie unbedingt die Ausführungen zu Hüftgelenkserkrankungen auf S. 76.)

Zimmertemperatur

Ein Säugling kann seine Körperwärme nicht so regulieren wie ein Erwachsener. Daher muß man im ersten Lebensjahr sowohl Unterkühlung als auch Überhitzung vermeiden. Wenn das Thermometer im Zimmer etwa 21 Grad zeigt (nachts 18 Grad) und im Freien zwischen 20

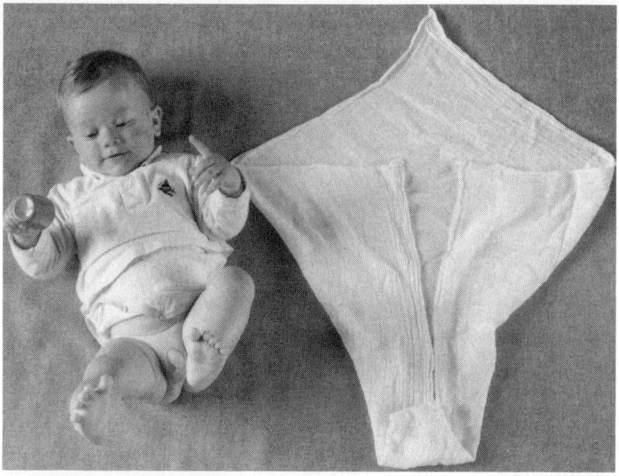

So wickeln Sie nach der Drachenmethode

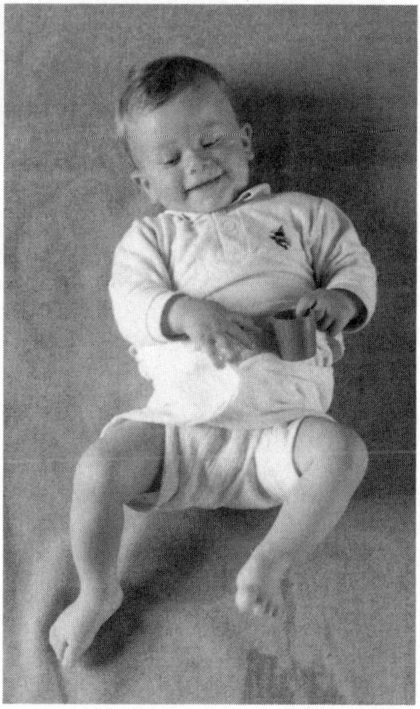

und 25 Grad im Schatten, fühlt sich Ihr Kind am wohlsten. Vom fünften Monat an darf das Thermometer nachts auch auf 15 Grad sinken und tagsüber draußen auf 28 Grad im Schatten steigen. Übrigens: Die normale Körpertemperatur eines Kindes liegt zwischen 36,8 und 37,5 Grad.

Ihr Kind hat seinen eigenen Tagesrhythmus

Ein Kind braucht eine gewisse Regelmäßigkeit in seinem Tagesablauf. Es wäre jedoch falsch, wenn Sie sich ausschließlich nach der Uhr richteten: entscheidend sind die ganz persönlichen Bedürfnisse Ihres Kindes.

Essen

Genauso wie sich ein Erwachsener im allgemeinen auf bestimmte Zeiten eingestellt hat, müssen Sie auch bei Ihrem Kind dafür sorgen, daß es regelmäßig etwas zu essen bekommt; das ist wichtig für das Gleichgewicht der körperlichen Funktionen, vor allem aber für eine gesunde Verdauung.

Die meisten Kinder brauchen in den ersten vier bis sechs Lebensmonaten ca. alle 3 1/2–4 1/2 Stunden eine Mahlzeit, also etwa um 6, 10, 14, 18 und 22 Uhr; in den ersten Wochen müssen Sie unter Umständen noch öfter stillen oder ein Fläschchen geben (wenn Ihr Kind unruhig wird und möglicherweise schreit, sonst nicht). Bei schwachen Kindern (z.B. Frühgeburten oder Zwillingen), aber auch bei Kindern, die das Fläschchen nie ganz austrinken, sollten die Pausen zwischen den Mahlzeiten kürzer sein. Nach dem sechsten Lebensmonat verschieben sich die Essenszeiten; es gibt dann nur noch drei «Hauptmahlzeiten» (morgens, mittags und abends) und ein bis zwei Zwischenmahlzeiten am Nachmittag mit Obst und Keksen. Es ist jetzt meistens auch nicht mehr nötig, die erste Mahlzeit schon um 6 Uhr morgens zu geben; es genügt, wenn Ihr Kind gegen 7 Uhr bis 8 Uhr seine erste Mahlzeit bekommt.

Spiele und Beschäftigungen

Die Zeiten des Spielens und der Beschäftigung richten Sie danach ein, wann Ihr Kind am muntersten ist. Meist sind Sie fast die gesamte Wachzeit des Kindes mit ihm in der einen oder anderen Weise befaßt, jedenfalls mehrere Stunden am Tag (Essen und Pflegezeiten hinzugerechnet). Ab dem dritten bis vierten Monat nehmen die Phasen zu, in denen Ihr Kind sich auch einige Zeit allein beschäftigen kann, mit Spielzeug oder anderen geeigneten Materialien. Achten Sie gut darauf, in diesen Phasen nicht zu stören: hier lernt Ihr Kind, mehr und mehr allein zu sein, mit sich selbst auszukommen, nach seinen eigenen Einfällen und Intentionen zu leben. Jede unnötige Störung durch Sie erhöht seine Abhängigkeit von Ihnen und führt dazu, daß Sie ständig von ihm herbeigerufen werden.

Für die Entwicklungsanregungen sollten Sie eine günstige Zeit wählen: wenn Sie selbst munter und gelassen sind und Ihr Baby ausgeruht und neugierig ist.

Bis zum dritten Monat genügen dafür zehn bis 15 Minuten täglich, vom dritten bis zum sechsten Monat brauchen Sie täglich insgesamt 15 bis 30 Minuten, zwischen dem sechsten und neunten Monat 20 bis 40 Minuten und danach bis zum Ende des ersten Jahres bis zu 60 Minuten.

Verteilen Sie die Übungen jeweils auf zwei bis drei Spiel- und Lernperioden am Tag – viele Anregungen können Sie auch in den üblichen Tagesablauf einbetten, beim Baden, Füttern, Spazierengehen usw.

Schlafen

Im ersten und zweiten Monat nach der Geburt schläft Ihr Kind noch 16 bis 19 Stunden. Mit der Zeit verringert sich das Schlafbedürfnis; die Wachpausen steigen von anfangs fünf bis acht Stunden auf zehn bis zwölf Stunden täglich.

Etwa vom siebten oder achten Monat an wird Ihr Kind nach dem Frühstück nicht gleich wieder schlafen. Es kann dann aufbleiben und spielen, wird aber etwa nach zwei Stunden – also gegen zehn Uhr – wieder müde werden. Ob dieser Vormittagsschlaf bis zum Ende des ersten Jahres und darüber hinaus beibehalten werden kann, hängt davon ab, wann Ihr Kind morgens aufwacht, und also auch davon, wann Sie es abends ins Bett legen. Wenn es morgens erst spät aufsteht, wird es vormittags kaum noch schlafen wollen, allerdings mittags nach dem Essen schnell müde werden und einen langen Mittagsschlaf machen.

Die Früherkennungs-Untersuchungen sind lebenswichtig

Die Eltern sind selbst vorrangig verantwortlich für die Gesundheit ihres Kindes. Eine große Unterstützung dafür sind in der Bundesrepublik Deutschland seit 1971 die Vorsorgeuntersuchungen, heute Früherkennungs-Untersuchungen genannt, die sich auf Krankheiten und Entwicklungsstörungen beziehen. Sie werden regelmäßig und kostenlos bis zum vollendeten sechsten Lebensjahr durchgeführt. Machen Sie unbedingt Gebrauch davon!

Das entsprechende Untersuchungsheft, den Impfpaß des Kindes, Ihren Mutterpaß und den Berechtigungsschein Ihrer Krankenkasse bringen Sie zu jeder Untersuchung mit. Auch die privaten Krankenkassen übernehmen die Kosten, Sie legen dazu wie gewohnt die Arztrechnungen vor.

Anhand einer Check-Liste untersucht Ihr Kinderarzt das Kind Punkt für Punkt. Je früher Fehlentwicklungen, Krankheiten oder Schädigungen, z. B. Augenfehler, Gehirnschädigungen, angeborene Zuckerkrankheit, Fehlbildungen der Gliedmaßen und Gelenke, Herzfehler, Schilddrüsenerkrankungen oder Hörfehler, erkannt werden, desto aussichtsreicher ist die Behandlung.

♦ **U1** – die 1. Untersuchung, fünf und zehn Minuten nach der Geburt: Die Neugeborenen-Erstuntersuchung führt der Arzt sofort nach der Geburt durch. Der «Apgar-Index» (ein Punkteschema) dient der Einschätzung der allgemeinen Vitalität des Kindes, er beruht u. a. auf der Überprüfung der Atmung, der Haut, des Pulsschlags, ausgewählter Reflexe. Aber auch andere Informationen werden vom Arzt erhoben und in das Untersuchungsheft eingetragen. Wenn äußere Fehlbildungen vorliegen, kommt das Kind sofort in eine Spezialabteilung für Neugeborene, wo es weiterbehandelt wird.

♦ **U2** – die 2. Untersuchung, zwischen dem dritten und zehnten Lebenstag: Die Neugeborenen-Basisuntersuchung bezieht sich auf den Gesamteindruck und den Entwicklungszustand der wichtigsten Organe (Herz, Lunge, Bauch, Geschlechtsorgane usw.), des Skeletts, des Nervensystems und der Sinnesorgane.

Die beiden ersten Früherkennungs-Untersuchungen werden noch in der Klinik durchgeführt, in der Ihr Kind zur Welt kommt (bei einer Hausgeburt oder einer ambulanten Geburt sollten Sie unbedingt auf die Durchführung der Untersuchungen achten!). Zu allen übrigen Untersuchungen müssen Sie zu Ihrem Kinderarzt gehen.

♦ **U3** – die 3. Untersuchung, zwischen der vierten und sechsten Lebenswoche: Wie bei der 2. Untersuchung werden die wichtigen Organe untersucht und verordnete Maßnahmen überprüft. Der Arzt achtet auf die körperliche Entwicklung Ihres Kindes; er untersucht und beurteilt Körpermaße, Haut, Skelett (u.a. die Hüftgelenke), Fontanellen, Wirbelsäule, Motorik, Reflexe und Ernährung.

♦ **U4** – die 4. Untersuchung, zwischen dem dritten und vierten Lebensmonat: Die zu untersuchenden Bereiche entsprechen im wesentlichen denen der Neugeborenen-Basisuntersuchung mit Schwerpunkt auf der motorischen Entwicklung, dem Skelett, dem Nervensystem und der psychischen Entwicklung.

♦ **U5** – die 5. Untersuchung, zwischen dem sechsten und siebten Lebensmonat: Die Untersuchung bezieht sich wieder auf alle wichtigen körperlichen Merkmale, Verdauung, Skelett, Nervensystem und Sinnesorgane.

♦ **U6** – die 6. Untersuchung, zwischen dem zehnten und zwölften Lebensmonat: Die letzte Untersuchung im 1. Lebensjahr richtet sich auf alle körperlichen und einige seelische Merkmale. Besondere Schwerpunkte sind das Essen bzw. die Verdauung, das Hören, die Sprachentwicklung und das Interesse des Kindes an Einzelheiten seines Spielzeugs.

♦ **U7** – die 7. Untersuchung, zwischen dem 21. und 24. Lebensmonat: Der Arzt untersucht alle Bereiche der körperlichen Entwicklung (u.a. die Zähne auf Karies: er fragt, ob das Kind frei Laufen und Treppen steigen kann) sowie einige Bereiche der seelischen Entwicklung (Sprachentwicklung, Verhaltensauffälligkeiten).

♦ **U8** – die 8. Untersuchung, zwischen dem 43. und 48. Lebensmonat: Das Skelett und die wichtigsten Organe werden untersucht. Hör- und Sehstörungen sowie motorische Ungeschicklichkeit werden registriert, die Impfungen erfragt.

♦ **U9** – die 9. Untersuchung, am Ende des fünften Lebensjahres: Hier handelt es sich um eine «Rundum-Untersuchung» des somatischen und psychischen Zustands des Kindes. Damit werden die Früherkennungs-Untersuchungen abgeschlossen.

Beachten Sie vor allem auch die späteren Untersuchungen. Viele Eltern «vergessen» diese Termine und verhindern damit u. U. die frühe Diagnose und damit auch die rechtzeitige Behandlung einer Störung, die der Laie nicht erkennen kann, die aber bei unverzüglicher Behandlung zu korrigieren ist (später jedoch nicht mehr oder vielleicht nur teilweise).

Bewahren Sie das Untersuchungsheft mit allen Eintragungen des Arztes gut auf. Es ist ein Dokument, das über die Entwicklung Ihres Kindes in den ersten Lebensjahren Auskunft gibt.

Impfungen – kein Problem

Durch die Impfungen wird Ihr Kind gegen bestimmte Krankheitserreger immun oder macht die Krankheit – falls es sich doch anstecken sollte – in wesentlich schwächerer Form durch. Vom Arzt oder vom Gesundheitsamt bekommen Sie einen Impfpaß, in den alle Impfungen eingetragen werden. Bei Mehrfach-Impfungen wird Ihr Kind gleichzeitig mit verschiedenen Impfstoffen gegen zwei bis fünf Krankheiten geimpft. Achtung: der Arzt soll die Hib-Spritze auf der «anderen» Körperseite geben.

Diphtherie kommt heute nur noch selten vor. Diese Infektionskrankheit kann jedoch lebensgefährlich sein: Die Diphtheriebakterien scheiden einen Giftstoff aus, der schwere Herzschäden verursacht oder bestimmte Nerven lähmt. Durch den Impfstoff entwickelt Ihr Kind Abwehrstoffe gegen diese heimtückische Krankheit, ebenso wie gegen Keuchhusten, der besonders im ersten Lebensjahr gefürchtet ist.

Die Impfung gegen Tetanus ist wichtig, weil Ihr Kind sich schon durch eine kleine Wunde mit Tetanusbazillen infizieren kann. Sie finden sich überall, auch in der Gartenerde oder im Straßenstaub, und verursachen schwere Muskelkrämpfe und Lähmungen der Atemmuskulatur.

Eventuell reagiert Ihr Kind am zehnten Tag nach der Masern-Impfung mit einer leichten Masernerkrankung (Fieber und leichter Hautausschlag). Doch das dauert nur wenige Tage und ist harmlos.

Lassen Sie Ihr Kind nur dann impfen, wenn es völlig gesund und auch in der Familie gerade niemand krank ist. Jeder Impfstoff ist für den kindlichen Organismus eine kleine zusätzliche Belastung. Sie können Ihr Kind vom vertrauten Kinderarzt impfen lassen oder im Gesundheitsamt. Nehmen Sie sein Lieblingsspielzeug mit, und bereiten Sie es ruhig darauf vor, daß der Einstich ein bißchen weh tut.

Impfkalender für Kinder
Empfehlungen der Ständigen Impfkommission des Bundesgesundheitsamtes vom Sept. 1993 (modifiziert durch Verfasser)

Lebensalter und Personen	Impfungen gegen
ab 3. Lebensmonat alle Säuglinge und Kleinkinder (über Ausnahmen entscheidet der Arzt)	Diphtherie-Pertussis-Tetanus: 3 x im Abstand von 4 Wochen
	Haemophilus influenzae Typ b: 2 Impfungen im Abstand von mindestens 6 Wochen oder simultan mit der 1. und 3. DPT-Impfung (andere Körperseite!) oder 3 Impfungen mit kombiniertem DPT-Hib Impfstoff im Abstand von 4 Wochen
	Poliomyelitis: 2 x trivalente Schluckimpfung im Abstand von mindestens 6 Wochen, mit der 1. oder 3. DPT-Impfung oder Teilnahme an Impfaktionen der Gesundheitsämter im folgenden Winter (November/Januar)
2. Lebensjahr alle Kleinkinder und Kinder	Diphtherie-Pertussis-Tetanus: 4. Impfung (Abschluß der Grundimmunisierung)
	Haemophilus influenzae Typ b: 3. Impfung gegebenenfalls simultan mit der 4. DPT-Impfung oder 4. Impfung mit kominiertem DPT-Hib-Impfstoff
	Poliomyelitis: 3. trivalente Schluckimpfung (Abschluß der Grundimmunisierung)
nicht vor dem 15. Lebensmonat	Masern, Mumps und Röteln (Kombinationsimpfstoff): 1. Impfung
ab 6. Lebensjahr alle Kinder	Masern, Mumps und Röteln (Kombinationsimpfstoff): 2. Impfung
	Tetanus-Diphtherie (Auffrischung), zweckmäßigerweise mit Td-Impfstoff

Das können Sie vorbeugend tun, um Unfälle zu vermeiden

Dieses Kapitel zählt Gefahren auf, die Ihrem Kind leider täglich drohen, sowie die Möglichkeiten, sie auszuschalten. «Entschärfen» Sie mindestens einmal in der Woche Ihre Wohnung mit Hilfe folgender Liste (besonders die Küche, das Kinderzimmer, das Bad und das Wohnzimmer). Wenn Sie dann noch täglich die gefährlichen Dinge, die irgendwo versehentlich liegengeblieben sind, aufräumen, kann Ihrem Kind kaum etwas passieren! Wie wichtig diese vorbeugenden Maßnahmen sind, geht aus der Unfallstatistik hervor: zwei Drittel aller Kinderunfälle ereignen sich zu Hause.

Bei allem Bemühen, die Unfallgefahren einzuschränken und sie zu vermeiden, ist eine wesentliche Ergänzung erforderlich: Die aktive Sicherheitserziehung. Hinweise dazu finden Sie auch bei den Entwicklungsanregungen. Generell gilt, daß ein aufmerksames Kind, das zur Selbständigkeit erzogen wird, Warnungen von Eltern annimmt und beachtet. Natürlich muß es selbst experimentieren und Erfahrungen sammeln. So lernt es auch, Gefahren zu erkennen und sich in einer schwierigen Situation selbst zu helfen. Dazu gehört, daß Sie es immer wieder aufmerksam machen, und noch wichtiger, ihm zu erklären versuchen, worin die Gefahr besteht, wie sie entsteht und wie sie vermieden wird. Das Wort «Achtung» allein erklärt überhaupt nichts, es verunsichert eher; und Ihr Kind lernt so weder, Gefahren zu erkennen, noch, worin sie sich unterscheiden. Allerdings ist die aktive Sicherheitserziehung noch nichts für das erste Lebensjahr, in dieser Zeit müssen Sie selbst die Gefahrenquellen beseitigen oder Ihr Kind davon fernhalten.

♦ Stolpern und Stürzen

Sobald sich Ihr Kind zum Stehen hochzieht, z.B. an Schrankschlüsseln, an Vorhängen usw., müssen Sie auf einige Dinge besonders achten:

- Wo kann es sich anschlagen oder verletzen, wenn es hinfällt? Gibt es in Ihrer Wohnung scharfe Kanten, vielleicht sogar aus Metall, oder Ecken, an denen es sich weh tun könnte?
- Besorgen Sie sich Schutzgitter für Treppen und Absätze, und lassen Sie Ihr Kind niemals bei offenem Fenster allein im Zimmer. Sichern Sie die Balkontür.
- Fußbodenbeläge, Teppiche,

Läufer usw. sollten rutschfest sein und keine «Wellen» haben. Hochglänzendes oder gewachstes Parkett kann Ihrem Kind gefährlich werden, ebenso wie Splitter und Spreißel.
- Auch beim Wickeln dürfen Sie Ihr Kind nicht unbeobachtet liegen lassen. Der Tag kommt bestimmt, an dem es sich zum erstenmal selber dreht. Und wann das ist, können Sie nicht vorher wissen. Falls Sie also noch etwas holen müssen, was Sie vergessen haben, nehmen Sie Ihr Kind lieber mit.

♦ Herunterziehen
Achten Sie darauf, daß Ihr Kind nichts aus Schränken, Regalen oder vom Tisch herunterziehen kann, was ihm dann auf den Kopf oder auf die Füße fallen könnte: ganze Schubladen, Vasen, Scheren, Blumentöpfe, Geschirr, Küchengeräte, Stehlampen (an der Schnur), Tischtücher samt allem, was darauf steht, Vorhänge mit Vorhangleisten, Radio, Bügeleisen und ähnliches. Alles, woran sich Ihr Kind hochziehen kann, muß niet- und nagelfest sein.

♦ Stechen und Schneiden
Messer, Scheren, Nadeln, Nägel und andere spitzige oder scharfkantige Gegenstände müssen für Ihr Kind unerreichbar sein, ebenso wie Glas, Porzellan und andere Materialien, die splittern können. Vermeiden Sie es nach Möglichkeit, Windeln oder Kleidung mit

Trotz des standfesten Stuhls sollten Sie Ihr Kind in solchen Situationen gut im Auge behalten

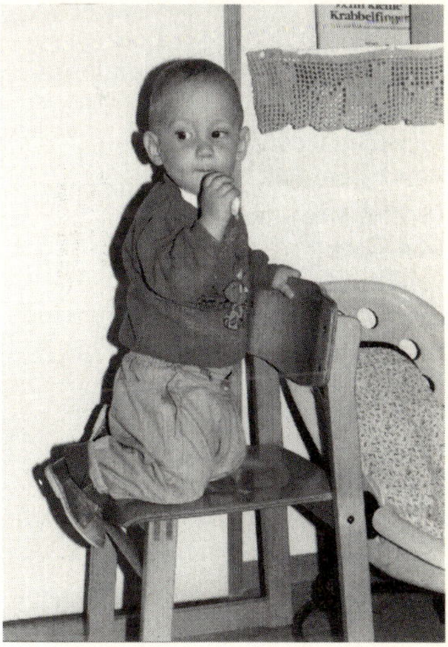

Sicherheitsnadeln festzuhalten – verwenden Sie dazu lieber Klett-Verschlüsse, allenfalls besonders kindersichere Sicherheitsnadeln, die Sie im Babyfachhandel erhalten.

♦ Elektrizität
Sorgen Sie unbedingt für kindersichere Steckdosen (VDE-geprüft), lassen Sie diese notfalls nachträglich durch den Fachmann installieren. Gefährlich sind auch brüchige oder «geflickte» Kabel. Während Sie staubsaugen und bügeln, kann Ihr Kind sich an einem beschädigten Kabel elektrisieren, oder es kann darüber stolpern, und das Kabel bricht dann. Die größte Sicherheit erzielen Sie mit einer Fehlerstrom-Schutzschaltung, die im Sicherungskasten montiert wird – fragen Sie dazu den Fachmann.

♦ Verbrennen
Streichhölzer und brennende Kerzen sowie Feuerzeuge haben nichts in der Reichweite Ihres Kindes zu suchen.
Befestigen Sie Schutzgitter vor Öl- und Gasöfen, vor Zentralheizungsrohren, Radiatoren und Herden.
Im Winter können Warmwasseranlagen, die eine Temperatur von über 80 Grad haben, äußerst schmerzhafte Verletzungen verursachen.
Nehmen Sie heiße Wärmflaschen oder Heizdecken immer aus dem Bettchen, bevor Sie Ihr Kind hineinlegen.
An anderer Stelle haben wir auf die kindgerechte Temperatur von Nahrung und Badewasser hingewiesen – deshalb hier nur ein allgemeiner Hinweis. Prüfen Sie Temperaturen nicht mit der Hand, die gegen Hitze nicht empfindlich genug ist, sondern mit einem zuverlässigen Thermometer.
Kochen Sie mit größter Vorsicht, wenn Ihr Kind in der Küche ist. Lassen Sie es dann nicht auf dem Boden an Stellen spielen, die beim Herabstürzen eines Topfes erreicht werden können bzw. von seinem kochend heißen Inhalt. Immer die «hinteren» Platten verwenden und die Pfannenstiele nach hinten drehen!
Vorsicht ist außerdem bei Heizstrahlern, Höhensonnen und im Hochsommer bei praller Sonnenbestrahlung geboten.

♦ Verschlucken und Ersticken
Kinder nehmen alles in den Mund. Deshalb müssen Sie immer gut aufpassen, daß Ihr Kind kleine Dinge, wie Bohnen, Glaskugeln, Perlen, kleine Steine, Teile des Nähzeugs, Streichhölzer, kleine Brotreste oder ähnliches, nicht erreichen oder verschlucken kann. Allzu leicht kann es daran erstikken. Hat Ihr Kind dennoch einen kleinen oder gefährlichen Gegenstand erwischt und im Mund, bleiben Sie ruhig! Gehen Sie auf Ihr Kind zu und bitten Sie es, Ihnen den Gegenstand zu geben oder nehmen Sie ihn Ihrem Kind selbst aus dem Mund. Denn wenn Sie Ihr Erschrecken zeigen und laut

aufschreien o. ä., erschrickt das Kind möglicherweise so sehr, daß es den Gegenstand beim aufgeregten, schnellen Einatmen in die Luftröhre bringt – Lebensgefahr! Das Verschlucken des Gegenstandes wäre vergleichsweise harmlos. In den USA gibt es ein Sicherheitsmaß für die Größe von Gegenständen, die ein Kleinkind beim Spielen bekommen darf: die kleinste Abmessung ist dabei 3,2 cm (in einem Spielwaren-Fachgeschäft können Sie sich vielleicht ein entsprechendes Prüfgerät zeigen lassen).
Auch Zigaretten, Zigarettenkippen, Zigarren und Tabak dürfen nicht in Reichweite des Kindes herumliegen (ein Drittel einer Zigarette ist für Ihr Kind schon gefährlich!), und auch Trinkgläser mit Alkoholresten sollten Sie schnell wegräumen.
Verwenden Sie für Ihre Zimmerpflanzen keine Düngerstäbchen, die Ihr Kind aus der Erde ziehen und abnagen könnte. Reinigungs- und Putzmittel sollten grundsätzlich für Kinder unzugänglich aufbewahrt und die Behältnisse darüber hinaus mit Kindersicherungen versehen sein, die nur von Erwachsenen geöffnet werden können. Achten Sie auch auf Schuhcreme- und Spraydosen!
Auch im Badezimmer finden sich Toilettenartikel und andere Dinge, die das Interesse eines Kleinkinds auf sich ziehen können; auch Nagelfeilen, Pinzetten usw.
An der Schlafbekleidung sollten keine Bänder und Knöpfe sein, die bei bestimmten Bewegungen gefährlich werden können, die Haltegurte im Bett müssen kurz eingestellt sein und immer wieder kontrolliert werden. Schnüre, Bänder und Vorhänge sollten vom Bett aus nicht erreichbar sein. Schnullerbänder oder -kettchen sollten Sie unbedingt vermeiden – Ihr Kind könnte sich damit im ungünstigen Fall erdrosseln; allenfalls bei einer Länge bis zu zehn Zentimeter besteht keine Gefahr.
Ganz besonders vorsichtig sollten Sie mit Plastiktüten sein. Allen Kindern macht es viel Spaß, durch eine «weiche Scheibe» zu sehen. Erstickungsgefahr!

♦ Vergiften
Medikamente, Kosmetika, Reinigungsmittel, Alkohol und Zigaretten müssen außer Reichweite von Kindern aufbewahrt werden. Da ein Kind noch keine festen Geschmacksgewohnheiten entwickelt hat, findet es manchmal Dinge gut, die äußerst gefährlich sind. Auch Ihre für die verschiedenen Müllarten verwendeten Abfalleimer sollten aus diesem Grund gut verschlossen und Ihrem Kind auf keinen Fall zugänglich sein.
Bei dichtem Straßenverkehr sollten Sie wegen der giftigen Abgase einen «hohen» Kinderwagen verwenden.
Gas- und Ölöfen müssen Sie in regelmäßigen Abständen überprüfen lassen.

Gefährlich für Ihr Kind sind auch frischgedüngter Rasen und ungewaschenes Obst.

♦ Tiere

Vor Bienen- und Wespenstichen können Sie Ihr Kind am besten schützen, wenn Sie es beaufsichtigen, solange es Obst oder Süßigkeiten ißt. Außerdem müssen Sie, besonders an heißen Tagen, Bremsen und Stechmücken vertreiben.
Fremde Tiere sollte Ihr Kind nicht anfassen und streicheln – als Kleinkind kann es das allenfalls, indem es von vorne auf ein Tier zugeht. Tiere dürfen beim Fressen nicht gestört werden. Wenn eine Katze die Ohren anlegt und den Schwanz bewegt oder ein Hund knurrt und sein Fell sträubt, nicht weiter darauf zugehen, sondern sich rückwärts entfernen!
Ihr Kind sollte nie mit einem Haustier allein bleiben, denn eine Katze kann mit ihren Krallen die Augen des Kindes verletzen, und auch der gutmütigste Hund beißt, wenn er plötzlich an einer empfindlichen Stelle gereizt wird. Auch Krankheitserreger können von Tieren übertragen werden.

Erste Hilfe –
wenn es passiert ist

Bei Unfällen kommt es darauf an, daß Sie lebenswichtige Hilfeleistungen geben können, bevor der Arzt eintrifft (der in allen folgenden Fällen verständigt werden muß).
Bemühen Sie sich,

- ruhig zu bleiben,
- klar zu erkennen, was passiert ist,
- mögliche unmittelbare Folgen abzuschätzen und
- überlegt zu handeln,

damit sie in der Aufregung die Situation nicht durch falsche Hilfsmaßnahmen noch verschlimmern.

Die folgenden Hinweise ersetzen keinesfalls einen Erste-Hilfe-Kurs, den Sie an ca. drei Abenden (kostenlos) absolvieren können.

♦ Schnitt-, Stich- und Bißverletzungen

Alle Wunden, die sich Ihr Kind zuzieht, sollten von einem Arzt versorgt werden. Reinigen Sie die Haut um die Wunde herum mit einem Mulltupfer oder einer Mullkompresse ein wenig, und decken Sie die Wunde dann mit einer Mullbinde ab. Handelt es sich um eine sehr kleine Wunde, einen Schnitt, eine Schürfung, einen Riß oder Kratzer, können Sie auch einen Schnellverband (Heftpflaster mit Mullauflage) verwenden, danach suchen Sie möglichst schnell Ihren Kinderarzt oder die Ambulanz einer Klinik auf. Hat sich das Kind auf der Straße oder im Garten verletzt oder sich mit einem rostigen Nagel die Haut aufgerissen, muß unbedingt ein Arzt zur Wundbehandlung aufgesucht werden. Unter Umständen sind nämlich Tetanusbazillen eingedrungen (sie lösen Wundstarrkrampf aus – Lebensgefahr! Dagegen gibt es die Tetanus-Impfung). Bis der Arzt die Behandlung übernimmt, decken Sie die Wunde mit sterilem Mull ab. Wenn die Wunde sehr stark und spritzend blutet, ist eine Schlagader verletzt (es kann zum lebensbedrohenden Schock – vgl. letzter Absatz – kommen). Dann müssen Sie sofort einen Druckverband anlegen, der die verletzte Ader gegen einen Knochen preßt – der Verband muß zwischen Herz und blutender Wunde angebracht werden. Dann schnellstens Notruf betätigen (ärztlichen Rettungsdienst, Rettungswagen, Rotes Kreuz, Malteser Hilfsdienst oder Unfallrettungsdienst), falls ein

Telefon vorhanden ist. Kennen Sie eine Klinik in Ihrer Nähe, die Sie schnell erreichen können, ist die unverzügliche Behandlung dort am besten und möglicherweise lebensrettend.
Bißwunden müssen immer vom Arzt behandelt werden. Es besteht akute Infektionsgefahr. Außerdem könnte das Tier tollwütig sein (ein Hinweis darauf wäre, wenn das Tier «ohne Anlaß» gebissen hat).
Wunden im Gesicht müssen ebenfalls in ärztliche Behandlung, damit möglichst wenige oder kleine Narben zurückbleiben.

♦ Verbrennung, Verbrühung
Wenn das Kind in brennenden Kleidern steckt, ersticken Sie die Flammen mit Wasser oder Decken, in die Sie das Kind einrollen (falls Sie gar nichts zur Hand haben, wälzen Sie das Kind auf dem Boden oder benützen Sie eigene Kleidungsstücke).
Wenn das Kind in heißes Wasser gefallen ist oder sich mit heißer Suppe oder heißem Kaffee verbrüht hat, gießen Sie ihm so schnell wie möglich viel kaltes Wasser über und ziehen Sie ihm die Kleider aus. Wickeln Sie das Kind in Leinentücher, und bringen Sie es so schnell wie möglich ins Krankenhaus. Bei schweren Verbrennungen sollte man als Laie nichts an der verbrannten Haut machen!
Bei leichten Verbrennungen legen Sie eine Brandbinde auf, oder behandeln Sie die Stelle mit einem Brand- oder Wundgel (aus der Apotheke). Öffnen Sie (kleinere) Brandblasen (auch bei starkem Sonnenbrand) nie, sonst infiziert sich die offene Wunde darunter.

♦ Hitzschlag, Sonnenstich, Hitzeerschöpfung
Intensive, längere Sonnenbestrahlung führt zu einem Hitzschlag (durch Wärmestau im Körper) oder zu einem Sonnenstich (durch besonders intensive Bestrahlung von Kopf und Nacken). Legen Sie das Kind in den Schatten, Oberkörper und Kopf etwas erhöht, und kühlen Sie ihm Stirn und Nacken mit nassen Tüchern (Kompressen), fächeln Sie ihm Luft zu (Verdunstungskälte). Bei Erbrechen und Durchfall unbedingt einen Arzt um Rat fragen.

♦ Stürze
Wenn Ihr Kind nach einem Sturz benommen ist oder erbricht, müssen Sie den Arzt informieren, auch wenn keine äußere Verletzung zu erkennen ist. Lagern Sie es dann unbedingt seitlich, damit das Kind nicht an Erbrochenem erstickt.
Hat sich Ihr Kind einen Knochen gebrochen, so sind Hinweise darauf mehr oder weniger heftige Schmerzäußerungen, das Einnehmen einer Schonhaltung, eine ungewöhnliche Lage/Haltung (z. B. des Unterarms, des Beins) und das nachfolgende Anschwellen im Umfeld des Knochenbruchs (vgl. Absatz unten).
Wenn Sie glauben, daß sich das

Kind den Knöchel verstaucht hat, legen Sie es ins Bett, und geben Sie ein Kissen unter das Bein, bis der Arzt kommt.
Bei einem Sturz vom Wickeltisch, aber auch bei einem ungünstigen Umfallen aus der Sitz- oder Stehhaltung kann Ihr Kind eine Gehirnerschütterung bekommen. Telefonieren Sie in diesem Fall mit Ihrem Kinderarzt und lassen Sie sich beraten. Bei Erbrechen (auch später) oder bei «Wegdämmern» muß Ihr Kind sofort in einer Kinderklinik behandelt werden.

♦ Knochenbruch
Versuchen Sie nicht, das gebrochene Glied selbst zu schienen. Benachrichtigen Sie sofort den Arzt und achten Sie darauf, daß das Kind ganz ruhig liegenbleibt, bis er kommt. Einen offenen Bruch dürfen Sie nicht berühren, denn es besteht die Gefahr einer Knochenmarksentzündung. Wenn befürchtet werden muß, daß sich das Kind an der Wirbelsäule verletzt hat, keinesfalls bewegen.

♦ Ersticken
Erstickungsgefahr besteht, wenn Ihr Kind einen Gegenstand, etwa eine Fischgräte, eine Holzperle, Erdnüsse (die sind besonders gefährlich!) oder einen kleinen Speiserest in die Luftröhre bekommt, aber auch, wenn es sich eine Plastiktüte über den Kopf gestülpt hat. In jedem Fall müssen die Atemwege schnellstens wieder freigemacht werden. Wenn Ihr Kind einen Fremdkörper in der Luftröhre hat, müssen Sie es an den Füßen, Kopf nach unten, halten und es auf den Rücken und die Brust klopfen. Achtung: Wenn das Kind nicht mehr atmet, sofort künstliche Beatmung beginnen, bis der Arzt kommt.

♦ Insektenstich
Entfernen Sie den Stachel mit einer Pinzette und reiben Sie den Einstich mit einer entsprechenden Salbe gegen Insektenstiche ein. Falls Sie keine Salbe in der Hausapotheke haben, hilft auch kaltes Wasser ein wenig.
Stiche im Mund oder in der Halsröhre (Bienen, Wespen usw.) sind lebensgefährlich! Geben Sie Ihrem Kind sofort Eis zu lutschen, machen Sie kühlende Halsumschläge und rufen Sie sofort den Notarzt an, oder suchen Sie eine Klinik auf, wenn sie schnell zu erreichen ist.

♦ Vergiftungen
Bei Vergiftungen durch Arzneimittel ist es nützlich, wenn das Kind sofort erbricht – dabei kann man helfen. Erbrechen aber nicht aktiv herbeiführen! Informationszentrale für Vergiftungen (siehe Anhang) anrufen, zusätzlich zum Notruf. Notieren Sie die Uhrzeit, wann das Kind den giftigen Stoff zu sich genommen hat, und nehmen Sie möglichst eine Probe davon mit ins Krankenhaus.
– Nicht erbrechen soll Ihr Kind, wenn es folgende Flüssigkeiten

verschluckt hat: starke Säuren (wie Salpetersäure, Salzsäure, Karbolsäure), Laugen, Reinigungsmittel für Abflüsse, Bleichmittel, Möbelpolitur, Autopolitur, Insektenvertilgungsmittel, Benzin oder Petroleum.
– Heben Sie Erbrochenes für den Arzt auf, damit er genau feststellen kann, welche Substanz Ihr Kind geschluckt hat.

♦ Verätzungen
Bekleidung einschließlich Schuhe und Strümpfe sofort entfernen, Wunde mit fließendem Wasser spülen (bei Augenverätzung Betroffenen seitlich hinlegen, Auge offen halten und aus einer Kanne o. ä. Wasserstrahl darüberfließen lassen). Notruf veranlassen.

♦ Stromunfälle
Schrauben Sie zuerst die Hauptsicherung (oder alle einzelnen Sicherungen) heraus. Wenn das nicht möglich ist, entfernen Sie Ihr Kind von der Leitung mit Hilfe eines trockenen Besenstiels oder mit Gummihandschuhen (Sie müssen sich isolieren, damit Sie nicht selbst in den Stromkreis geraten). Falls der Herzschlag ausgesetzt hat, müssen Sie künstliche Beatmung und Herzmassage machen, bis der Arzt kommt.

♦ Fremdkörper in Ohren, Nase, Augen, After oder Scheide
Versuchen Sie nicht, Fremdkörper aus den Ohren, der Nase, der Scheide oder dem After selbst herauszuholen. Es besteht die Gefahr, daß Sie den Gegenstand nur noch tiefer hineinstoßen und das Kind dabei verletzen. Wenn ihm ein Fremdkörper ins Auge geflogen ist, befeuchten Sie ein Papier-Taschentuch, und wischen Sie den Fremdkörper in Richtung Nasenwurzel aus dem Auge. Ist der Gegenstand (Körnchen, Fliege u. ä.) unter dem Unterlid, lassen Sie Ihr Kind nach oben blicken, drücken oder drehen das Unterlid nach unten oder ziehen es an den Härchen nach vorne und wischen mit dem Taschentuch den Fremdkörper zur Nase hin aus dem Auge (beim Oberlid entsprechend). Handelt es sich um einen Fremdkörper aus Metall, Metallstaub, Holz oder hartem Kunststoff, verbinden Sie dem Kind beide Augen, sprechen beruhigend mit ihm und veranlassen sofort einen Notruf, oder suchen Sie eine Klinik auf, wenn sie schnell zu erreichen ist.

♦ Schock und erste Maßnahmen
Sie erkennen einen Schock an den folgenden Zeichen: Schweiß auf der Stirn, auffallende Unruhe, fahle Blässe und kalte Haut des Patienten, Frieren und schlimmstenfalls «verschwindender Puls». Sofortmaßnahmen sind: Stillen der Blutung, Betroffenen auf Decke legen (wärmen, warm halten), Beine hochheben (als Selbsttransfusion und auch, damit das Gehirn wieder besser durchblutet wird), Lagerung auf Rücken, Beine

abgewinkelt hochlagern (z. B. Koffer unter Füße und Knie), Beruhigungsmaßnahmen treffen, trösten, Atem und Puls kontrollieren.

♦ Bewußtlosigkeit und erste Maßnahmen

Grund einer Bewußtlosigkeit sind meistens Sauerstoffmangel, eine heftige Kopfverletzung, Vergiftung oder starke Hitze oder Kälte (u. a. bei Ertrinken, Ersticken, starken Elektroschocks, Schlagaderverletzung):

Bei Atemstillstand sofort künstlich beatmen, möglichst zugleich für Notruf sorgen:

Rückenlagerung des Betroffenen, mit beiden Händen den Kopf nach hinten biegen, den Hals überstrekken (gestreckte Speise- und Luftröhre); wenn die Atmung wieder einsetzt, zur Bauchlagerung übergehen, Kopf nach der Seite legen.

Setzt die Atmung nicht ein, eigenen Atem gleichzeitig in Nase und Mund des Betroffenen blasen oder in Nase (dann Mund zuhalten) oder in Mund (dann Nase zuhalten). Es muß sichtbar werden, daß sich dessen Brustkorb und Oberbauch heben; setzt Atmung ein, Bauch- bzw. Seitenlage herbeiführen.

Haben Sie keine Sorge, die Luft, die Sie ausatmen, enthält noch ausreichend Sauerstoff. Beim Säugling müssen Sie pro Minute 35mal, beim Kleinkind 30mal Luft einblasen, allerdings nicht mit zuviel Druck. Durch leichten Druck auf Brustkorb / Oberbauch Ausatmen herbeiführen. Sobald Sie deutliche Atembewegungen erkennen, hören Sie mit der künstlichen Beatmung auf.

♦ Herzmassage

Legen Sie das Kind auf den Rücken, und blasen Sie ihm zwei- bis dreimal künstlich Luft ein (siehe oben). Danach drücken Sie mit den Handballen etwa zehnmal in sechs Sekunden rhythmisch auf seine untere Brustbeinhälfte. Sie dürfen nicht zu fest drücken, da sonst die Rippen brechen können. Danach wird das Kind wieder zweimal beatmet und anschließend zehnmal rhythmisch auf das Brustbein gedrückt usw., so lange, bis Sie wieder Herztöne hören.

So helfen Sie Ihrem kranken Kind

In diesem Kapitel finden Sie zunächst einige allgemeine Hinweise, an denen Sie erkennen können, ob Ihr Kind krank ist. Dann stellen wir den Kinderarzt bzw. die Kinderärztin vor und geben Ratschläge, wie Sie Ihr Kind auf den Besuch bei ihm oder ihr vorbereiten können. Es folgt eine Übersicht über häufige Krankheiten in diesem ersten Lebensabschnitt.

Am Ende des Buchs finden Sie eine ausführliche Zusammenstellung von Krankheitssymptomen, bei denen Sie unbedingt den Arzt verständigen müssen.

Allgemeine Krankheitssymptome und ihre Behandlung

Viele Krankheiten kündigen sich mit Appetitlosigkeit, Mattigkeit, Verdauungsstörungen, unruhigem Schlaf, Fieber und «Quengeln» an. Wenn diese Anzeichen nicht nach ein bis zwei Tagen wieder abklingen oder sich zusätzlich Krankheitssymptome, die in einer ausführlichen Symptomtabelle am Ende des Buchs aufgeführt sind, einstellen, sollten Sie einen Arzt zu Rate ziehen. Beobachten Sie keine erheblichen Krankheitssymptome, messen Sie zunächst, ob Ihr Kind erhöhte Temperatur (bis 37,8°) oder Fieber hat (über 37,8°).

In einem warmen Raum machen Sie den Unterkörper Ihres Kindes frei, halten mit der linken Hand die beiden Beine in die Höhe und führen das «heruntergeschlagene» Fieberthermometer mit der eingecremten oder leicht eingeölten Spitze in den After des Kindes ein. Nach zwei Minuten zeigt das Thermometer die Temperatur Ihres Kindes an (bei elektronischen Thermometern noch schneller).

Erzählen Sie in der Zwischenzeit eine kleine Geschichte, singen Sie ihm etwas vor, oder unterhalten Sie es auf andere Weise, damit es nicht unruhig wird oder heftig strampelt. Während des Messens dürfen Sie es keinesfalls loslassen, weil das Thermometer dabei brechen und Ihr Kind verletzen könnte. Wenn Ihr Kind Fieber hat, sollte es möglichst im Bett bleiben (sofern der Arzt zum Hausbesuch bereit ist). Machen Sie bis dahin einen kalten Wadenwickel, bei hoher Temperatur (über 39,5°) legen Sie dem Kind auch kalte, feuchte

Tücher auf die Stirn. Hohes Fieber ist bei Kindern nicht so gefährlich wie bei Erwachsenen, lassen Sie sich davon also nicht zu sehr beunruhigen.

Das Fieber selbst ist keine Krankheit, sondern ein Alarmzeichen dafür, daß eine Krankheit oder eine Störung vorliegt bzw. daß die Wärmeregulation durch Überhitzung oder Unterkühlung gestört ist. Auch starker Durst kann zu Fieber führen.

Besuch bei der Kinderärztin

Erkundigen Sie sich möglichst schon vor der Geburt nach einer guten Kinderärztin in Ihrer Nähe, damit Sie im Notfall gleich wissen, an wen Sie sich wenden können. Wenn Ihr Kind nicht bereits vorher einmal krank wird, ist der erste Arztbesuch anläßlich der dritten Früherkennungs-Untersuchung in der vierten bis sechsten Lebenswoche nötig. (Die beiden ersten Untersuchungen werden noch im Krankenhaus von der dortigen Kinderärztin durchgeführt.) Suchen Sie sich eine Kinderärztin aus, die Ihnen sympathisch ist und zu der Sie Vertrauen haben.

Gehen Sie im ersten Jahr zwischen der 4. und 5. oder der 5. und 6. Früherkennungs-Untersuchung (je nach dem zeitlichen Abstand der Untersuchungen) einmal zusätzlich zur Ärztin, auch wenn Ihr Kind nicht krank ist. Sollte sich bei einer Untersuchung zeigen, daß eine weitergehende Behandlung erforderlich ist, fragen Sie Ihre Ärztin, ob ein Spezialist hinzugezogen werden sollte.

Damit Ihr Kind später nicht jedesmal gleich schreit, wenn es den Mann oder die Frau «im weißen Kittel» sieht, sollten Sie auf folgende Dinge achten:

- Trösten Sie Ihr Kind, wenn es ängstlich ist, und bleiben Sie immer in seiner Nähe.
- Spritzen dürfen nicht «aus dem Hinterhalt» gegeben werden.
- Drohen Sie nie mit dem Satz: «Wenn du böse bist, kommt der Onkel Doktor!»
- Bereiten Sie Ihr Kind in späteren Monaten immer auf den Arztbesuch vor, damit es nicht plötzlich davon überrascht wird; erzählen Sie ihm, was bei der Ärztin voraussichtlich geschehen wird.

Scheuen Sie sich nicht davor, die Ärztin einfach anzurufen, wenn Sie den Verdacht haben, Ihr Kind könnte krank sein. Das ist wesentlich besser, als wenn Sie selbst versuchen, mit Tabletten und anderen Arzneimitteln eine von Ihnen nur vermutete Krankheit auszukurieren. Fragen Sie sie also um Rat, wenn sich Ihr Kind plötzlich auffällig anders benimmt als sonst, wenn es starken Durchfall hat oder ein anderes Symptom zeigt. Erbrechen des Kindes allein, aber auch im Zusammenhang mit dem einen oder anderen Symptom, und Fieber sind Anzeichen dafür, daß etwas nicht stimmt.

Mütterberatungsstellen

Von den staatlichen, städtischen und kommunalen Gesundheitsbehörden aus sind in vielen Städten und Gemeinden Mütterberatungsstellen eingerichtet, in denen Sie kostenlos ärztlichen Rat einholen können.

Nehmen Sie diese Beratung ruhig in Anspruch – wenn Sie allerdings Untersuchungen nach dem Mutterpaß und die Früherkennungs-Untersuchungen regelmäßig machen, besteht kaum besonderer Anlaß, diese Stellen aufzusuchen. In vielen Mütterberatungsstellen können Sie aber andere nützliche Hinweise finden, Broschüren, Informationen, auch Kontakte.

In verschiedenen Gemeinden und Städten finden sich für diese und ähnliche Einrichtungen und Institutionen auch andere Namen: Beachten Sie deshalb auch Müttertreffs, Mütterzentren, Familienzentren, Mutter-Kind-Zentren usw.

Häufige Krankheiten

Einige Krankheiten, die in früheren Zeiten weit verbreitet waren, treten heute kaum noch auf, weil sie durch Impfungen oder die regelmäßigen Früherkennungs-Untersuchungen (Vorsorgeuntersuchungen) einschließlich der medizinisch überprüften Ernährungsweise verhindert werden; wir führen sie deshalb nicht auf.

♦ Schnupfen

Ursache: Schnupfen wird durch einen Virus verursacht.
Symptome: Entzündungen der Nasenschleimhaut, starke Schleimabsonderung, Atemschwierigkeiten, Niesen, Appetitlosigkeit, Trinkschwierigkeiten und unruhiger Schlaf.
Komplikationen: Es können Entzündungen der Luftwege folgen (Halsentzündung, akute Luftröhrenentzündung, Bronchitis, Lungenentzündung, aber auch Mittelohrentzündung). Schnupfen ist manchmal der Vorbote einer anderen Infektionskrankheit (z.B. Masern). Bei blutigem Nasenschleim unbedingt den Arzt hinzuziehen.
Behandlung: Lassen Sie Ihrem Kind Nasentropfen verschreiben. Frische Luft ist wichtig.
Vorbeugung: Besucher mit Schnupfen dürfen nicht in die Nähe des Säuglings.

♦ Husten

Ursache: Reizung oder Entzündung von Luftröhre, Kehlkopf, Bronchien oder Lunge.
Symptome: Kurzer, stoßender Husten; bellender Husten; lauter, voller Husten mit Schleimabsonderung.
Behandlung: Suchen Sie einen Arzt oder eine Ärztin auf, der oder die Ihr Kind gezielt im Hinblick auf die Ursache behandelt. (Geben Sie ihm keinen Hustensaft, der für ältere Kinder bestimmt ist.)

♦ Verstopfung
Ursache: Sie ist bei einem Kind, das ausschließlich gestillt wird, äußerst selten. Flaschenkinder unter sechs Monaten bekommen auch Verstopfung, wenn sie zuviel (unverdünnte) Kuhmilch trinken.
Behandlung: Erhöhen Sie den Schleimzusatz. Milch, Bananen und Äpfel stopfen – Zucker, Obstsäfte und Fencheltee hingegen erleichtern das Abführen. In hartnäckigen Fällen fragen Sie Ihren Kinderarzt.

♦ Durchfall
Ursache: Infektion des Magen-Darm-Trakts, Krankheiten mit Fieber, Ernährungsfehler, Vergiftungen und Stoffwechselstörungen.
Symptome: Oft geht schlechter Appetit voraus; dann: der Stuhl ist flüssig, blutig-schleimig, schaumig oder grünlich, er stinkt auffällig, Erbrechen (bei Brechdurchfall). (Kein Durchfall liegt vor, wenn das Kind mehrmals täglich Stuhl hat, dabei aber mit Appetit ißt und trinkt.)
Behandlung: Verständigen Sie den Arzt. Zeigen Sie ihm den Stuhl. Bis er Ihnen genau sagt, welche Diät notwendig ist, geben Sie Ihrem Kind nur Kamillentee oder den zweiten Aufguß eines schwarzen Tees, jeweils leicht gesüßt (keine Kuhmilch).

♦ Mittelohrentzündung
Ursache: Bakterien verursachen eine eitrige Entzündung im Mittelohr.
Symptome: Das Kind bekommt Fieber, es wirft den Kopf unruhig hin und her, faßt oft an die Ohren und weint häufig wegen der starken Ohrenschmerzen; manchmal Nahrungsverweigerung, Erbrechen oder Durchfall.
Behandlung: Der unbedingt hinzuzuziehende Arzt verordnet wahrscheinlich Nasentropfen (die die erforderliche Belüftung des Mittelohrs durch Abschwellen des Verbindungskanals zwischen Nase und Ohr herbeiführen) und keimtötende Medikamente (Antibiotika). Schützen Sie das Kind vor Zugluft, setzen Sie ihm im Bett eine Mütze auf. Es braucht Bettruhe und Wärme an den Ohren (eventuell Wattepakkung).

♦ Wundsein
Ursache: Die Haut des Säuglings ist sehr empfindlich. Durch Stuhl und Urin, aber auch durch Feuchtigkeit in den Hautfalten kann sie sich entzünden.
Behandlung: Schützen Sie die Hautstellen mit einer Deckpaste, legen Sie das Kind häufiger trocken als sonst, und ziehen Sie ihm kein Gummihöschen an. In das Badewasser geben Sie einen Molke-Kleie-Zusatz, und anschließend fönen Sie Ihr Kind trocken (die empfindliche Haut nicht abreiben).
Vorbeugung: Trocknen Sie Ihr Kind nach dem Baden überall gründlich ab; lassen Sie es nie längere Zeit in Stuhlwindeln liegen.

♦ Ekzeme
Ursache: Ekzeme sind häufig allergiebedingt und haben oft eine genetische Komponente (Veranlagung in der Familie).
Symptome: Schuppenbildung auf der Kopfhaut (Kopfgrind) oder im Gesicht, Bläschenbildung, Krustenbildung, Entzündungen und Schwellungen, starker Juckreiz (am ganzen Körper oder einzelnen Stellen). Milchschorf beginnt an beiden Wangen gleichzeitig, meistens erst nach dem zweiten Monat.
Behandlung: Bei allen Ekzemen sollte der Arzt um Rat gefragt werden, auch bei Milchschorf. Er verordnet Öl oder Vaseline zum Auflösen der Borken und eine bestimmte Creme-Mischung zur Heilung.

♦ Hämangiome (Blutschwämmchen)
Ursache: Die harmlosen Blutgefäßgeschwülste sind meist angeboren.
Symptome: rote Geschwülste auf der Haut, die häufig etwas vorgewölbt sind; manchmal auch nur winzige rote Punkte, die sich allmählich vergrößern.
Behandlung: Wenn das Blutschwämmchen sich an einer Stelle befindet, wo Komplikationen eintreten können (an den Augen oder an den Lippen), oder wenn es besonders stark vorgewölbt (wulstig) ist, entfernt man es operativ (mindestens teilweise). Sonst wartet man jedoch, ob sich die Geschwulst nicht nach zwei oder drei Jahren von selbst zurückbildet. Wächst sie weiter (oder auch schnell weiter), muß sie dem Arzt gezeigt werden.

♦ Krämpfe («großer», generalisierter oder örtlich begrenzter Anfall)
Ursachen: Kinder haben eine größere Krampfbereitschaft als Erwachsene. Nach schweren Ernährungsstörungen, nach Stoffwechselkrisen, nach Sauerstoff-Mangelzuständen können schon in den ersten Lebensmonaten und -wochen lebensgefährliche Krampfanfälle vorkommen.
Weitere mögliche Ursachen: Fehlbildung des Gehirns, Geburtsschäden, Blutungen oder Entzündungen im Gehirn, Verletzungen des Gehirns, aber auch hohes Fieber.
Symptome: Abruptes, sichtbares Symptom mit anfänglicher Versteifung, gefolgt von Verkrampfung und rhythmischen Zuckungen (auch halbseitig möglich). Meistens tritt Bewußtlosigkeit auf. Ein weiteres Symptom ist die stoßende Atmung.
Behandlung: Tritt ein Krampf auf und hat das Kind zugleich Fieber, rufen Sie sofort den Arzt; lagern Sie das Kind bis zu seinem Eintreffen so, daß es sich nicht verletzt. Die Behandlung hängt von der Ursache der Krämpfe ab und kann nur vom Arzt gefunden werden. Schon beim erstmaligen Auftreten ist ärztliche Behandlung nötig.

♦ Kleine Anfälle
Ursache: Verschiedenste hirnorganische Prozesse können die Blitz-, Nick- und Salaam-Krämpfe auslösen.
Symptome: Abruptes Zusammenzucken des Kindes, z. B. mit kurzem Vorschnellen des Kopfes, Zusammenzucken des gesamten Körpers (ähnlich dem Zusammenklappen eines Taschenmessers); diese Erscheinungen treten innerhalb von wenigen Minuten mehrmals auf; das Symptom ist als abruptes Ereignis fühlbar; der Erwachsene kann das Kind nicht beruhigen. Krämpfe dieser Art treten vorwiegend in der Zeit zwischen dem dritten und achten Lebensmonat auf.
Behandlung: Nur bei frühzeitiger Behandlung in einer Spezialklinik ist die Chance gegeben, daß dem Kind geholfen werden kann.

♦ Nabelbruch
Ursache: Der Nabel mit seinem noch weichen Umfeld tritt nach der Nahrungsaufnahme sackartig hervor.
Symptome: Auswölbung rund um den Nabel.
Behandlung: Im allgemeinen ist keine besondere Behandlung erforderlich – innerhalb von zwei bis drei Monaten ist die Bauchmuskulatur so gut entwickelt, daß die hervorgetretene Wölbung wieder zurückgeführt ist, und sich die Bruchpforte geschlossen hat. Zu Ihrer zusätzlichen Sicherheit können Sie Ihren Kinderarzt konsultieren.

♦ Leistenbruch
Ursache: Kurz vor dem errechneten Geburtstermin wandert der Hoden in den Hodensack. Der dazu notwendige Zwischenraum kann sich u. U. zu spät schließen und so zur Bruchpforte werden. In diesem Fall ist auch das Austreten eines Teils des Darms in den Hodensack oder auch oberhalb davon möglich.
Symptom: Sichtbare Vergrößerung des Hodensacks oder weiche Ausstülpung oberhalb des Hodensacks.
Behandlung: Ein Leistenbruch muß immer operativ behandelt werden. Das ist in aller Regel ein harmloser Routineeingriff.

♦ Phimose
Symptome: Bei der echten Phimose ist die Vorhaut so verengt, daß der Junge nicht im Strahl Wasser lassen kann. Der Urin treibt die Vorhaut dann sackartig auf. Zu Unrecht spricht man häufig auch von Phimose, wenn Vorhaut und Eichel nur verklebt sind.
Behandlung: Bei der «richtigen» Phimose ist es nötig, daß die Vorhaut mit einem kleinen operativen Eingriff umschnitten wird. In diesem Fall sollten Sie nicht versuchen, die Verklebung von Vorhaut und Eichel selbst zu lösen. Fragen Sie in jedem Fall zuerst den Arzt.

♦ Soor
Ursache: Soor ist eine Pilzerkrankung, die die Mundschleimhaut,

den ganzen Darm, den After und Genitalbereich befallen kann. Anfällig ist ein Kind, das an Ernährungsstörungen,Durchfall oder schwächenden Krankheiten mit Untereernährung leidet oder das Antibiotika einnehmen mußte, welche die Entwicklung der natürlichen Abwehrstoffe im Mundraum und Magen-Darm-Trakt behindern. Ohne zusätzliche körperliche Belastung sind die im Organismus eines Menschen vorhandenen Soor-Pilze unauffällig und unter Kontrolle – sie führen nicht zur Erkrankung.
Symptome: Punktgroße, weiße, erhabene Beläge oder Bläschen an der Schleimhaut im Mund, am After oder im Genitalbereich.
Behandlung: Der Arzt wird Ihnen sagen, mit welchem Medikament Sie den Pilzbelag behandeln sollen.

♦ Magenpförtnerkrampf
Ursache: Durch den Krampf kann der Mageninhalt nicht (oder nur sehr erschwert) in den Dünndarm befördert werden (zu beobachten zwischen der sechsten und achten Lebenswoche).
Symptome: Das Kind erbricht die Nahrung in hohem Bogen, es hat kaum noch Stuhlgang und nimmt stark ab.
Behandlung: Suchen Sie den Arzt auf. Meistens ist eine harmlose Operation notwendig.

♦ Haltungsschäden
Ursache und Symptome: Haltungsschäden haben in der Regel zwei Ursachen:
a) Sie können intrauterin erworben sein durch eine bestimmte, über längere Zeit konstante Haltung (Zwangshaltung), z. B. der Schiefhals, eine Wirbelsäulenverformung oder eine Luxation (Fehlbildung) der Hüfte.
b) Durch sogenannte Praedilektionshaltungen (bevorzugte, manchmal auch erzwungene Haltungen) können ebenfalls Asymmetrien entstehen, u. a. auch Wirbelsäulenverkrümmungen. Eine derartige bevorzugte Haltung eines jungen Säuglings kann sich z. B. durch die Position des Bettes in einer Ecke des Zimmers entwickeln, bei der der Säugling das Licht und andere Reize (z. B. hinzutretende Personen) immer von derselben Seite erhält.
Behandlung: Je früher ein Schaden der einen oder anderen Art erkannt wird, desto eher ist vollständige Heilung möglich. Gezielte Krankengymnastik ist nach der Diagnose durch einen Facharzt erforderlich. Behandlungen dieser Art müssen spätestens bis zum 6. oder 8. Lebensmonat abgeschlossen sein. Ist der Haltungsschaden bis dahin nicht erkannt und / oder nicht behandelt, muß u. U. operiert werden und ein mühsames Spezialtraining erfolgen.

♦ Hüftgelenkserkrankung
Ursache: Fehlbildungen des Hüftgelenks sind angeboren, teilweise erblich. Wenn im ersten

Lebensjahr nichts dagegen unternommen wird, kann durch die Belastung beim Laufen und Stehen später eine Hüftgelenksluxation entstehen.

Symptome: Wenn sich die gebeugten Oberschenkel nicht zur Seite spreizen lassen, wenn die Hautfalten an der Innenseite der Oberschenkel nicht an beiden Beinen symmetrisch sind, wenn ein Bein länger ist als das andere, deutet das auf eine Fehlbildung eines Hüftgelenks hin; es können aber auch beide Hüftgelenke betroffen sein.

Behandlung: Bei Verdacht auf eine Hüftgelenkserkrankung wird das Kind mit Ultraschall untersucht. Die Fehlbildung läßt sich meist mit Spreizwindeln, Spreizhöschen, nötigenfalls mit einem Beckengips beseitigen. Je früher die Krankheit erkannt wird, desto leichter läßt sie sich heilen.

Ernährung

Muttermilch – das Beste für die ersten Lebensmonate

Freuen Sie sich, wenn Sie stillen können! Es gibt für einen Säugling keine bessere Nahrung als die Muttermilch. Sie enthält Abwehrstoffe, ist körperwarm, keimfrei, leicht verdaulich und in ihrer Zusammensetzung genau den Bedürfnissen Ihres Kindes angepaßt. Das Stillen hat aber auch eine große psychische Bedeutung für Sie und für Ihr Kind. Das Neugeborene erfährt dabei Wärme und Geborgenheit, es genießt Ihre Zärtlichkeit, gewinnt Vertrauen zu Ihnen und zu sich selbst.

Legen Sie das Kind möglichst schon in der ersten halben Stunde nach der Geburt an, das erleichtert und beschleunigt die Milchbildung, die auf diese Weise leichter in Gang kommt. So vermeidet man das Anschwellen der Brüste (das auch mit Schmerzen verbunden sein kann), bevor die Milch am dritten oder vierten Tag nach der Geburt richtig «einschießt». Am ersten Tag versucht man, etwa alle zwei Stunden zu stillen, zwischen dem zweiten und elften Tag noch ca. elf- bis sechsmal täglich abnehmend.

Sie werden die Suchbewegungen Ihres Babys bemerken, wenn es auf Ihrem Bauch liegt. Die erste Milch, die es dabei bekommt, wird «Vormilch» (Kolostrum) genannt. Sie ist wesentlich eiweißreicher und weniger fetthaltig als die Milch, die ab dem dritten bis vierten Tag kommt, und deshalb besonders bekömmlich für Ihr Kind.

Wenn Sie die richtige Einstellung zum Stillen haben, werden Ihre eigenen liebevollen Gefühle für das Kind beim Stillen noch verstärkt. Ihre Figur verändert sich bestimmt nicht ungünstig durch das Stillen, wenn Sie die jetzt besonders notwendige Körperpflege, -bewegung und -gymnastik wie bisher vor und nach der Geburt weiterführen. Durch das Saugen wird übrigens auch die Rückbildung der Gebärmutter gefördert. Spüren Sie gelegentlich ihre Kontraktionen, die sogenannten Nachwehen?

Muttermilch, die beste Erstnahrung

Die Muttermilch mit den so wichtigen Substanzen wie Eiweiß, Fett, Kohlenhydrate, Vitamine, Mineralstoffe und Spurenelemente baut optimal die körpereigene Abwehr gegen Infektionen auf, vor allem gegen Magen-Darm-Infektionen, aber auch gegen Allergien. Wenn ein Baby sich dennoch eine Infektion «fängt», verläuft sie meist abgeschwächt. Ein weiterer Vorteil: Muttermilch paßt sich den veränderten Ernährungs-Erfordernissen im Laufe der ersten Monate an.

Die reife Frauenmilch, die nach gegenwärtigem medizinischem Erkenntnisstand vier Monate gegeben werden sollte, ist trotz der Schadstoffbelastung, die in den vergangenen Jahren registriert worden ist, die beste Ernährung für das Kind, und zwar möglichst ohne irgendeine Ergänzung außer Vitamin-D Gaben (möglichst auch in Verbindung mit Fluorid, als Schutz gegen Karies). Das Kind schluckt mühelos während des gesamten 1. Lebensjahres eine Tablette täglich, wenn sie ihm unmittelbar vor dem Stillen in den Mund geschoben wird.

Einige Schadstoffe sind in ihrer Konzentration in der Muttermilch übrigens bereits wieder auf vertretbare Konzentrationen zurückgegangen, so z. B. DDT und DDE (Gifte gegen Insekten) und HCB (Hexachlorbenzol – ein Pflanzenschutzmittel). PCB (möglicherweise Krebs auslösende polychlorierte Biphenyle in Kühlmitteln und Hydraulikflüssigkeiten, und die damit verbundenen Dioxine und Furane) hat ebenfalls abgenommen, seine Konzentration in Muttermilch ist jedoch immer noch hoch. Die Abnahme von PCB wird trotz der verschiedenen Verordnungen noch einige Jahre dauern. Wenn Muttermilch trotz Schadstoffbelastungen als nahezu unersetzlich empfohlen wird, dann auch, weil ihre Wirkdauer auf den kindlichen Organismus auf einige Monate begrenzt ist (während man bei der «gemessenen» Schadstoffbelastung der Muttermilch von einer Einwirkung über einen Zeitraum von zwanzig Jahren ausgeht). Stillen über mehr als vier Monate wird gegenwärtig nicht empfohlen – das Baby hat bis dahin die wichtigsten Abwehrstoffe aufgenommen bzw. kann sie dann selbst produzieren.

Gesundheitsämter (oder andere Einrichtungen, die das Gesundheitsamt oder Ihr Kinderarzt Ihnen nennt) können die Schadstoffwerte in der Muttermilch messen und eine spezifische Empfehlung geben. Die Untersuchung wird in einigen Bundesländern von den Krankenkassen erstattet. Wer viel in der Landwirtschaft mit Pflanzenschutzmitteln oder in der Industrie mit PCB zu tun hat(te), sollte diese Untersuchung auf jeden Fall machen.

Vor allem die folgenden drei Muttermilcharten werden unterschieden:
Kolostrum / Vormilch: Sie ist etwas gelblich und klar. Es ist die erste Milchart in den Tagen nach der

Geburt. Sie erleichtert die erste Stuhlausscheidung, zugleich die Entleerung des Magens und des Darms vom «Kindspech» (Mekonium), das sich vor der Geburt gebildet hat. In einigen größeren Kliniken wird heute in Ergänzung zu Kolostrum nur eine allergenfreie oder allergenarme Säuglingsmilch gegeben. Damit wird eine mögliche Allergiebildung des Darms (und der Haut) in diesen ersten Tagen eingeschränkt.

Übergangsmilch: So wird die Muttermilch etwa bis zum 16. Tag nach der Geburt wegen der laufenden Veränderungen ihrer Zusammensetzung genannt. Etwa ab dem vierten Tag nach der Geburt wird sie vom Körper der Mutter gebildet. Sie merkt es am Anschwellen der Brüste, das auch mit Schmerz verbunden sein kann («Einschießen der Milch»).

Reife Frauenmilch: Sie ist weiß mit leichtem Blaustich. Diese Milch erhält das Kind bis zum Ende der Stillzeit.

Stillregeln

♦ In den ersten Tagen stillen Sie liegend bzw. sitzend. Sie drehen sich im Bett etwas zur Seite, legen sich ein Kissen in den Rücken und nehmen Ihr Kind in den leicht gebeugten Arm. Legen Sie es auf Ihre Bettdecke, nicht darunter (so vermeiden Sie eine zusätzliche Infektionsgefahr). Wenn Sie später wieder aufstehen können, setzen Sie sich zum Stillen in einen bequemen Stuhl mit Rückenlehne, stützen die Füße auf eine Unterlage und halten das Kind auf dem Schoß. Sie können Ihr Kind natürlich auch später noch im Liegen stillen, z. B. nachts.

♦ Führen Sie den Kopf zu Ihrer Brustwarze, die Sie vorher mit einem Wattebausch und destilliertem Wasser gereinigt haben. Mit der rechten Hand nehmen Sie den Warzenvorhof zwischen Zeige- und Mittelfinger und drücken ihn so, daß sich die Brustwarze vorwölbt. Dann schieben Sie den ganzen Warzenvorhof in den Mund des Kindes. Säuglinge setzen beim Trinken nicht zum Atmen ab, sie atmen durch die Nase. Sie muß also völlig frei sein (vorher säubern, wenn es Schnupfen hat) und darf nicht direkt auf Ihrer Brust aufliegen.

♦ Wenn Ihr Kind den Mund nicht öffnet, drücken Sie leicht auf seine beiden Backen und tropfen ihm etwas Milch in den Mund. Es wird dann sicher zu saugen beginnen.

♦ Während des Stillens sollte es natürlich auch «still» um Sie herum sein. Das sind die Tageszeiten (und Wochen nach der Geburt), in denen Ihr Kind den intensivsten Kontakt mit Ihnen erlebt. Es empfindet schon jetzt ganz genau Ihre Stimmungen, es spürt, ob Sie gereizt oder nervös sind; Ihre Stimmung überträgt sich auf Ihr Kind. Lassen Sie sich daher nicht von äußeren Umständen irritieren, sondern konzentrieren Sie sich in dieser Viertelstunde ganz auf Ihr Kind. Streicheln Sie es, wiegen Sie es, sprechen Sie mit sanfter Stimme zu ihm; all dies bereitet ihm Wohlbehagen und ist wichtig für seine gesunde Entwicklung.

♦ Stillen Sie grundsätzlich nach Bedarf – also immer, wenn sich Ihr Kind meldet, weil es hungrig ist. Im günstigen Fall ergibt sich dabei auch ein regelmäßiger Stillrhythmus (z.B. alle 2 1/2–4 1/2 Stunden, möglicherweise mit einer Nachtpause von 7–8 Stunden). Wenn Ihr Kind vor Hunger zu schreien beginnt, sollten Sie unbedingt auch vom gewohnten Rhythmus abweichen. In fast allen Kliniken bringen Ihnen die Schwestern Ihr Kind, wenn es gestillt werden will – bei «Rooming-in» haben Sie damit sowieso keine Probleme.

♦ Eine Mahlzeit dauert etwa 10–15 Minuten. In den ersten fünf Minuten trinkt Ihr Kind mehr als die Hälfte der gesamten Menge.

♦ Geben Sie bei jeder Mahlzeit nur eine Brust. Grund: Die Brust muß bei jedem Stillen völlig entleert werden, weil sie sonst immer weniger Milch produziert. Ist eine Brust leergetrunken und zeigt Ihr Kind immer noch Appetit, geben Sie ihm anschließend die andere Brust. Bei der nächsten Mahlzeit beginnen Sie mit der anderen Brust. Hat Ihr Kind eine Brust nicht leergetrunken – Sie merken das daran, daß sie sich noch nicht entspannt und weich anfühlt –, sollten Sie sie durch «Ausstreifen» vollständig leeren. Ihre Hebamme zeigt Ihnen, wie das geht. Sie können auch eine Handpumpe oder eine elektrische Pumpe verwenden, die Sie normalerweise in einer Apotheke oder Drogerie ausleihen können. Diese Geräte müssen nach jedem Gebrauch gründlichst gereinigt werden. Wenn Sie nach Bedarf stillen, stellt sich durch den Saugreiz Ihr Körper auf die tatsächlich vom Kind benötigte Trinkmenge ein. Wenn Sie allerdings zuviel abpumpen, besteht die Gefahr der «Überproduktion», die u.U. zum Milchstau und damit zu einer Brustentzündung führen kann.

♦ Nach dem Stillen sollte Ihr Kind ein «Bäuerchen» machen (Aufstoßen), falls es mit dem Trinken Luft verschluckt hat. Eine sehr gute Methode ist die folgende: Sie sitzen bequem mit übereinandergeschlagenen Oberschenkeln (linker über rechtem) und legen das Kind mit seiner Brust quer auf den höher gelegenen Schenkel, so daß es nach links blickt. Nach einiger Zeit versucht es, sowohl den Kopf zu heben, um aktiv herumschauen zu können, als auch sich auf die Arme bzw. Ellbogen zu stützen. Diese Haltung regt das Bäuerchen an und stärkt zugleich seine Nacken- und Rückenmuskulatur. Wechseln Sie nach der nächsten Mahlzeit ab: Sie tauschen den unten und oben liegenden Oberschenkel und lassen das Kind in die andere Richtung blicken.

Die früher ausschließlich angewandte Methode können Sie

natürlich auch ausprobieren: Sie lehnen das Kind aufrecht an sich, das Köpfchen befindet sich dabei über Ihrer Schulter, und warten das «Bäuerchen» ab. Wenn Sie sich dabei rhythmisch ein wenig vor- und zurückbeugen und dazu noch leicht auf seinen Rücken klopfen, tut es sich leichter. Legen Sie am besten eine zusammengefaltete Windel oder ein Papiertaschentuch auf Ihre Schulter – denn möglicherweise spuckt Ihr Kind ein bißchen Milch beim Aufstoßen.

♦ Ein Säugling sollte pro Tag die zum gesunden Wachstum erforderliche Trinkmenge bekommen. Wiegen Sie dennoch nicht jedesmal, die Kontrolle mit der Waage kann Sie unnötig nervös machen. Verlassen Sie sich lieber auf Ihren Eindruck: Wirkt Ihr Kind nach dem Trinken gesättigt und zufrieden? Nimmt es innerhalb von 14 Tagen so zu, wie es üblich ist? Schläft es mit zufriedenem Gesicht in Ihren Armen ein? Wenn Sie vor allem die beiden erstgenannten Beobachtungen machen, können Sie beruhigt sein – Ihr Kind wird hinreichend satt.
Wenn es gelegentlich noch unruhig ist oder Bauchschmerzen hat, geben Sie ihm ein wenig ungesüßten (dünnen) Fencheltee.

♦ Soll man vor oder nach dem Füttern wickeln? Für «vorher» spricht: In frischen Windeln fühlt sich Ihr Kind wohler. Für «nachher»: Während des Stillens werden die Windeln meist wieder naß. Unser Vorschlag: Säubern Sie das Kind vor der Mahlzeit, legen Sie ihm eine trockene Windel zwischen die Beinchen und hüllen Sie es in eine Decke. Nach dem Stillen wird es dann richtig gewickelt.
Falls Ihr Kind sehr zum Spucken neigt, sollten Sie jede unnötige Bewegung vermeiden. Das bedeutet: doch vorher wickeln. Konsultieren Sie dann bei Gelegenheit Ihren Kinderarzt.

♦ Auch daran sollten Sie denken: Schon im Verlauf der Schwangerschaft vergrößert sich die Brust. Tragen Sie daher keine einengenden Kleider, keine knappen Büstenhalter. Das gilt auch für die Zeit, in der Sie Ihr Kind stillen. In dieser Zeit tragen Sie am besten Stillbüstenhalter. Sie sind zwar nicht besonders schön, aber praktischer, weil man sie vorn öffnen kann; außerdem lassen sie sich auskochen. In den Büstenhalter geben Sie am besten ein keimfreies Tuch (Mullwindel) oder Stilleinlagen, um eventuell austropfende Milch aufzusaugen.

♦ Waschen Sie die Brustwarzen vom siebten Schwangerschaftsmonat an täglich zur Abhärtung zuerst warm, dann etwas kälter ab, rubbeln Sie sie mit einem Frottierhandtuch ab, und reiben Sie sie mit einer fetthaltigen Creme ein, die Sie in jeder Apotheke bekommen. Die Haut wird dadurch widerstandsfähiger.

Ernährung der Mutter

Im Grunde gelten für die Ernährung während der Stillzeit die gleichen Regeln wie während der Schwangerschaft: essen Sie, worauf Sie Lust haben! Mit anderen Worten (und etwas erweitert): Essen Sie vitaminreiche Normalkost mit viel Obst und Gemüse, trinken Sie, soviel Sie Durst haben, aber auch nicht mehr. Zuviel Saft von Zitrusfrüchten kann bei Ihrem Kind Durchfall auslösen. Ein bis zwei Tassen Schwarztee oder Kaffee vormittags und nachmittags schaden Ihrem Kind nicht – und dienen vielleicht Ihrer persönlichen Aufmunterung.

Weit ist die irrige Meinung verbreitet, daß man besonders viel trinken solle, vor allem Malzbier, weil das die Milchdrüsen anrege. Damit werden Sie jedoch nicht viel erreichen, außer einer Gewichtszunahme. Die Wirkung von Alkohol, Rauchen (Nikotin), zuviel starkem Kaffee und Tee kann mit der Milch auf das Kind übertragen werden. Auch Medikamente können ihm Schaden zufügen (weisen Sie daher jeden Arzt, der Ihnen etwas verschreibt, darauf hin, daß Sie noch stillen).

Schwierigkeiten beim Stillen

Im Gegensatz zu früher haben heute mehr Frauen mit Stillschwierigkeiten zu kämpfen. Die Ursachen dafür sind noch nicht genau erforscht. Ein Hauptgrund ist sicherlich die Verunsicherung, die psychische Anspannung der Frauen: Da das Stillen ständig als möglicherweise großes Problem dargestellt wird, wird es für viele Frauen tatsächlich zum Problem. Sie fragen sich schon lange vor der Geburt: Werde ich genügend Milch haben? Wird es weh tun? Bin ich eine schlechte Mutter, wenn ich mein Kind nicht stille? Ist meine Brust zu klein? etc.

Und nach der Geburt dann der bange Blick auf die Waage: Trinkt das Kind genug? Wann erreicht es sein Geburtsgewicht wieder? (In den ersten zehn Tagen verliert ein Kind in aller Regel bis zu zehn Prozent des Geburtsgewichts.)

Unser Rat: Bitte vergessen Sie alle diese Fragen und Zweifel. Machen Sie sich bewußt, daß Stillen ein ganz natürlicher Vorgang ist und daß es (abgesehen von bestimmten Krankheiten, die Ihr Arzt Ihnen nennt) keine Frau gibt, die nach der Geburt keine Milch hat. Die Größe der Brust spielt dabei keine Rolle. Wenn Sie Ihr Kind direkt nach der Geburt anlegen und es, vor allem am Anfang, stillen, wann es Hunger hat, nimmt es sich alles, was es braucht. Das Saugen stimuliert die Milchproduktion. Und wenn Sie es nach Bedarf abtrinken lassen, werden Sie auch kaum Probleme mit Milchstau und Brustentzündungen bekommen.

♦ Bei Flach- und Hohlwarzen hilft Ihnen entweder ein Saughütchen vor der Brustwarze, oder Sie drücken die Milch mit einer elektrischen Pumpe oder Handpumpe ab und geben sie mit der Flasche.

♦ Bei kleinen Hautrissen an der Brustwarze lassen Sie sich am besten ärztlich beraten und achten noch ein wenig mehr auf Sauberkeit, um eine Brustentzündung (Mastitis) zu vermeiden, die sehr schmerzhaft werden kann.

♦ Auch das Kind kann «Schwierigkeiten» haben. Schläft es ein, wenn Sie es angelegt haben? Dann lassen Sie ihm Zeit. Das Saugen ist eine anstrengende Sache (besonders für frühgeborene und schwache Kinder). Sie können die Milch auch mit einer Handpumpe abpumpen, und mit der Flasche (mit einem kleinem Saugloch) geben. Aber Vorsicht: gerade das Saugen ist es, was die Kieferpartie kräftigt. Geben Sie also gerade einem schwächeren Kind mehr Zeit zum «Training».

♦ Auch sogenannte «trinkfaule» Kinder, die die Brust nicht leertrinken, haben meist einfach einen anderen Rhythmus. Sie trinken dafür gern öfter, was sich auch auf die Verdauung u. U. günstig auswirkt.
Handelt es sich tatsächlich gelegentlich um «Trinkfaulheit», verlängern Sie die Pause zwischen zwei Mahlzeiten oder setzen eventuell auch mal mit einer Mahlzeit aus, wenn das Kind kräftig ist. Geben Sie ihm dann nur etwas Tee; bei der nächsten Mahlzeit hat es sicher mehr Hunger.

♦ Sollte es aber tatsächlich mit dem Stillen nicht klappen, dann verzweifeln Sie nicht. Auch mit dem Fläschchen können Sie Ihrem Kind geben, was es für eine gute Entwicklung braucht. Das gilt auch für Frauen, die von vornherein wissen, daß sie nicht stillen dürfen, weil sie an einer Krankheit leiden (z.B. akuter, fieberhafter Erkrankung mit Antibiotika-Behandlung).

Abstillen

Während der Schwangerschaft haben sich die Drüsenkörper in der Brust vergrößert. Abruptes Abstillen kann zu ihrer Entzündung führen. Oder sie schrumpfen zu schnell und bilden «Hohlräume» im Fettgewebe, die Brust verliert ihren Halt. Daher sollten Sie, wenn Sie normal abstillen wollen, es möglichst langsam tun, indem Sie zuerst eine Mahlzeit pro Tag durch andere Kost ersetzen, danach zwei Mahlzeiten usw. Stillen Sie möglichst nicht in den heißesten Wochen des Sommers ab, weil in dieser Zeit besondere Durchfallgefahr für das Kind besteht.

Bei einer neuen Schwangerschaft muß man das Stillen aufgeben. Ebenso sollte man ans Abstillen denken, wenn die Milch weniger als ein Drittel des Nahrungsbedarfs deckt.

Die Mahlzeit aus der Flasche

Ernährung mit Fertigprodukten

Nach dem Abstillen stellt sich die Frage nach der besten Ernährung für die Folgezeit. Das Argument, daß selbst zubereitete Nahrung gesünder sei als Fertignahrung, trifft heute in aller Regel nicht mehr zu. Die Hersteller von Kindernahrung haben eigene Anbaukulturen, in denen keines der Pflanzenschutzmittel verwendet werden darf, die üblicherweise heute noch in Gemüsen und Früchten enthalten sind (Ausnahme: Reformhauskost und die Produkte von Herstellern wie Demeter, Bioland u. a. – aktuelle Information darüber z. B. durch die Verbraucherzentralen).

Mit der Fertignahrung sparen Sie nicht nur viel Zeit (sie läßt sich schnell zubereiten, häufig muß sie bloß erwärmt werden), sie hat auch den Vorteil, daß sie absolut keimfrei ist und die richtige und immer gleiche Zusammensetzung aufweist. Die selbst zubereitete Speise hat den Nachteil, daß sie eher Bakterien enthält (vor allem, wenn sie nicht bei jeder Mahlzeit frisch zubereitet wird) oder daß wertvolle Stoffe, insbesondere Vitamine, durch weniger schonende Zubereitung zerstört sind.

Im folgenden können Sie sich über die Grundlagen der Ernährung im ersten Lebensjahr informieren. Auf die Zusammensetzung der Nahrungsmittel kann allerdings nicht im einzelnen eingegangen werden. Wenn Sie Fertignahrung kaufen – der Markt bietet eine große Auswahl –, richten Sie sich nach den empfohlenen Mengen pro Fläschchen, die auf der Packung angegeben sind.

♦ Anfangsmilch

Wenn Sie nach wenigen Wochen bereits abstillen wollen oder müssen, kann Ihr Kind mit einer adaptierten Säuglingsmilch die meisten wichtigen Nahrungsstoffe in den benötigten Mengen erhalten (vgl. Liste unten), 1,4–1,8 g Eiweiß pro 100 ml, 3,3–4,3 g Fett pro 100 ml, 6,3–7,9 g Milchzucker pro 100 ml und bis 0,39 g Asche pro 100 ml (nach Niessen). Aber Eiweiß ist nicht gleich Eiweiß, Fett nicht gleich Fett usw. Auf die ziemlich komplizierten Bestandteile im einzelnen soll hier nicht eingegangen werden. Sie können sich anhand der Packungsaufschrif-

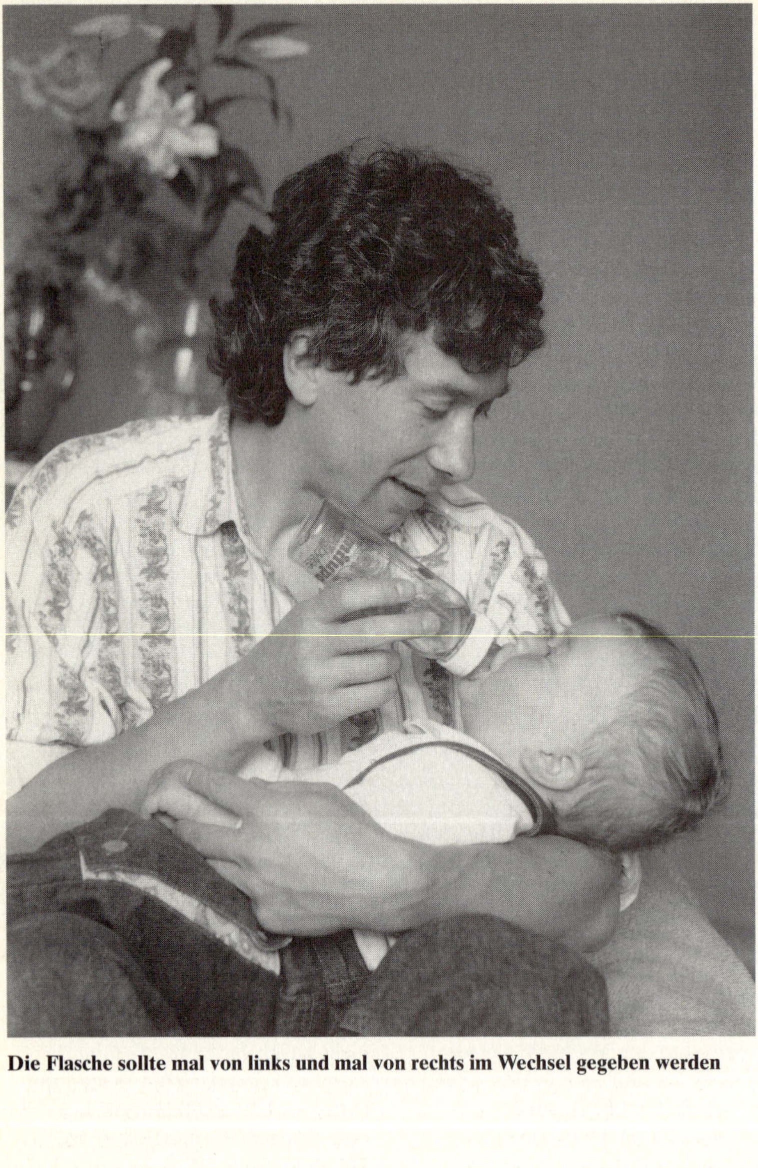

Die Flasche sollte mal von links und mal von rechts im Wechsel gegeben werden

ten über die von Zeit zu Zeit auch wechselnden Zusammensetzungen und Zutaten orientieren, z. B. über Vitamine.

Noch etwas zum gelegentlich verwendeten Begriff «volladaptierte» (voll angepaßte) Säuglingsmilch. «Volladaptiert» ist eigentlich ein Widerspruch in sich, denn keine industriell hergestellte Säuglingsmilch kann gegenwärtig die tatsächliche Zusammensetzung der Muttermilch nachbilden (deshalb ist Muttermilch gegenwärtig nach wie vor unersetzlich und das mehrmonatige Stillen, auch wegen der mütterlichen Abwehrstoffe, die das Kind dadurch erhält, ein wichtiges «Gesundheitspaket»).

Es ist natürlich möglich, Stillen und Fertignahrung miteinander zu verbinden. Wenn Sie am Ende der Stillperiode Ihr Kind mit Muttermilch nicht mehr ausreichend ernähren können, wenn Sie langsam abstillen oder wenn Sie aus anderen Gründen (z. B. Arbeit) nicht voll stillen, dann können Sie eine oder zwei (Still-) Mahlzeiten durch adaptierte Säuglingsmilch ersetzen.

Nicht zu empfehlen ist, Halbmilch (zubereitet auf Kuhmilchbasis) als Ersatz zu verwenden. Die dabei gegebenen Mischungsverhältnisse der Hauptbestandteile entsprechen denen der Muttermilch zuwenig, und die Empfehlungen zur «Aufbesserung», z. B. durch Zugabe von wichtigen Fettanteilen, ist ziemlich umständlich.

♦ Folgemilch

Wenn Sie nicht voll stillen, können Sie Ihrem Kind vom vierten bis einschließlich zum sechsten Lebensmonat als Grundnahrungsmittel eine teiladaptierte Milch geben, auch im Anschluß an die adaptierte Milch (oder auch als eine oder zwei Mahlzeiten neben dem Stillen). Dabei handelt es sich um eine Milchmischung, die in der Zusammensetzung zwischen der Muttermilch und der Kuhmilch liegt. Verschiedene Babynahrungshersteller bieten dieses Produkt an. Es enthält alle wichtigen Bestandteile, die Ihr Kind in diesen Monaten benötigt.

♦ Nahrungsmengen

Die geeignete Nahrungsmenge für ein Kind hängt in erster Linie von seinem Körpergewicht ab. Als Faustregel gilt 1/6–1/5 des Körpergewichts als geeignete Menge in der Zeit zwischen der dritten Lebenswoche bis zum Beginn des vierten Lebensmonats. Von da an bis zum Beginn des siebten Lebensmonats rechnen Sie mit ca. 1/7–1/6 des Körpergewichts.

♦ Ausgewählte Säuglingsmilch-Produkte

In der folgenden Übersicht finden Sie eine unverbindliche Zusammenstellung von Produkten, die Sie im ersten halben Jahr verwenden können (ohne Anspruch auf Vollständigkeit):

Anfangsmilchen

Pre Aletemil
Aletemil 1
Aponti Pre
Aponti 1
Pre-Aptamil
Aptamil 1
Beba Pre
Beba 1
Pre-Hipp
Hipp 1
Humana 1
Humana 1 babyfit
Pre Lactana 1
Lactana B
Milumil 1

Folgemilchen

Aletemil 2 plus
Aponti 2
Aptamil 2
Beba 2
Hipp 2
Humana 2 baby-fit
Humana 2
Milumil 2

Ferner gibt es eine Reihe von Säuglingsnahrungen, die allergenarm sind. Bitte lassen Sie sich über diese Produkte in Apotheken und Drogerien informieren.

Manche Kinder reagieren allergisch auf Umwelteinflüsse, auch auf bestimmte Nahrungsmittel. Lange bekannt ist die Abwehrreaktion auf Kuhmilch (gegenwärtig jedes 2000. Kind bei uns; lt. Niessen). Als Folge der Allergie wird die Nahrung nicht richtig aufgenommen bzw. verarbeitet, es kommt zu Verdauungsstörungen. Oder es entsteht eine Juckflechte auf der Haut. Allergische Reaktionen bei Muttermilch sind sehr selten. Je länger Sie Ihr Kind ausschließlich von Muttermilch ernähren, desto höher ist die Wahrscheinlichkeit, daß es auch später von Allergien verschont bleibt.

Im Fall einer (Kuhmilch-) Allergie muß ein Kind allergenarme oder allergenfreie Nahrungsmittel bekommen. Einige Präparate sind auf Sojabasis hergestellt (sollte Ihr Kind auch darauf allergisch reagieren, wenden Sie sich bitte an einen Facharzt).

Die Zubereitung der Flaschennahrung

Die Zusammensetzung der Säuglingsmilch-Produkte ist auf die Bedürfnisse eines Kindes im ersten halben Lebensjahr abgestimmt – deshalb sollten Sie sich genau an die empfohlenen Dosierungen bzw. Mengenangaben halten. Glauben Sie nicht, daß das Hinzufügen weiterer Zutaten das Gedeihen Ihres Kindes unterstützen wird – eher das Gegenteil könnte passieren, vielleicht wird es z. B. zu dick, es wächst zu schnell, oder es erhält relativ zuwenig Flüssigkeit.

♦ Milchmischungen
Vielfach wird in Empfehlungen zur Ernährung auch auf die verschiedenen Möglichkeiten der Milchmischung eingegangen. Wir verzichten in diesem Buch darauf, weil die Ernährung eines Babys durch die Angebote der Babynahrungshersteller besser gesichert ist als durch die selbst gemixte Milch. Abgesehen von der Gefahr der Bakterienbildung, des Zerkochens wertvoller Nahrungsbestandteile und der mühsamen Zubereitung ist auch

nicht genügend gewährleistet, daß die Mischungen in ihren Proportionen stimmen.

♦ Rohmilch (oder Vorzugsmilch, ohne Behandlung «ab Hof») sollte für Kinder im ersten Lebensjahr nicht verwendet werden, weil die Gefahr der Verunreinigung und damit einer Infektion nicht auszuschließen ist. Sie müßte zur Sicherheit aufgekocht werden und würde dabei die wertvollen Anteile verlieren.

♦ Teilentrahmte (fettarme) oder entrahmte Milch ist für Kinder grundsätzlich nicht geeignet.

♦ Sterilisierte Milch ist ebenfalls ungeeignet, ebenso kondensierte Milch (auch bei Verdünnung).

Übersicht zur Ernährung im 1. Lebensjahr

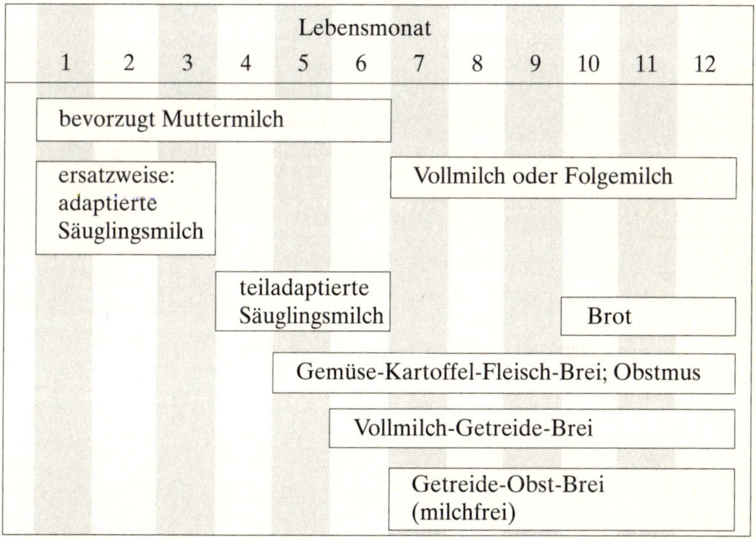

Anmerkung:
- Die Übersicht folgt dem Vorschlag von K.–H. Niessen (ähnliche Vorschläge finden sich auch bei der Deutschen Gesellschaft für Ernährung e. V.).
- Das Kind sollte grundsätzlich nach seinem geäußerten Bedarf ernährt werden; ergänzende Hinweise zur Mengenbemessung geben die Hersteller der verschiedenen Fertigpräparate.

Hat Ihr Baby Durst?

Ihr Kind kann, wenn es die zum gesunden Aufwachsen benötigten Nahrungsmengen bekommt, dennoch Durst haben, weil es Fieber hat, weil es Durchfall oder erbrochen hat, weil es geschwitzt hat, weil es leicht bekleidet an der warmen, frischen Luft war. Dann geben Sie ihm am besten abgekochtes Wasser oder, falls Ihnen das etwas zu «einfach» erscheint, einen leichten, ungesüßten Kindertee. Säfte sollten Sie eher vermeiden: sie sind meist zu sehr gesüßt. Auch nicht jedes Mineralwasser ist geeignet – allenfalls ein «stilles». Achten Sie auf einen besonderen Hinweis des Herstellers: für Säuglinge geeignet.

♦ Wichtige Tips

- Kochen Sie die für den Tag voraussichtlich benötigte Menge Wasser morgens unbedingt ein bis zwei Minuten ab (wenn Sie alte Wasserleitungen haben: lassen Sie das Wasser zunächst längere Zeit fließen, bis das in den Leitungen «abgestandene» Wasser abgeflossen ist).
- Erwärmen Sie die Nahrung vor Gebrauch im Wasserbad. Prüfen Sie die Temperatur der Flasche eine halbe Minute, nachdem Sie sie gut geschwenkt oder etwas geschüttelt haben. Am besten ist es, wenn Sie die Flasche an das geschlossene Augenlid halten. Bei Erwärmung in der Mikrowelle ist besondere Vorsicht erforderlich: während die Milch innen in der Flasche stark erhitzt sein kann, fühlt sie sich außen u. U. «geeignet» an.

Jetzt wird der Speiseplan reichhaltiger

Beikost

Wenn Sie Ihr Baby in den ersten Monaten stillen, brauchen Sie keine zusätzliche Beikost anzubieten. Die Ernährung durch Muttermilch oder eine adaptierte Säuglingsmilch reicht völlig aus. Die einzige notwendige Ergänzung ist die tägliche Tablette mit Vitamin D gegen Rachitis und der Fluorid-Zusatz gegen Karies.

Ebenso reicht zwischen dem vierten und fünften Monat die teiladaptierte Säuglingsmilch allein völlig aus (falls Sie nicht mehr stillen oder Muttermilch bei ein oder zwei Mahlzeiten durch Säuglingsmilch ersetzt wird). Ab dem fünften Monat ist jedoch als Ergänzung zur Milch ein Gemüse-Kartoffel-Fleisch-Brei und Obstmus erforderlich, ab dem sechsten Monat sollte dazu noch ein Vollmilch-Getreide-Brei gegeben werden. Auch Tees sind eine Art «Beikost».

Damit wird der Übergang zur Gemischtkost langsam eingeleitet, die dem Organismus eine breitere Palette von Nahrungsstoffen bietet und die Darmtätigkeit anregt.

Säfte

Neben den industriell hergestellten Säften, die insbesondere durch Vitamin C (ca. 50–70 mg pro 100 ml) sowie durch Vitamine der B-Gruppe angereichert sind, eignen sich Säfte, die aus den folgenden Früchten hergestellt sind:
- rote und schwarze Johannisbeeren,
- Karotten,
- Birnen,
- Himbeeren,
- Äpfel.

Verwenden Sie zum Auspressen grundsätzlich nur frisches Obst und Gemüse, das garantiert nicht mit schädlichen Pflanzenschutzmitteln behandelt worden ist. (Das bekommen Sie z. B. im Reformhaus.)

♦ Wichtige Tips
- Mit Fruchtsäften erhält Ihr Kind zusätzlich wichtige Vitamine.
- Wenn Sie noch stillen, sollten Sie den Obstsaft mit dem Teelöffel geben (sonst über das Fläschchen mit kleinem Saugerloch, damit Ihr Kind das Getränk nicht müheloser erhält als durch die Brust).
- Beginnen Sie nach dem Abstillen

Selbständig zu essen ist für Ihr Kind gut – Ihnen macht es allerdings manchmal mehr Arbeit!

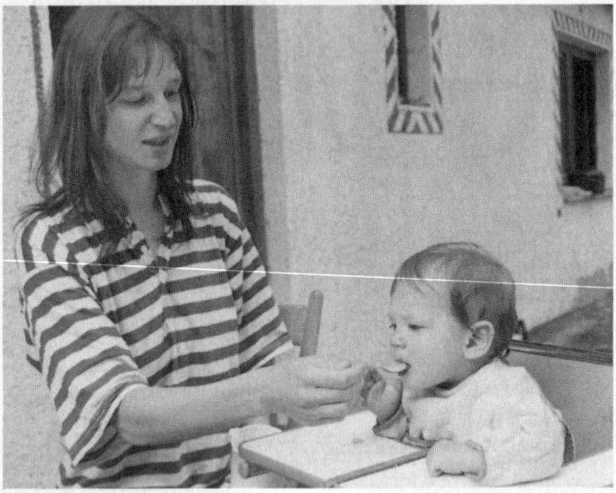

damit, täglich 1/2–1 Teelöffel zu geben, dann jede Woche einen Teelöffel mehr.

- Wenn Ihr Kind die Obstsäure vom Löffel ablehnt, können Sie den Saft ab dem fünften Monat verschiedenen Breien beimischen.
- Versuchen Sie grundsätzlich, möglichst wenig Zucker zu verwenden, wegen der Karies-Gefahr.
- Wenn Sie zuviel Karottensaft geben, bekommt Ihr Kind eine gelblich-bräunliche Gesichtsfarbe.
- Bei zuviel Obstsäften können Hautveränderungen eintreten: Pickelchen im Gesicht, Wundsein am Gesäß und zwischen den Beinen.
- Geben Sie weniger Saft, wenn der Stuhl danach zu scharf riecht.
- Steinobstsäfte (Pflaumen, Kirschen) können eine Verstopfung beenden, weil Säuglinge diese Obstsäfte im allgemeinen nicht gut vertragen.
- Verwenden Sie keine stark geschwefelten oder künstlich konservierten Säfte.

Breikost

♦ Karotten-Brei, Karotten-Kartoffel-Brei und Gemüse-Kartoffel-Fleisch-Brei: selbst zubereitet.

Sorgfältig ausgelesenes und gewaschenes Gemüse (Karotten, Kartoffeln, später auch Blumenkohl, Erbsen, junges Kohlrabigemüse, Spinat – letzteren allerdings nur von kontrolliertem Anbau oder als Fertigprodukt) 10–20 Minuten lang mit wenig Wasser dünsten; Fleisch (z.B. Tatar oder Putenkeule) zubereiten und fein pürieren; Gemüse mit dem vitaminreichen Gemüsewasser fein drücken und durch ein Sieb passieren, Butter und Fleisch zugeben und gut mischen. Grundsätzlich soll keiner Speise Salz zugegeben werden, da die verschiedenen Nahrungsmittel genügend Salzanteile enthalten.
Versuchen Sie es zunächst mit einem Karotten-Brei (bis 100 g ab dem fünften Monat), danach mit einem Karotten-Kartoffel-Brei (100 g Karotten und 50 g Kartoffeln, ab dem sechsten Monat) und dem Gemüse-Kartoffel-Fleisch-Brei (ab dem siebten Monat) mit den folgenden Mengen: 100 g Gemüse, 50 g Kartoffeln, 25 g Fleisch (ab sechsten Monat bis zu 35 g steigern), 6–9 g Butter.
Vielleicht geben Sie Ihrem Kind ein- bis zweimal wöchentlich Fleisch und am siebten Tag ein Eigelb. Wenn Ihr Kind bleich wirkt und möglicherweise Eisenmangel vorliegt, fragen Sie bitte Ihre Kinderärztin.
Wenn sie mit diesen Breien beginnen, geben Sie die ersten Male zunächst 1/4 Portion und steigern dann innerhalb von 3–4 Wochen kontinuierlich auf die Gesamtmenge.
Sehr wichtig: Kein Nahrungsmittel

darf aufgewärmt werden – und das gilt vor allem für Spinat. Nur frisch zubereitete Nahrung ist hinreichend keimfrei.
Das Fleisch kann als große Portion gedünstet und anschließend portioniert werden, wenn Sie schockgefrieren können!

♦ Obstmus
Aus geriebenen Äpfeln und zerdrückten Bananen können Sie ein Mus zubereiten, das Ihrem Kind sicher sehr gut schmeckt und bekömmlich ist. Diese und andere Musarten sind eine gute Ergänzung zum Gemüse-Kartoffel-Fleisch-Brei, sie können ab dem fünften Monat gegeben werden. Es behält auf diese Weise wichtige Vitamine und Spurenelemente. Achten Sie besonders darauf, ob Ihr Kind nun einen zu scharfen Stuhl ausscheidet, der die Haut angreift (dann etwas weniger Obstmus geben oder jeweils möglichst rasch im Anschluß an das «Geschäftchen» frisch wickeln).

♦ Vollmilch-Getreide-Brei
Ab dem sechsten Monat gibt man als Abendessen am besten einen Vollmilch-Getreide-Brei. Er besteht aus 200 g Milch, die aufgekocht wird, und den Zugaben von 1 Teelöffel Zucker und 20 g Vollkornflocken (Buchweizen, Weizengrieß, Reisflocken oder Haferflocken), die Sie unter gleichmäßigem Rühren dazugeben. Dies Getreide muß ca. 2–4 Minuten weichgekocht werden. Dann nochmals gut verrühren. Bieten Sie diesen Brei mit dem Löffel an, das dient ganz nebenbei auch der Sprachförderung: Ihr Kind übt seine «Mundwerkzeuge».

♦ Getreide-Obst-Brei
Am Nachmittag kann Ihr Kind ab dem siebten Monat einen Getreide-Obst-Brei bekommen. (Damit wird die dritte Milchmahlzeit ersetzt, und das Baby erhält nur noch morgens eine Milchflasche.) 100 g kochendes Wasser werden in einen Teller zu 20 g Instant-Haferflocken gegeben, ein fein geriebener Apfel und 2–3 fein gedrückte Erdbeeren werden dazugemischt. Schließlich rührt man noch 10 g Butter dazu (nach v. Cramm).
Wenn Sie statt des Apfels eine Banane und statt der Instant-Haferflocken 20 g Weizenflocken nehmen, haben Sie eine wohlschmeckende Variante, den Bananenbrei.

♦ Wichtiger Tip
- Wenn Sie im Winter kein frisches, unbehandeltes Obst oder Gemüse erhalten, gleichen Sie das durch Fertiggemüse und Obstsäfte aus.
- Schälen Sie alle gespritzten Äpfel, weil sich in den Schalen oft erhebliche Schadstoffmengen gespeichert haben. Vielleicht haben Sie einen eigenen Garten, in dem nicht gespritzt wird? Hier nennen wir Ihnen einige Hersteller / Vertriebsfirmen, die unbe-

handelte Produkte anbieten: z.B. ANOG, Biodyn, Biokreis e.V., Bioland, Demeter, Naturland.

Mit dem Löffel essen

Wenn Sie ab dem fünften Monat beginnen, eine der Milchmahlzeiten durch einen Brei zu ersetzen, muß Ihr Kind erst lernen, daß die Nahrung vom Löffel genauso gut schmeckt wie von der Brust oder aus der Flasche. Zeigen Sie ihm mehrmals deutlich, wie Sie selbst von einem Löffel essen, und geben Sie ihm dann den Brei mit einem möglichst flachen Plastik- oder Eierlöffel. Zunächst nimmt es vielleicht noch nicht mehr als ein oder zwei Löffelchen an. Dann sollten Sie Geduld aufbringen und warten, bis es besser geht. Sie sollten es ruhig jeden Tag einmal probieren – nach spätestens 14 Tagen nimmt es den Löffel genauso gern wie die Flasche!

Kräftigende Zugaben

Abgesehen von der Flaschenmahlzeit, den Breien und der Beikost können Sie den Ernährungsplan im ersten Lebensjahr Ihres Kindes durch folgende Nahrungsmittel noch erweitern:

♦ Eigelb: Für die Produktion der roten Blutkörperchen benötigt ein Kind Eisen. Im Eigelb ist Eisen in größeren Mengen vorhanden. Geben Sie ihm deshalb ab dem vierten bis sechsten Lebensmonat pro Woche einen Teelöffel voll Eigelb als Zugabe zu den Breien. Manche Kinder sind allergisch gegen Eigelb. In diesem Fall sollten Sie eine Fertignahrung verwenden, die Eisen in den nötigen Mengen enthält. Eiweiß ist weniger leicht verträglich als Eigelb, lassen Sie es deshalb weg. Die meisten Kinder vertragen gekochtes Eigelb (auch als hartes Ei) besser als rohe Eier.

♦ Vollmilch-Quark: Er enthält besonders leicht verdauliches Fett und fünfmal soviel Eiweiß wie die Milch. Beachten Sie, daß Ihr Kind etwas weniger Milch benötigt, wenn Sie auch Quark geben.

Junior- und Kleinkinderkost

Die in den Kapiteln «Beikost» und «Breikost» genannten Getränke und Speisen können bis zum Ende des ersten Lebensjahres gegeben werden und reichen zum gesunden Gedeihen Ihres Kindes aus. Ab dem achten oder neunten Monat können Sie jedoch auch einige Anteile Ihres eigenen Menüs, z.B. mittags, anbieten. Sie müssen sicher dabei helfen, daß das Angebot in mehr oder weniger feiner Form angeboten wird – aber Sie ersparen sich so zwischendurch eine der speziellen Baby-Mahlzeiten. In keinem Fall darf es sich dabei um aufgewärmtes Essen handeln, auch eignet sich ein für den Erwachsenen «normal» gesalzenes Gericht wenig: nehmen Sie also vor dem Salzen die benötigte Menge für Ihr Kind beiseite.

Ab dem zehnten oder elften Monat schließlich kann ein Kind oft auch schon ein dünnes Butterbrot mit weicher Wurst zum Frühstück bekommen, wenn es lange genug dünne Brotscheiben belutscht und gekaut hat. Somit erreichen Sie bald eine Speisenfolge, die der des Erwachsenen in wesentlichen Teilen angeglichen ist: Frühstück, Mittagessen und Abendessen mit einer Stärkung zwischendurch am Vor- und Nachmittag.

Wo beiße ich am besten in die Banane, scheint sich Laura zu fragen – in der Mitte, oben oder unten?

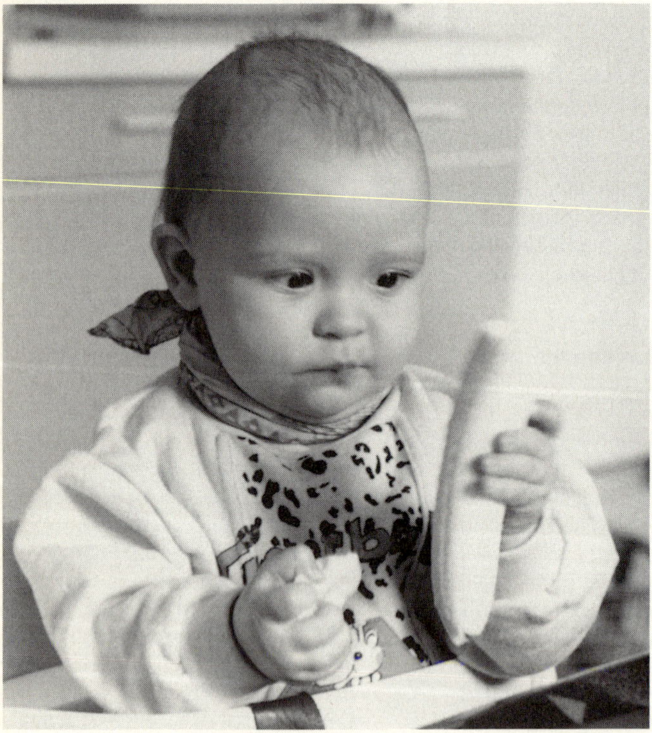

Essen und Trinken macht allen Kindern Spass

Die Flasche

♦ Zum Füttern setzen Sie sich in einen bequemen Stuhl und halten Ihr Kind locker im Arm. Sein Köpfchen liegt in Ihrer linken Armbeuge, die Flasche halten Sie dabei in der rechten Hand – beim nächstenmal umgekehrt, damit Ihr Kind nicht «unsymmetrisch» wird. Halten Sie die Flasche immer recht steil. So vermeiden Sie, daß es Luft mitschluckt und heftig aufstoßen muß.
♦ Wichtig ist die richtige Wärme der Nahrung. Prüfen Sie deshalb die Flasche an Ihrem geschlossenen Lid, sie sollte sich eine halbe Minute nach dem Schütteln gut «warm» anfühlen; kosten Sie niemals selbst mit dem Mund.
♦ Lassen Sie Ihr Kind nach dem Trinken ein «Bäuerchen» machen.
♦ Wenn das Saugerloch zu groß ist, trinkt Ihr Kind zu schnell. Wechseln Sie den Sauger gegen einen anderen mit einem kleineren Loch aus. Das ist besonders wichtig, wenn Sie noch mehrere Mahlzeiten mit Ihrer Brust geben – Ihr Kind sollte sich bei Brust und Flasche gleich anstrengen müssen, sonst verweigert es bald Ihre Brust.
♦ Nehmen Sie sich anfangs zum Füttern mit der Flasche unbedingt genug Zeit (15 Minuten). Bedenken Sie, daß sich Ihr Kind, wenn Sie es von der Brust auf die Flasche umstellen, erst mit der neuen Trinkweise vertraut machen muß.

Die richtige Nahrungsmenge

♦ Vergessen Sie nie, daß Ihr Kind ein lebendiger Organismus ist und kein Automat: erst nach einer gewissen Zeit wird es sich vielleicht an den für Sie praktischen Vierstundenrhythmus bei der Nahrungsaufnahme gewöhnen. Dringen Sie nicht darauf, daß Ihr Kind leertrinkt, auch wenn es anfangs nur wenige Zentimeter Milch aus der Flasche saugt. Wenn es Hunger hat, wird es sich schon melden.
♦ Überfütterung: Reichern Sie die Fertignahrung nie durch «verbessernde» Zusätze (Ei, Zucker) an, weil der Körper Ihres Kindes nur aufgeschwemmt und dick würde. Wenn es für sein Alter zu schwer ist (siehe Gewichtstabelle – einmal pro Monat), verringern Sie die Anteile von Kohlenhydraten und Fett etwas und bringen vermehrt Gemüse und Früchte auf den Speiseplan.

♦ Unterernährung: Wenn Ihr Kind viel kränkelt, wenn es zu Durchfall neigt oder dauernd spuckt, wenn es zuviel Säfte und zuwenig Milch trinkt, dann besteht die Gefahr der Unterernährung.
Hat ein Kind keine Fettpolster mehr, und die Haut wird schlaff und faltig, dann sind dies ernste Alarmzeichen. Gestalten Sie in diesem Fall die Beikost abwechslungsreicher, und gehen Sie davon aus, daß Ihr Kind die oben angegebenen Nahrungsmengen tatsächlich braucht. Fragen Sie bei länger andauernder Appetitlosigkeit Ihren Kinderarzt.

♦ Wichtige Tips
- Zwingen Sie Ihr Kind nicht zum Essen. Ein gesundes Baby weiß, wieviel es trinken muß. Nur wenn Ihr Kind offensichtlich abmagert, sollten Sie möglichst bald den Kinderarzt aufsuchen.
- Versuchen Sie immer, beim Füttern ruhig und ausgeglichen zu sein. Nervosität überträgt sich und verursacht Geschrei und Magenverstimmungen.
- Wenn Ihr Kind keinen richtigen Appetit zeigt, können Sie die Nahrung einige Tage lang mit Wasser verdünnen.
- Gegen Durst bei großer Hitze und Fieber geben Sie am besten ungesüßten Tee.
- Bei zu schnellem Saugen sollten Sie Ihr Kind auch schon während des Fütterns einmal aufstoßen lassen.
- Sie belasten den kleinen Magen weniger, wenn Sie mehrmals kleine Portionen geben als bei wenigen Mahlzeiten zu große Portionen.

♦ Zwiemilchernährung
Wenn Sie merken, daß Ihr Kind beim Stillen nicht mehr satt wird (Kontrolle der Gewichtszunahme), sollten Sie auf Zwiemilchernährung übergehen. Geben Sie in diesem Fall statt einer oder zwei Stillmahlzeiten je nach dem Alter Ihres Kindes adaptierte Säuglingsmilch als Ersatz.

Im allgemeinen ist es am besten, wenn Sie das Kind bei jeder Mahlzeit nacheinander an beide Brüste anlegen, aber erst, wenn die eine Brust wirklich leergetrunken ist. Beginnen Sie dabei einmal mit der linken Brust, bei der nächsten Mahlzeit dann mit der rechten Brust. Über die Größe des Saugerlochs braucht nichts mehr gesagt zu werden …

Gebrauch der Fertigprodukte

♦ Richten Sie sich stets genau nach der Beschreibung auf der Packung. Alle Zusätze zur Fertignahrung sind eher schädlich, da sie die wünschenswerten Proportionen der Nahrungsbestandteile, der Vitamine und der Mineralien verändern und auch den Verdauungsablauf stören können.

♦ Geben Sie die Flasche gleich nach dem Anwärmen.
♦ Kochen Sie die Fertignahrung nicht, Sie würden dadurch wichtige Nährstoffe zerstören.
♦ Probieren Sie nicht immer wieder andere Fertignahrung aus. Der Darm Ihres Kindes muß sich auf jede Nahrungsart neu einstellen. Jede Umstellung auf eine andere Nahrung sollte langsam erfolgen. Falls Sie in der Klinik selbst nicht ausreichend stillen konnten, hat man Ihnen dort sicher einen Vorschlag für eine geeignete Fertignahrung gemacht.
♦ Wichtig für die Bemessung der Nahrungsmenge ist vor allem der Appetit Ihres Kindes. Die auf den Gläsern angeführten Mengenwerte sind nicht das Evangelium, sondern ein Richtwert.
♦ Sparsamkeit kann fehl am Platz sein: In übriggebliebener Nahrung vermehren sich die Bakterien besonders schnell; also nichts aufheben, auch nicht für nur kurze Zeit!

So lernt Ihr Kind essen und trinken

♦ Im zweiten Halbjahr lernt Ihr Kind Tasse und Becher kennen. (Die erste Tasse Ihres Kindes sollte möglichst zwei Henkel haben.) Gießen Sie anfangs nur wenig in seinen Becher. Die Technik des Trinkens will gelernt sein, und mancher Tropfen geht noch daneben. Beginnen Sie mit Säften, die Ihr Kind gern hat.
♦ Feste Nahrung, also auch der erste Karotten-Brei ab dem fünften Monat, wird von Anfang an mit dem Löffel gefüttert. Dazu sind Ruhe und Geduld nötig. Die Nahrung sollte püriert bzw. durch ein Sieb gedrückt sein (später reicht das Feindrücken mit einer Gabel).
Setzen Sie sich mit Ihrem Kind an den Eßtisch. Geben Sie jeweils nur Minimengen oder wenig Brei auf einem flachen Löffel in den Mund. Besonders wichtig ist zunächst, daß Ihr Kind lernt, «aktiv» vom Löffel abzunehmen – daß Sie also nicht den Löffel an seinem Oberkiefer abstreifen! Nehmen Sie sich Zeit, wenn es ängstlich ist und den Brei ausspuckt. Bald wird es erfahren haben, daß ein Löffel kein gefährliches Instrument ist. Ein flacher Eierlöffel (oder Teelöffel) eignet sich fürs erste am besten.
Bis Ihr Kind den Löffel selbst zum Mund führt, wird es noch etwas dauern. Aber auch hier hilft, wie in vielen Fällen, Ihr Beispiel und Geduld: also nicht zuviel auf den Teller zu geben.
♦ Richtig kauen will gelernt sein, und das braucht Zeit! Der Karotten-Brei eignet sich dazu noch nicht besonders gut, weil Ihr Kind keinen Anlaß erkennt zu «kauen». Besser ist, im dritten Vierteljahr Ihrem Kind ein bißchen Brotrinde in die Faust zu geben, damit es lernt, daran zu nuckeln, zu nagen

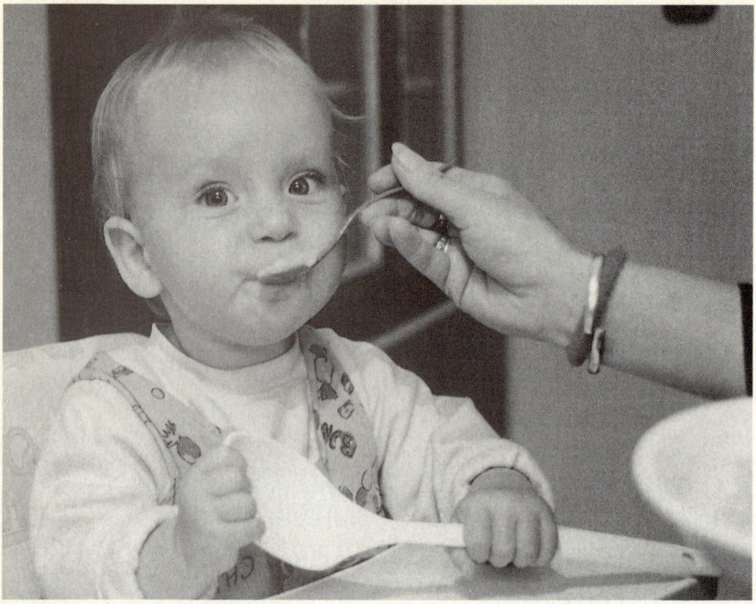

Können Sie das auch gleichzeitig? – hören, essen, jemanden beobachten, einen großen Löffel mit zwei Händen halten und sich über alles freuen?

und mit seinen Zähnchen zu beißen.

♦ Wenn Ihr Kind zum Essen noch sehr lange braucht, sollten Sie einen Wärmeteller verwenden, damit die Nahrung gleichmäßig warm bleibt.

♦ Gegen Ende des ersten Lebensjahres wird Ihr Kind mit am gemeinsamen Familientisch sitzen. Dann gehört es zwar zur Tischgemeinschaft, doch müssen Sie ihm selbstverständlich noch einige Freiheiten einräumen. Zwingen Sie es vor allem keinesfalls, seinen Teller «blankzuputzen». Kinder bis zum dritten Lebensjahr können im voraus noch nicht abschätzen, wieviel sie essen können (und auch Sie wissen das nicht immer ganz genau).

Hygiene und Ausstattung der Babyküche

♦ Spülen Sie besonders in den ersten Monaten Nahrungstöpfe und Flaschen Ihres Kindes nie zusammen mit Ihrem Küchengeschirr. Babygeschirr und die Sauger müssen einmal am Tag ausgekocht werden. Beim Spülen sollten Sie für Vor- und Hauptwäsche und zum Nachspülen heißes Wasser verwenden. Nehmen Sie von Anfang an ein umweltfreundliches Spülmittel – auch das ist ein Beitrag zu einer lebensfreundlichen Umwelt für Ihr Kind.

♦ Falls Sie Zutaten zum Essen und Trinken für einen ganzen Tag vorbereiten wollen, müssen Sie sie unbedingt getrennt im Kühlschrank aufbewahren (am besten von vornherein in dem Gefäß, das Sie später dazu brauchen, z.B. das Fläschchen).

♦ Ihre Hände sollten Sie vor dem Zubereiten eines Gerichts und vor jeder Mahlzeit waschen.

♦ Erst ab dem zweiten Lebensjahr Ihres Kindes können Sie sich das Auskochen des Geschirrs sparen. Das entbindet Sie aber nicht davon, weiterhin sorgfältig auf Sauberkeit zu achten.

Diese Dinge brauchen Sie bei der Nahrungszubereitung für Ihr Kind im ersten Lebensjahr:

- 6 Baby-Fläschchen für Säuglingsmilch
- 6–8 dazu passende Sauger
- 1 Eierlöffel (den Sie als Kinderlöffel verwenden)
- 1 Teelöffel
- 1 Eßlöffel
- 1 Becher
- 1 Teller
- 1 Meßbecher mit ccm-Einteilung
- 1 Feinwaage oder Meßlöffel
- 1 grobes und 1 feines, möglichst neues Sieb
- 1 Trichter
- 1 Schneebesen (Mixer)
- 1 Flaschen- und 1 Spülbürste
- 1 großen Topf zum Auskochen der Baby-Fläschchen
- 2 feuerfeste Töpfe mit Schnabel

Dazu möglichst:

- 1 elektrischen Flaschenwärmer
- 1 Flaschenständer
- 1 Sauglochstanzer (sonst ausgeglühte Nadel verwenden)
- 1 Baby-Waage (evtl. in Apotheke zu mieten).

Die Verdauung «stimmt»

Stuhlgang

Anfangs haben Brustkinder regelmäßig nach dem Füttern die Windeln voll. Die Festigkeit des Stuhls ist unterschiedlich. Zähes «Kindspech» gibt das Baby bald nach der Geburt von sich. Bei der Ernährung mit Muttermilch sieht sein Stuhl golden und salbenartig aus, bei Kuhmilch etwas heller und mehr geformt.

♦ Stuhlveränderungen
Ausschließlich gestillte Kinder haben vom ersten Vierteljahr an allmählich weniger häufig Stuhlgang, manchmal nur alle zwei Tage. Mit industriell hergestellter Säuglingsmilch ernährte Kinder haben einen meist eher festen, ockerbraun gefärbten Stuhl.

♦ Verstopfung
Wenn Ihr Kind sich beim Stuhl quält, kann es daran liegen, daß es zuviel Zucker oder Kohlenhydratanteile (z. B. zu konzentrierte, «aufgebesserte» Säuglingsmilch) bekommen hat – reduzieren Sie entsprechend diese Anteile. Weiterhin können Sie durch Beikost von Pflaumen und anderem Obst versuchen, das «Geschäftchen» zu erleichtern, vermeiden Sie dann auch (versuchsweise) Äpfel und Bananen. Hat es öfter Schwierigkeiten mit dem Stuhl oder Schmerzen, konsultieren Sie Ihren Kinderarzt.

♦ Durchfall
Bei keimfreier Ernährung und keimfreiem Geschirr wird Ihr Kind kaum Durchfall bekommen. Bei einer Änderung des Ernährungsfahrplans ist jedoch Vorsicht geboten. Geben Sie bei Umstellungen anfangs nur geringe Mengen neue Nahrung.
Bei leichtem Durchfall ist eine zucker- und fettlose Schonkost angebracht. Geben Sie viel warmen Tee, besonders Kamillen-, Fenchel- oder den zweiten Aufguß eines dünnen, schwarzen Tees. Auch Stärkemehle (Gustin, Mondamin, Maizena oder Reis) können helfen. In schweren Fällen, die von hohem Fieber, eitrigem Stuhl, Blutauflagerungen oder -beimengungen begleitet sein können, dürfen Sie keinesfalls auf ärztliche Hilfe verzichten.

Beschwerden

♦ Blähungen werden mit Fenchel- oder Kümmeltee behandelt, der zwischen den Mahlzeiten gegeben wird. Achten Sie sorgfältig darauf, ob Ihr Kind beim Trinken Luft mitschluckt, und lassen Sie es immer sein Bäuerchen machen.

♦ Bei Schluckauf halten Sie Ihr Kind ein oder zwei Minuten aufrecht und betten es danach schräg, mit erhöhtem Oberkörper; aber auch verschiedene Formen der Ablenkung, ein Spiel, ein kleiner «Zauber» oder ähnliches können wirksam sein.

♦ Wenn Ihr Baby erbricht, sollten Sie unbedingt mit ihm zum Kinderarzt gehen. Anders ist es bei dem gelegentlichen Spucken, z. B. bei zu hastigem Trinken, bei zuviel Bewegung im Anschluß an das Essen oder bei unterlassenem Bäuerchen.

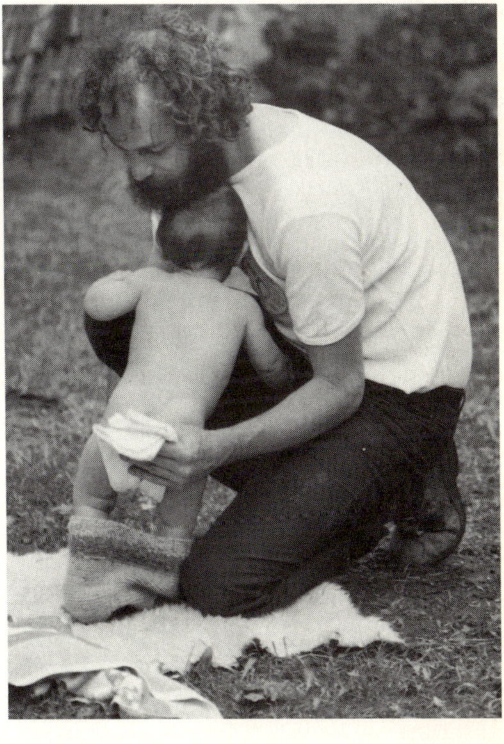

Ein Kunststück: dem Baby eine neue Windelpackung im Stehen anlegen!

Umwelt

Wäsche und Kleidung
sollten vor allem praktisch sein

Ein Vergnügen für Sie als Mutter oder als Vater, für Großmütter, Tanten oder Freundinnen ist es, schon einige Zeit vor der Geburt die ersten Wäsche- und Kleidungsstücke für das Baby zu kaufen. Vor lauter Begeisterung für die niedlichen Sachen läßt man sich allerdings gern dazu verleiten, viel zuviel und vor allem oft auch unpraktische Dinge zu kaufen (achten sie z. B. darauf, daß die erste Babygarderobe nicht zu klein und waschfest ist).

Bei der Auswahl der Kleidung spielt natürlich auch eine große Rolle, in welcher Jahreszeit das Kind geboren wird. Wenn sie Ihr Kind beispielsweise Ende August erwarten, ist es ziemlich überflüssig, noch Strampelanzüge mit kurzen Beinen zu kaufen. Anfang Oktober ist es wohl schon zu kalt für diesen luftigen Anzug, jedenfalls im Freien.

Tip für junge Mütter: Machen Sie möglichst bald eine Liste mit allen Wäsche- und Kleidungsstücken, die Sie für Ihr Kind brauchen, und lassen Sie diese Liste unter den schenkfreudigen Großmüttern, Tanten und Freundinnen kursieren.

Zum Thema Windeln

♦ Wegwerfwindeln
Die meisten Frauen entscheiden sich heute für Wegwerfwindeln, Windeln für ihn und sie, für Jungen und Mädchen, für boy und girl oder wie sie alle heißen. Das zunächst einleuchtende Argument des umweltbewußten Verbrauchers, daß Stoffwindeln, die gewaschen werden, die Umwelt weniger belasten, stimmt in seiner Pauschalität nicht. Auch das Waschen der Windeln belastet die Umwelt (Waschpulver, Wasserverbrauch, Strom), und die dazu benötigte Arbeitszeit sollte man auch bedenken. Die Hersteller der Wegwerfwindeln haben sich in den letzten Jahren bemüht, die Produkte umweltfreundlicher zu machen, und haben dabei wesentliche Fortschritte erzielt.

Mit einer Packung erwerben Sie den nötigen Vorrat für einige Tage, so daß hier dazu nicht mehr gesagt werden muß.

♦ Windeln zum Waschen
Manche Mütter schwören auf Windeln, die gewaschen werden können. Regina Hilsberg (Autorin des Buchs: «Schwangerschaft,

Geburt und erstes Lebensjahr», Reinbek 1988) empfiehlt eine Kombination dieser Windeln mit Höschen aus nicht entfetteter Schafwolle, die den Geruch beim Lüften wieder rasch von sich geben, nicht jedesmal gewaschen werden müssen und nach mehrmaligem Waschen wieder mit Lanolin aus der Apotheke in warmem Wasser nachgefettet werden. Ein weiterer Vorteil gegenüber früher vielfach verwendeten «Plastik-Kombinationen»: Die Luft kann besser zirkulieren, und damit ist die Gefahr des Wundwerdens verringert. Damit sind wir zugleich beim Problemkern: die Nässe soll möglichst rasch von der Haut entfernt werden, sei es durch genügend häufigen Wechsel oder durch eine Windel, die tatsächlich die Nässe von der Haut absaugt!

Das Kind muß beim Windelwechseln gesäubert werden, am besten mit Öl, das die Haut zusätzlich stabilisiert.

Die schmutzigen Windeln geben Sie in einen Windeleimer mit Deckel, nachdem Sie sie vorher möglichst unter kaltem Wasser etwas ausgespült haben. Sie sollten in der Waschmaschine nicht mit den übrigen Babysachen zusammen gewaschen werden.

Die erste Garderobe

Da Ihr Kind sehr schnell wächst, sollten Sie nicht allzu viele Kleidungsstücke in einer Größe kaufen. Lieber weniger, aber dafür gute Qualität (am besten aus reiner Baumwolle oder hautfreundlicher Wolle).

So sieht die erste Garderobe – jeweils auf die Körpergröße bezogen – aus:

- 6 Hemdchen nach Körpergröße. Nehmen Sie am besten Hemdchen, die mit einem Druckknopf zu schließen sind, oder Hemdchen in Schlupfform, die einen großen Halsausschnitt haben.
- 4–6 Bodys sind für ihr Kind besonders praktische und «wärmesichere» Kleidungsstükke.
- 6 Jäckchen, Größe 2 und 3, davon einige in Raglanschnitt.
- Strampler / Strampelhosen: Sie sind zunächst für Ihr Kind «lange» Höschen und später lustig aussehende «Knickerbokker».
- 1 oder 2 Ausfahrgarnituren aus Wolle. Diese Garnituren bestehen aus Jäckchen, Mützchen, eventuell Handschuhen (ohne Daumen) und kleinen Wollschuhen. Vielleicht macht es Ihnen oder einer der beiden Großmütter Spaß, sie selbst zu stricken. Warten Sie jedenfalls mit dem Kaufen bis nach der Geburt – vielleicht will jemand Sie mit so einer Garnitur im Krankenhaus überraschen.
- Falls Ihr Kind im Frühling oder Frühsommer zur Welt kommt, sollten Sie auch eine oder zwei Strampler / Strampelhosen mit kurzen Beinen besorgen.

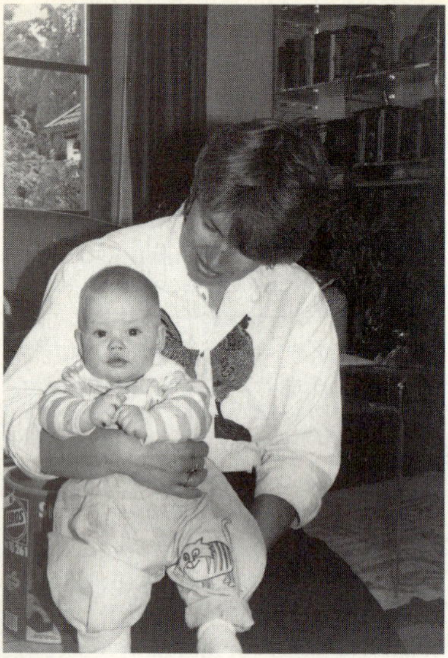

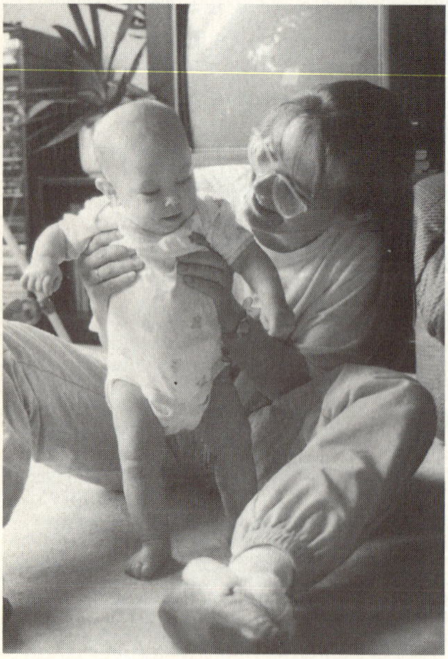

Wichtig bei der Garderobe ist Bequemlichkeit und daß sie Bewegungsspielraum läßt

Mit strapazierfähiger Kleidung haben es Ihr Kind und Sie im Freien am besten

Je älter Ihr Kind wird, desto mehr Sachen braucht es natürlich, besonders wenn es ins Krabbelalter kommt. Reagiert Ihr Kind vielleicht allergisch auf ein bestimmtes Material? Dann achten Sie besonders sorgfältig darauf, dies beim nächsten Kauf von Kleidungsstükken auszuschließen. Bevor Sie aber ein bestimmtes Material nicht mehr verwenden, sollten Sie prüfen, ob Sie vielleicht zuviel Waschpulver verwendet haben oder die Maschine nicht gut genug spült.

Babysachen sind zwar auch der Mode unterworfen, doch «Chic» sollte Ihnen bei Ihrem Baby im ersten Lebensjahr weniger wichtig sein als praktische Erwägungen. Und denken Sie auch an die Sicherheit: Bänder sollten nicht länger sein als etwa zehn Zentimeter, ebenso sollten keine Knöpfe verwendet werden, die leicht abgehen und die Ihr Kind dann vielleicht verschluckt oder in die Luftröhre einatmet.

Wenn Sie Ihrem Kind Hosen kaufen, nehmen Sie solche, die nicht an der Taille abschließen, sondern etwas höher geschnitten sind. Sonst rutschen beim Spielen Hemd und Pulli immer heraus, und Bauch und Rücken sind nackt. Praktisch sind Lederverstärkungen an den Knien, die den Stoff beim Herumrutschen schonen.

Jungen und Mädchen können ab dem siebten Monat ruhig ab und zu einige Zeit nackt herumkrabbeln. Wenn Ihr Kind «sein großes Geschäft» erledigt hat, können Sie es ohne Windel spielen lassen.

Ärgerlich sind Pullis mit zu engem Halsausschnitt, weil dann jedes An- und Ausziehen für Ihr Kind und auch für Sie zur Qual wird. Wenn Ihr Kind schon krabbeln kann, braucht es für nachts einen durchgehenden Schlafanzug. Sollte es sehr kalt im Kinderzimmer sein, ziehen Sie ihm zum Schlafen noch ein Wolljäckchen darüber.

Kein Kleidungsstück sollte «zu schade» sein zum tüchtigen Herumtoben und Spielen. Die Zeiten, in denen man die kleinen Kinder mit Staatskleidern herausputzte und ihnen einschärfte, sich bloß nicht schmutzig zu machen, sind vorbei. Achten Sie beim Kauf aller Kleidungsstücke darauf, daß Sie unbedenklich in der Waschmaschine gereinigt werden können. Dann nehmen Sie es Ihrem Kind auch nicht übel, wenn es den frisch gewaschenen Pulli beim Essen gleich wieder beschmutzt.

Junge Mütter sind beim ersten Kind oft sehr besorgt, daß es sich erkälten könnte. Aus lauter Vorsicht ziehen sie es zu warm an und drehen die Heizung zu hoch. Zu dicke Kleidung ist jedoch ungesund und führt erst recht zu einer Erkältung. Besser ist es, wenn Sie Ihr Kind rechtzeitig an Temperaturen zwischen 17 und 21 Grad gewöhnen. Bei 20 Grad Zimmertemperatur (30 cm über dem Boden gemessen) genügt es, wenn es ein Hemdchen, das Baumwolljäckchen und die Strampelhose an hat.

Zum Ausfahren ziehen Sie ihm an kühleren Tagen eine Strickgarnitur mit einem Mützchen an. Bei großer Kälte hält ein Fellsack Ihr Kind warm. An heißen Sommertagen dagegen braucht es ein Leinenhütchen als Sonnenschutz. Ein kleiner Anhaltspunkt dafür, ob sich Ihr Kind in der Kleidung wohl fühlt, ist die Temperatur der Füße: Wenn sie sich kalt anfühlen, sollten Sie überprüfen, ob Sie es richtig angezogen haben. Falls es jedoch am Rücken schwitzt, ist es zu warm gekleidet.

♦ Schuhe

In den ersten Monaten sind Schuhe überhaupt nicht notwendig. Im Gegenteil: Je länger Ihr Kind barfuß herumlaufen kann, desto besser. Manche Eltern glauben, die ersten Schuhe seien notwendig, sobald ihr Kind anfängt, sich im Laufstall aufzurichten und zu stehen. Viele Orthopäden raten jedoch dazu, die «Lauflernschuhe» nur im «Notfall» anzuziehen, das heißt dann, wenn ein Kind auf der Straße oder auf steinigem Untergrund gehen muß. In der Wohnung kann es ruhig barfuß laufen oder – wenn der Fußboden kalt ist – in Socken mit Antirutschnoppen. Jedenfalls sollten Sie bei glatten Böden, z.B. Parkett, sehr darauf achten, daß Socken und Schuhe eine rutschfeste Sohle haben (Achtung: Ledersohlen sind oder werden oft sehr glatt). Wenn Sie die ersten Schuhe für draußen kaufen, achten Sie auf folgendes:

- Bei einem guten Laufschuh ist die Sohle voll elastisch und paßt sich jeder Bewegung des Fußes an.
- Die Schuhspitze muß breit sein, damit die Zehen viel Bewegungsfreiheit haben, außerdem soll ein Zentimeter «Luft» zwischen Zehen und Schuh sein, denn beim Auftreten vergrößert sich ja der Fuß etwas.
- Sandalen sind besonders geeignet, wenn sie alle Zehen frei lassen, aber hochgeschlossen, damit der Fuß einen Halt darin hat.
- Achten Sie darauf, daß der Schuh eine rutschfeste Sohle hat, daß er innen glatt verarbeitet ist und man die Nähte nicht fühlen kann.
- Lackschuhe sind ungünstig, weil die Feuchtigkeit des Fußes nicht verdunsten kann.

Im Bett soll sich Ihr Kind richtig wohl fühlen

Korb, Wiege oder Stubenwagen

In den ersten sechs Wochen braucht Ihr Kind noch kein großes Bett, es kann in einer Wiege oder in einem Stubenwagen schlafen. Die Innenfläche sollte etwa 50 x 80 cm oder 60 x 90 cm betragen. Wiegen sind in den letzten Jahren aus der Mode, bei manchen Familien allerdings auch wieder besonders «in» wegen der besonderen Vorzüge: Mit dem sanften Wiegen und Schaukeln können Sie Ihrem Kind den Übergang vom Wachsein zum Schlafen erleichtern oder es besänftigen, wenn es tagsüber unruhig ist. Wenn Sie dazu eine Melodie summen, ist das Schaukeln für Ihr Kind noch angenehmer und beruhigender. Ein Stubenwagen hat den Vorteil, daß Sie ihn bequem von einem Raum in den anderen schieben können. Es gibt auch beides in einem: eine Wiege, die auf Druck hin Räder «ausfährt». Ein Baldachin in hellen, bunten Farben ist besonders hübsch für Ihr Kind. Und ein Mobile oder ähnliches in Sichtweite bringt Abwechslung in sein Blickfeld. Genausogut aber können Sie Ihr Kind auch in einen Wäschekorb legen. Je nach Größe des Korbs, der Wiege und des Stubenwagens müssen Sie zwischen dem zweiten und dem sechsten Monat zu einem Bettchen übergehen.

Das richtige Bett

♦ Wählen Sie das Bettchen bitte nicht zu groß, damit Ihr Kind nicht zu lange durch einen Strampelsack oder Gurte festgehalten werden muß oder unter seine Bettdecke kriechen kann. Die richtigen Maße für ein Bett, das schon etwa vom dritten Monat an benützt wird, liegen bei 50 x 100 cm; wenn Sie es erst vom sechsten Monat verwenden, sollte es 60 x 120 cm messen. Dieses Bett paßt dann bis zum vierten Lebensjahr.

♦ Als Unterlage eignet sich am besten eine Matratze mit Roßhaarauflage, eine Latex-Matratze oder eine Federkernmatratze. Sie darf auf keinen Fall zu weich sein und sollte Elastizität behalten, sonst besteht die Gefahr einer Wirbelsäulenverkrümmung. Außerdem muß sie völlig eben sein. Darüber kommt eine Auflage mit hoher Saugfähigkeit zum Schutze der

Matratze und ein Bettuch. Wichtig ist, daß Ihr Kind auf einem Material schläft, das es nicht zum Schwitzen bringt.

♦ Ein Kopfkissen braucht Ihr Kind nicht – die ebene Lage bekommt ihm am besten. Wenn Sie dennoch ein Kopfkissen verwenden wollen, dann nur ein festes, flaches Kissen aus Roßhaar, keinesfalls ein bauschiges Federkissen (Erstikkungsgefahr). Ein Schlaftier (Bär o. ä.) kann Ihr Kind ohne Gefahr bekommen.

♦ Decken Sie Ihr Kind mit einer warmen Wolldecke zu oder mit einer aus verschiedenen Fasern zusammengesetzten Decke, die aber mindestens einen 70–80prozentigen Baumwollanteil haben sollte. Achtung: Wenn Ihr Kind auf dieses Material allergisch reagiert, müssen Sie nach einer anderen Lösung suchen.

Ein Federbett ist in den ersten acht Monaten nicht zu empfehlen. Falls es in der Wohnung zu kalt sein sollte, lassen Sie Ihr Kind in einem besonders warmen Schlafsack schlafen. Später können Sie das Bett abends auch mit einer Wärmflasche anwärmen (die Sie jedoch herausnehmen, bevor Sie es ins Bett bringen). Eine Heizdecke sollten Sie nicht verwenden, weil sie es dadurch zu sehr verwöhnen.

♦ Wenn Ihr Kind so groß geworden ist, daß im Körbchen oder in der Wiege oben und unten nur noch 5 bis 7 cm Platz sind, sollten Sie es an das neue, größere Bett gewöhnen. Mit etwa sechs Monaten ist es auch schon so lebhaft, daß es unter Umständen samt Stubenwagen umkippen könnte. Wenn es vorher in einer Wiege geschlafen hat, gewöhnen Sie ihm das Wiegen langsam ab, damit es den Wechsel nicht zu kraß empfindet und dadurch vielleicht Einschlafstörungen bekommt.

♦ Das sind die Dinge, die Sie für Ihr Kind im ersten Lebensjahr zum Schlafen brauchen:

1 Korb, Stubenwagen oder Wiege, dazu passend:
  1 Matratze
  2 Matratzenbezüge
  3 Bettücher
  3 Betteinlagen als Matratzenschoner
  2 Wolldecken
  3 Deckenbezüge

1 Kinderbett, dazu passend:
  1 Matratze
  2 Matratzenbezüge
  3 Bettücher
  3 Betteinlagen (aus Molton)
  2 Wolldecken
  3 Deckenbezüge
  eventuell 1 Strampelsack

♦ Beim Kauf des richtigen Kinderbettes beachten Sie bitte folgende Gesichtspunkte:
- Das Bett soll sich leicht reinigen lassen.
- Die Seitenwände müssen senkrechte Stäbe haben und mindestens 60 cm hoch sein (damit Ihr Kind nicht aus dem Bett kippen kann, wenn es sich aufrichtet).

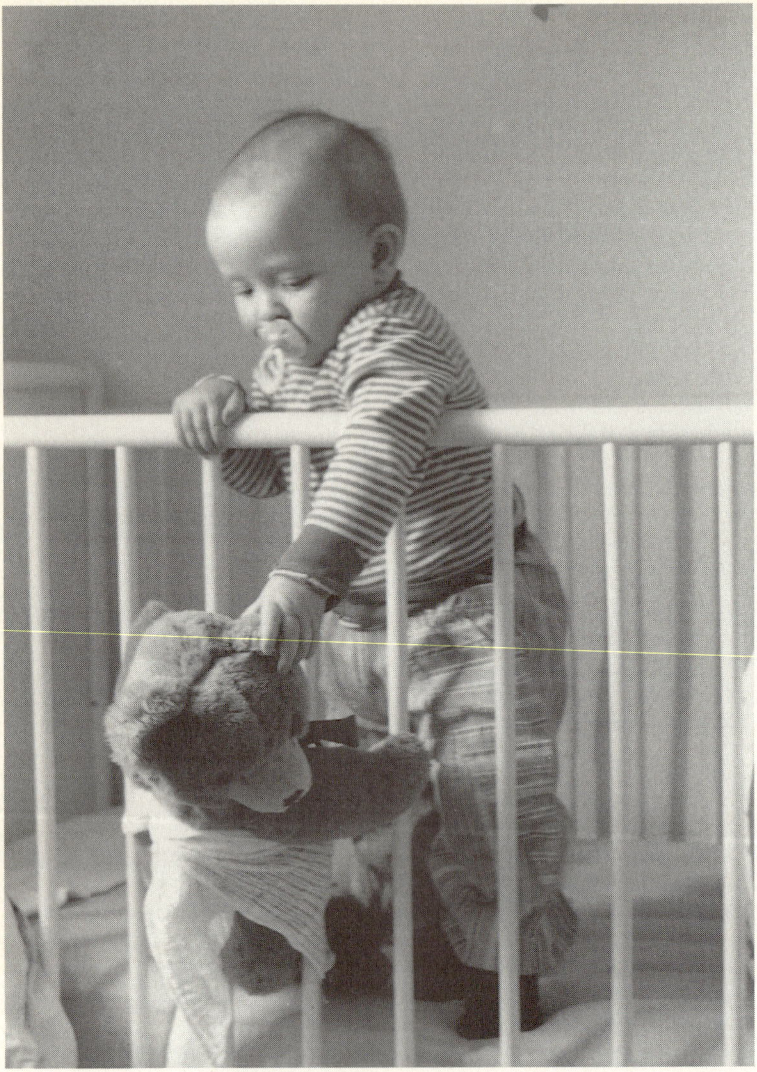

Ein neues Spiel: Mit einer Windel binden Sie den Teddy an die Gitterstäbe, so daß Ihr Kind ihn hinauf- und hinunterziehen kann – aber nur solange es Spaß macht!

- Die Abstände zwischen den Stäben dürfen nicht größer sein als 7 bis 8 cm, damit es den Kopf nicht durchstecken kann.
- Das Bett muß also vor allem sicher sein: gegen Umstürzen, Einklemmen, Durchbrechen des Rostes; es darf keine scharfen Ecken und Kanten haben.
- Der Rost soll in der Höhe verstellbar sein. Das Bett sollte in einer freundlichen Farbe gestrichen oder in Naturholz (aber lackiert) sein.
- Vorteilhaft ist ein variables Bett: Zuerst können Sie zwei Gitterstäbe abmontieren, damit Ihr Kind allein aus- und einsteigen kann. Später werden die Gitter ganz entfernt.
- Die Stäbe oder Wände dürfen keine Aufstiegshilfen aufweisen, die Ihr Kind zum Hochklettern im Bett nutzen kann.

♦ Wiege, Stubenwagen oder Bett sollten möglichst so gestellt werden, daß das Kind nicht immer zur selben Seite hinausschaut (sich immer zur selben Seite hindreht). Auch sollten Sie mal von der einen, mal von der anderen Seite an das Bett herantreten können.

♦ Ein Kind soll bei leicht geöffnetem Fenster keinen Zug bekommen und nicht von der Sonne geblendet werden.

♦ Wenn Ihr Kind unruhig schläft, machen Sie die Decke sicherheitshalber mit zwei Bändern am Fußende des Bettes fest. So kann es sie sich nicht über den Kopf ziehen.

♦ Ein Stockbett, in dem ein Kind oben und eines unten schläft, sollten Sie in den ersten drei Jahren grundsätzlich nicht verwenden. Das ist für das oben schlafende Kind zu gefährlich: es könnte herunterfallen und sich eine schwere Kopfverletzung zuziehen.

♦ Etwa vom achten Lebensmonat an wird Ihr Kind sein Bett zwischendurch gern als Spielplatz benützen und sich auch an den Stäben hochziehen. Das ist eine gute Hilfe zum Stehen- und Gehenlernen.

Ihr Kind braucht sein eigenes Kinderzimmer

Eine ganz wesentliche Voraussetzung für eine gesunde körperliche und psychische Entwicklung des Kindes ist das eigene Kinderzimmer. Nur dort hat es die notwendige Ruhe, den ausreichenden Platz zum Spielen (wo auch Bauwerke längere Zeit stehenbleiben können), kann es die Dinge, die ihm gehören, überblicken und ständig gebrauchen; nur dort kann es sein «eigenes Reich» aufbauen und sich über den vertrauten Nahraum in die Umgebung und weitere Umwelt einleben.

Orientieren Sie sich beim Kauf von Einrichtungsgegenständen und Spielmaterialien für das Kinderzimmer (das ein Kind jedenfalls ab dem zweiten Lebensjahr braucht) in Verbraucherzentralen, über die Stiftung Warentest oder andere «Prüfinstitute», welche neuesten Empfehlungen gegeben werden. Auch wenn Sie sich nicht unmittelbar danach richten, werden Sie doch auf Merkmale und Kriterien aufmerksam, die Sie beim Kauf berücksichtigen können. Umweltfreundliche Materialien sind grundsätzlich vorzuziehen, auch bei Farben für die Wände, beim Kauf des Kleiderschranks, des Bettchens usw. Der blaue Umweltengel wird vom Umweltbundesamt für ein Produkt auf Antrag vergeben, wenn es im Hinblick auf die Umweltverträglichkeit einen deutlichen Vorteil zu anderen Produkten aufweist (es muß deshalb noch nicht umweltfreundlich sein!).

Größe und Lage

Bei der Wahl des Kinderzimmers sollten Sie folgende Gesichtspunkte berücksichtigen (achten Sie darauf, wenn Sie in absehbarer Zeit umziehen wollen):

- ♦ Vom medizinischen Standpunkt aus braucht Ihr Kind viel Licht, frische, sauerstoffhaltige Luft und (begrenzt) auch Sonne.
- ♦ In einem Zimmer, das kleiner als 12 m^2 ist, wird sich Ihr Kind bereits nach wenigen Monaten – sobald es krabbeln kann – beengt fühlen. (Es sei denn, es darf die ganze Wohnung erobern.) Manche Eltern gehen deshalb dazu über, Kinderzimmer und Elternschlafzimmer zu vertauschen: Sie richten im größeren Raum das Kinderzimmer ein. Dort hat das Kind dann eine freie Spielfläche.

♦ Gut und praktisch ist es, wenn das Kinderzimmer nicht zu weit vom Wohnzimmer und der Küche entfernt ist; keinesfalls sollte es in einem anderen Stockwerk liegen. Die Nachteile liegen auf der Hand: In den ersten Wochen beunruhigt Sie dauernd das Gefühl, daß Sie vielleicht ein leises Weinen Ihres Kindes überhören könnten; später, wenn die Wachzeiten länger dauern, kann das Kind im isolierten Kinderzimmer gar nichts vom übrigen Familienleben mitbekommen. Und im Krabbelalter bleibt es ganz bestimmt nicht freiwillig im ersten Stock, wenn es die Mutter unten in der Küche oder im Wohnzimmer hantieren hört; es will wenigstens die Möglichkeit haben, sie durch die geöffnete Kinderzimmertür zu sehen. Einige Vorteile des Kinderzimmers kann Ihr Kind in den ersten Lebensmonaten noch nicht voll ausnützen. Sollten Sie in dieser Zeit also noch kein Kinderzimmer haben, kann das Wohnzimmer oder Ihr eigenes Schlafzimmer ohne Schwierigkeiten als Zwischenlösung dienen. Sie müssen dieses Zimmer dann freilich immer gut durchlüften, und solange das Körbchen dort steht, darf natürlich nicht geraucht werden.

Raumausstattung

♦ Besonders zweckmäßig für das Kinderzimmer sind Kippfenster und Türen, die nach außen aufgehen. So kann Ihr Kind sich bei geöffnetem Fenster nicht den Kopf anschlagen und ungestört den ganzen Raum bis zur Tür benützen, ohne daß seine Finger beim Türöffnen eingeklemmt werden können.

♦ Die Temperatur im Raum sollte zwischen 19 und 21 Grad betragen und nachts um einige Grad abgesenkt werden.

♦ Der ideale Fußboden für ein Kind ist ein versiegelter Holzboden. Da ein Teppichboden trotz regelmäßiger Pflege im allgemeinen viele Bakterien und Keime enthält, sollten Sie eine Wolldecke, die mit einem Bettbezug geschützt ist, darüber legen. Der Bettbezug kann dann leicht gewaschen werden, und ab dem vierten Monat ist das in aller Regel eine brauchbare, warme Spiel- und Liegewiese für Ihr Kind, solange es sich noch nicht durch Wegkrabbeln entfernt.

♦ Für die Wände empfiehlt sich eine helle, wischfeste Wandfarbe oder eine abwaschbare Tapete. Praktisch ist es auch, wenn Sie für die ersten Lebensjahre eine Hartfaser- oder Sperrholzplatte in einer Breite von 2 m und einer Höhe von 1,30 m (Oberkante, vom Fußboden beginnend) an der Wand anbringen. Zu Anfang können Sie dort Bilder ankleben, später streichen Sie dann die Platte mit grüner oder weißer Tafelfarbe. So kann Ihr Kind schon früh nach Herzenslust «Wände» bemalen, ohne Ihnen Sorgen und Kosten zu machen.

Manche Spielsachen faszinieren ein Kind aus unvorhersehbaren Gründen ganz besonders

♦ Vor dem hellen Hintergrund der Wände kommen alle anderen Dinge im Kinderzimmer, die leuchtende und kräftige Farben tragen sollten, voll zur Geltung. Bilder, Plakate, Zeichnungen älterer Kinder sollten Sie mit Klebeband an die Wand heften, Reißnägel und ähnliches sind zu gefährlich.
♦ Wenn Sie für die elektrischen Geräte Steckdosen benützen, die in Griffhöhe Ihres Kindes sind, sollten Sie unbedingt schwer verrückbare Gegenstände zur Sicherung davorstellen, nur VDE-geprüfte Steckdosen verwenden und die nicht benutzten durch Schutzstecker (Elektrofachhandel) verschließen.

♦ Und das gehört ins Kinderzimmer:
- Ein Kleider- oder Wäscheschrank oder eine Kommode mit mehreren Schubfächern (dazu brauchen Sie allerdings im zweiten Lebensjahr noch einen Schrank mit Hängefach).
- Ein Tisch, dessen Höhe man verstellen kann (die Plattengröße sollte mindestens 120 x 70 cm sein).
- Ein Hochsitz, in dem Ihr Kind beim Essen sicher ist, sobald es selbständig sitzen kann. Achten Sie darauf, daß Ihr Kind sich dabei weder klemmen noch die Verriegelung allein öffnen kann, und stellen Sie den Stuhl so, daß er keinesfalls kippen kann, wenn Ihr Kind sich später mit den Füßen vom Tisch abstemmt.
- Ein Spielzeugregal und eine Spielzeugkiste, vielleicht auch ein paar Schubladen, um kleinere Spielsachen darin sammeln zu können.
- Auch das gefällt Ihrem Kind: große Würfel aus weichem Material, kleinere und größere Kissen zum Darinwohnen und Herumtoben, vielleicht noch ein kleines flauschiges Fell und ein Schaukelpferd.

♦ Auf den Laufstall soll hier gesondert eingegangen werden: Wie Sie bei den Entwicklungsanregungen nachlesen können, braucht Ihr Kind ihn zum Laufenlernen keinesfalls, er ist eher hinderlich. Der Laufstall trennt das Kind von der Mutter. Außerdem hemmt er es in seiner Entwicklung: es sieht zwar interessante Dinge außerhalb, weiß aber von vornherein, daß es unmöglich ist, dorthin zu krabbeln, um sie genauer zu untersuchen; seine Initiative wird dadurch stark gebremst. Richten Sie also lieber den Raum so ein, daß Ihrem Kind bei seinen Entdeckungsreisen nichts passieren kann.
Ein Vorteil soll nicht verschwiegen werden: Wenn das Telefon läutet, wenn Sie zur Wohnungs- oder Haustür gehen müssen oder ein Gang in die Küche erforderlich ist – dann ist Ihr Kind im Laufstall für kurze Zeit sicher aufgehoben. (In diesem Fall ist einer mit Stäben vorzuziehen: das Hinaufklettern ist nahezu unmöglich, und er ist im

allgemeinen größer als ein runder mit Netz.) Wenn ein älteres und ein jüngeres Geschwisterchen zeitweilig getrennt werden müssen, damit jedes ungestört spielen kann, kann ebenfalls ein Laufstall nützlich sein: aber lassen Sie dann möglichst die Kinder abwechselnd im Laufstall spielen! Vielleicht fällt Ihnen aber im Hinblick auf (zeitweilig) getrennte Spielbereiche noch eine andere Lösung ein?

♦ Anstelle des Laufstalls im Kinderzimmer möchten wir Ihnen einen anderen Vorschlag machen: Richten Sie sich im Kinderzimmer auch für sich einen gemütlichen Platz ein, dann können auch Sie sich dort aufhalten, solange Ihr Kind spielt. (Oder noch besser: Spielen Sie mit.) Ebenso sollten Sie auch im Wohnzimmer ein kleines Schränkchen mit Spielsachen aufstellen oder die beiden untersten «Fächer» Ihres Bücherregals oder Ihrer Schrankwand für Ihr Kind reservieren, damit es sich auch im Wohnzimmer jederzeit gut beschäftigen kann.

♦ Auch daran sollten Sie denken: Alle Einrichtungsgegenstände im Kinderzimmer sollten helle, bunte Farben haben, damit die Farbwahrnehmung und das ästhetische Empfinden Ihres Kindes gefördert werden. Auch Möbel, die über dem Naturholz nur leicht gebeizt sind, so daß Ihr Kind die Struktur und Maserung des Holzes sehen und fühlen kann, sind zu empfehlen.

♦ Viele Gegenstände werden nach einigem Gebrauch angeschmutzt sein. Achten Sie deshalb darauf, daß man alles leicht reinigen oder abwaschen kann. In jedem Fall sollten Sie nur Möbel von solider Qualität kaufen, da Ihr Kind nur dann kräftig und ungebremst mit den Sachen umgehen und toben kann.

♦ Überprüfen Sie alle Einrichtungsgegenstände im Hinblick auf ihre Sicherheit: sie dürfen keine scharfen Ecken und Kanten haben und keine Stellen, an denen man sich einklemmen kann, keine herausstehenden Schrauben oder Nägel; die Oberfläche soll möglichst glatt sein.

♦ Wenn Sie das Kinderzimmer sehr raumsparend einrichten müssen, nehmen Sie ein Regal, das die ganze Wand ausfüllt und das Fenster oder die Tür mit einbezieht. Vielleicht können Sie das sogar selbst machen. Einige Teile des Regals sollten durch einen Vorhang, eine Schiebetür usw. geschlossen sein, so daß die Wäsche gegen Verstauben geschützt ist. Ohne große Kosten schneidet Ihnen jeder Schreiner entsprechende Regalteile nach einer Handskizze zu.

♦ Ab dem achten Monat spätestens sollten Sie alle Treppen, zu denen Ihr Kind unbeaufsichtigt krabbeln kann, durch zuverlässige Absperrungen sichern und, falls Sie einen Balkon besitzen, die Mauerbrüstung oder das Balkongitter durch ein Netz um etwa 40 cm erhöhen.

Unterwegs mit Ihrem Kind

Frische Luft erhält Ihr Baby bei einem Spaziergang, auf dem zugfreien Balkon oder neben dem geöffneten Zimmerfenster. Schon ab den ersten Wochen können Sie das Kleine im Kinderwagen mit zum Einkaufen nehmen (im Winter warm eingepackt, auch in der warmen Jahreszeit gegen Zugluft geschützt), bei Beachtung besonderer Sicherheitsvorkehrungen auch im Auto. Wenn Ihr Kind mit sieben oder acht Monaten sicher und auch längere Zeit frei sitzen kann, können Sie einen Sportwagen benützen, ohne eine übermäßige Wirbelsäulenbelastung befürchten zu müssen.

Kinderwagen – Sportwagen – Tragetasche

Ohne Kinderwagen werden Sie nicht auskommen, jedenfalls nicht zwischen dem dritten und zehnten Lebensmonat. Denken Sie beim Kauf daran, daß ein Triset den Kinderwagen, Sportwagen und die Tragetasche in einem enthält, Sie also nicht mehr verschiedene «Einzelmodelle» kaufen müssen (die nicht mit der raschen Entwicklung Ihres Kindes «mitwachsen»). Trisets sind nicht gerade billig, aber insgesamt doch meistens preisgünstiger als die drei Teile einzeln.

Die folgenden Punkte sollten Sie beim Kauf berücksichtigen (eine Verbraucherzentrale gibt Ihnen dazu aktuelle Informationen):

- Wirksamer Schutz gegen Kälte: z. B. eine Matratze, drei Bettücher, zwei Moltontücher oder andere Betteinlagen (möglichst ohne Gummierung), ein Fellsack (aus Schaffell, Wollplüsch oder aus Kunstfasern, wenn Ihr Kind gegen Haare allergisch ist); für große Kälte ein Deckbett mit Daunen- oder Halbdaunenfüllung und entsprechende Bettbezüge;
- Aufklappbares Dach gegen Zugluft und leichten Regen sowie eine Regenschutzdecke; ein Sonnenschirm.
- Zuverlässige Sicherung des Kinderwagenaufsatzes, so daß er sich keinesfalls von selbst lösen kann, bei Bedarf jedoch leicht abzunehmen ist; wenn Sie irgendwo einen Besuch machen, dient der Aufsatz gleichzeitig in den ersten Monaten als Ersatzbett.
- Je größer die Abstände zwischen

Durch das Tragetuch vermitteln Sie Ihrem Kind wohlige Geborgenheit

So halten Ihr Kind und Sie auch eine längere Wanderung durch

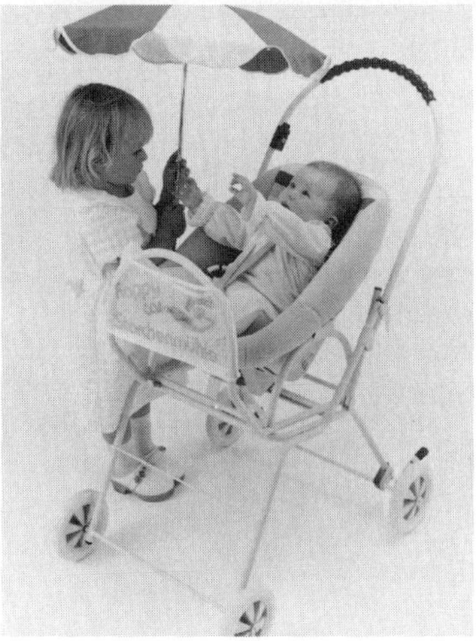

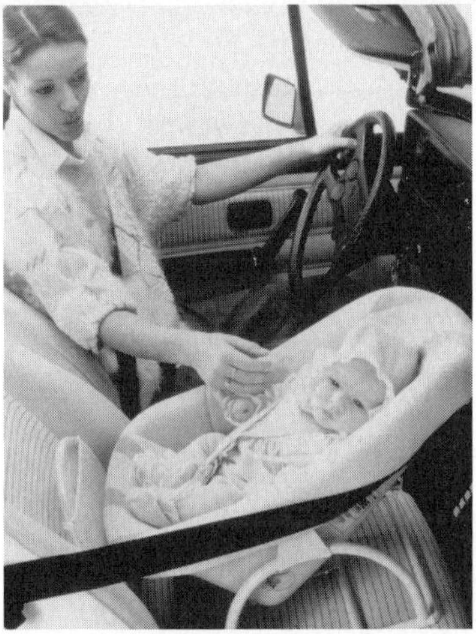

Wohin auch die Reise geht – Sicherheit im Auto muß vor Bewegungsfreiheit gehen

den Rädern sind, desto sicherer steht der Wagen; die Bremsvorrichtung sollte auf mindestens ein Rad jeder Seite wirken.

Die Gesichtspunkte, die Sie beim Kauf eines Trisets zugrunde legen müssen, gelten auch für den Kinderwagen oder den Sportwagen allein. Beim Sportwagen muß ein Anschnallgurt vorhanden sein, der um die Brust und über beide Schultern geführt werden kann, und ein warmer Fußsack, wenn Sie bei Kälte ausfahren.

Neben dem «großen» Sportwagen gibt es noch kleinere, die nicht sehr hoch über der Straße liegen und den Vorteil haben, daß sie leichter sind und raumsparend zusammengeklappt werden können. Auf verkehrsreichen Straßen ist Ihr Kind darin allerdings noch weniger gegen Lärm, Abgase und unerwünschte, optische Einflüsse geschützt.

Eine Tragetasche ist ebenfalls zu empfehlen, weil Sie Ihr Kind anfangs darin leicht mitnehmen können. Im ersten Lebensjahr sollte es möglichst intensiven und ständigen Kontakt mit Ihnen haben.

Wenn Sie gern wandern oder auch sonst Ihren Nachwuchs gern überallhin mitnehmen, verwenden Sie am besten in den ersten Monaten ein Tragetuch und (später) einen Tragerucksack. Sie kommen damit leichter als mit einem Wagen nicht nur durch Wiesen und Wälder, sondern auch durch einen Supermarkt.

Sicherheit im Auto

Die Hersteller von Kindersitzen haben in den letzten Jahren wesentliche Verbesserungen hinsichtlich der Sicherheit erreicht. In der Altersgruppe der Kinder bis 3 Jahre wird nach der Sicherheitsnorm ECE 44/03 geprüft. Diese Gesichtspunkte sollten Sie beim Transport eines Babys berücksichtigen:

- Ein Baby muß in einem geeigneten Sicherheitssystem transportiert werden, in aller Regel in einer Baby-Sicherheits-Schale (das nichtangeschnallte Baby ist ca. 7mal mehr gefährdet).
- Babys werden fast immer nach dem Reboard-System befördert, d. h. daß sie bei der Fahrt nach rückwärts sehen. Dabei ist die Kommunikation mit der Fahrerin oder dem Fahrer besonders gut möglich – das Baby wird sozusagen komfortabel transportiert.
- Fährt ein Baby rechts vorne mit, kann der Beifahrer-Airbag eine hohe Gefahr für das Baby darstellen – er muß deaktiviert werden; fragen Sie dazu genauer in Ihrer Werkstatt nach oder bei einem Auto-Club (wegen der dort im allgemeinen vorliegenden umfangreichen Erfahrung).

- Die sicherste Transport-Möglichkeit ist auf dem rechten Sitz hinten gegeben. Wegen der unterschiedlichen Größe der Fahrzeuge, der Gestaltung der Sitze (Sitzbank) und der Gurtlängen werden im folgenden keine Sitze einzelner Hersteller empfohlen. Die Sitzschalen der meisten Hersteller haben die TÜV-Plakette; probieren Sie vor dem Kauf, ob der Einbau gut möglich ist.
- Ein Dreipunkt-Gurt-System ist unbedingt zur Befestigung einer Baby-Schale erforderlich.

Schließlich ist noch wichtig: Lüften Sie Ihr Auto gut während der Fahrt. Ihr Kind ist wesentlich empfindlicher gegen Sauerstoffmangel als ein Erwachsener. Es braucht auch zwischendurch Bewegung. Achten Sie darauf, daß Ihr Kind nicht am Auto schleckt.

Einige Tips für den Kauf der «Transportgeräte»

♦ Achten Sie in erster Linie darauf, daß die Modelle praktisch und erst in zweiter Linie darauf, daß sie modisch sind. Nur ein solides Modell läßt sich auch später, bei einem zweiten Kind, weiterverwenden. Die Federung des Kinder- und Sportwagens muß so gut sein, daß Ihr Kind nicht jeden Stoß und jede Erschütterung spürt. Das können Sie im Laden selbst testen, indem Sie mehrere Wagen etwas fester antippen und dabei auf die unterschiedliche Federung achten. Sie sollten den Wagen mit einem Finger leicht schieben können, anderenfalls überlasten Sie Ihre Wirbelsäule.

♦ Die Griffhöhe ist dann richtig für Sie, wenn Sie Ihre Arme beim Schieben leicht anwinkeln können.

♦ Kaufen Sie von vornherein einen Einkaufskorb mit, der, an der Unterfläche des Wagens befestigt, diesem zusätzlich Stabilität verleiht. Wenn Sie ein Einkaufsnetz am Griff des Wagens befestigen, genügt schon ein geringes Schaukeln Ihres Kindes, um ihn zum Umstürzen zu bringen.

Daran sollten Sie denken

Beim Überqueren einer Autostraße sollten Sie den Kinderwagen stets hinter sich herziehen und nie zwischen parkenden Autos durchgehen, weil Sie von den Autofahrern unter Umständen zu spät gesehen werden. Lassen Sie beim Einkaufen den Wagen niemals unbeaufsichtigt vor dem Laden stehen. Hochspringende Hunde, andere Kinder, die mit Erkältungskrankheiten an den Wagen herantreten, und fremde Gesichter, die das Kind erschrekken, stellen eine Gefahr dar. Abgesehen davon, daß ihm wirklich etwas passieren kann, bekommt es Angst, fängt vielleicht zu schreien an, und dadurch wird seine Einstellung zur fremden Umwelt ungünstig beeinflußt. Ein Schutzfenster vor dem Kinderwagendach behindert die Sauerstoffzufuhr. Deshalb sollten Sie es nur bei einem Platzregen für kurze Zeit schließen. Ein Kopfkissen ist meist überflüssig.

Reisen mit Kleinstkindern

Beim Fliegen sollten Sie zwischen den Tragflügeln sitzen, dort macht ein Flugzeug auch bei Windböen die geringsten Schwankungen. Deshalb reisen Sie auch mit Schiffen möglichst mittschiffs. Benutzen Sie in der Eisenbahn nur Nichtraucherabteile, und achten Sie darauf, daß es nicht zieht. Kleinkinder neigen selten zu Reisekrankheiten. Sie brauchen Ihrem Kind also keine Beruhigungsmittel zu geben. Machen Sie im ersten Lebensjahr mit Ihrem Kind möglichst nicht gerade Urlaub im Hotel oder gar mit dem Zelt. Allenfalls in der ruhigen Umgebung einer Ferienwohnung mit ausreichenden sanitären Einrichtungen fühlt es sich wohl – weil auch Sie dort kaum zusätzliche Probleme mit Hygiene usw. haben.

Mitwelt

Vater und Mutter, meine besten Freunde

Familie heute

Die meisten Kinder wachsen heute in Kleinfamilien auf, Familien also, die aus Vater, Mutter und einem bis höchstens drei Kindern bestehen. Früher lebten in Großfamilien Kinder, Eltern, Großeltern und andere Verwandte häufig unter einem Dach (oft wirklich nur unter einem Dach – nicht in enger Familiengemeinschaft). Damit waren genügend «Seelentröster» für die Kinder vorhanden, Personen, die für Beruhigung, Stabilisierung und Ausgleich sorgten, wenn Spannungen auftraten. Natürlich entstanden dadurch auch viele unerwünschte, zwangsweise Beziehungen, und damit Konflikte, unter denen auch Kinder zu leiden hatten. Insgesamt gesehen war diese Situation für viele Familien jedoch günstiger, vor allem deshalb, weil die Kinder in einem Netzwerk von mehreren Vertrauten und Bekannten lebten.

Junge Menschen versuchen heute vielfach, in größeren, sozialen Gruppierungen zusammenzuleben – viele dieser Versuche sind allerdings auch gescheitert. Vor allem der «lästige» Haushalt führt häufig zu offenen oder latenten Konflikten, auch die Finanzierung des Alltagsbedarfs. Soweit es einer solchen größeren Lebensgemeinschaft gelingt, einen von allen akzeptierten Lebensstil zu finden, profitieren nicht nur die Kinder von den besseren Kontakt- und Aussprachemöglichkeiten; weitere Vorteile: man kann günstiger wirtschaften (rationeller einkaufen, z. B. Waschmaschine, Kühlschrank und Geschirrspülautomat für die ganze Gruppe) und sich durch gemeinsame Kindererziehung gegenseitig entlasten. Und die Kinder finden damit leichter Freunde, auch haben sie mehr Erwachsene in ihrem Lebensumfeld, zu denen sie vielseitige Beziehungen entwickeln.

Die Bedeutung der Eltern für das Kind

Die meisten Bedürfnisse des Kindes sind nur begrenzt aufschiebbar. So darf man es nicht warten lassen, wenn es Hunger oder Durst hat; da es in jeder Hinsicht abhängig ist von Personen, die auf seine physischen und auch psychischen Bedürfnisse

eingehen, braucht es Bezugspersonen, auf die es sich verlassen kann. Wenn ein Kind etwa unregelmäßig versorgt wird, wenn es keine gleichmäßige oder zu spärliche Zuwendung erhält, kann es kein Vertrauen und keine dauerhaften Kontakte zu seinen Mitmenschen entwickeln; ein solches Kind wird später erhebliche Schwierigkeiten haben, normale emotionale Beziehungen aufzubauen. Deshalb müssen Eltern (beide!) die Bedürfnisse ihres Kindes so weit wie nur irgend möglich befriedigen. Vater und Mutter sollten sich aufeinander abstimmen und gegenseitig bei der Erziehung unterstützen. Die gleichmäßige Befriedigung der kindlichen Bedürfnisse ist jedoch nicht nur durch persönliche Spannungen und Interessen der Eltern gelegentlich gefährdet, sondern auch durch äußere Einflüsse:
Die Umweltbedingungen und auch die Lebensgewohnheiten, die Anschauungen und Erziehungsvorstellungen der Erwachsenen können sich ändern – manchmal auch zu rasch (z. B. lange Zeit viel Freiheit – dann plötzlich der Versuch, eine starre Ordnung einzuführen, wenn es den Eltern «zuviel» wird).
Die tägliche Beeinflussung der Eltern durch Zeitungen, Zeitschriften, Radio, Fernsehen und Werbung ist oft widersprüchlich und kann sich auf die Pflege und Erziehung des Kindes negativ auswirken.
Dazu zählen auch größere Veränderungen, wie etwa der Arbeitsplatz- oder Berufswechsel eines Elternteils, ein größerer Urlaub, ein Umzug oder ähnliches. Damit ein Kind mit solchen Veränderungen fertig wird, ist entscheidend, daß es wenigstens bei täglich wiederkehrenden Erlebnissen ein gewisses Gleichmaß erfährt, also etwa beim Essen, Trinken und Waschen, beim Wickeln und Spielen. Schon eine negative Stimmungsänderung der Mutter oder des Vaters – Hast und Nervosität oder ein ungewohnt lauter Satz – stören die vertrauten Lebensgewohnheiten. Kleine Kinder sind ja noch wenig in der Lage, Veränderungen zu verarbeiten; Fremdes und Ungewohntes empfinden sie daher oft als bedrohlich und beängstigend.

Nur wenn die Eltern ausreichend Zeit und Geduld für ihr Kind aufbringen, gelingt es ihnen auch, die jeweilige Stimmungslage des Kindes zu beobachten und auf sie einzugehen. Eine Mutter mit mehreren Kindern kann sich da schon schwertun. Einerseits hat sie beim ersten Kind Erfahrungen gesammelt, die sie vielleicht zu schematisch auch auf die nächsten anwendet – «so habe ich es bisher gemacht, und so ist es auch für dieses Kind am besten» –, andererseits hat sie durch die Mehrarbeit häufig nicht mehr die Zeit, auf die jeweilige Stimmung des einzelnen Kindes einzugehen. Mit ihrer

Routine und der strafferen Organisation des Haushalts läuft sie manchmal Gefahr, die Wünsche ihrer Kinder zu «überfahren». Fast jeder neue Lebenstag des Kindes erfordert Umstellungen und feine Anpassungen: Die Ernährung des Kindes ändert sich, es braucht immer wieder neue Formen der Zuwendung, es verlangt nach neuen Spielformen, anderen Begrüßungsriten. Eltern, die sich diesen wandelnden Ansprüchen des Kindes nicht anpassen, beeinträchtigen die Entwicklung des Kindes.

Die Beziehung der Eltern untereinander

Die Eltern sind für ein Kind die erste und lange Zeit wichtigste Orientierung, ihr Verhalten wird vom Kind unmittelbar aufgenommen und gelernt, ohne daß die Eltern dies sofort wahrnehmen. Das Kind registriert feinfühlig die Art, in der sie sich miteinander unterhalten, Probleme besprechen oder totschweigen, es spürt nicht nur größere Streitigkeiten, sondern auch kleinere Reibereien. Bei Auseinandersetzungen zwischen den Eltern gerät es in Konflikte: Es nimmt den Gegensatz zwischen den beiden wahr, ohne ihn zu begreifen, da es ja beide liebt – und als Orientierung, Hilfe und Schutz akzeptiert.

Wenn das Kind derartige Auseinandersetzungen häufiger erlebt, kann es diese Spannungen nicht verarbeiten, es bleibt gespannt oder verspannt. Es kann kein Vertrauen in die Welt und keine Selbstsicherheit entwickeln.

Sehr wichtig ist es, daß die Eltern miteinander über die Erziehung und Entwicklung des Kindes sprechen, über seine Fortschritte und die Veränderungen seines Verhaltens, daß sie sich Gedanken über neue Spiele machen und sich gemeinsam überlegen, welche Entwicklungsanregungen sie durchführen wollen und welche ihnen nicht geeignet erscheinen. Bei solchen Gesprächen haben sie die Möglichkeit, sich gegenseitig zu korrigieren und einen gemeinsamen Weg zu finden. Wenn beide von Anfang an die Verantwortung gemeinsam übernehmen, kommt es später kaum zu Auseinandersetzungen über Erziehungsmethoden.

Natürlich sollen Erziehungsfragen nicht zum einzigen Gesprächsthema der Eltern werden. Häufig wird es sich gar nicht vermeiden lassen, daß Alltagsärger – etwa im Beruf – innerhalb der Familie besprochen wird; das ist auch besser, als wenn der Betroffene diesen Ärger in sich «hineinfrißt». Doch denken Sie bitte daran, daß gerade Ärger im Beruf in erster Linie am Ort seiner Entstehung, nämlich am Arbeitsplatz selbst, ausgetragen und gelöst werden muß. Gespräche zwischen den Ehepartnern darüber können jedoch zur «Entschärfung» und Klärung einer zugespitzten oder verfahrenen Situation beitragen.

Wenn sich Mutter und Vater gemeinsam für die Erziehung engagieren, können auch Konflikte besser aufgearbeitet werden

Eine weitere Möglichkeit, Spannungen nicht nur in der Familie zu lösen, ergibt sich, wenn die Familie gute nachbarliche oder freundschaftliche Beziehungen pflegt, möglichst auch zu Familien mit einem oder zwei Kindern desselben Alters. Eine Erweiterung der sozialen Kontakte schafft in jedem Fall einen gewissen Ausgleich zu den bekannten Nachteilen der Kleinfamilie.

Kommunikation soll schließlich auch über alle Alltagsfragen entstehen, die ein Kind für beide Eltern nun einmal mit sich bringt: Welche Aufgaben sind zu erfüllen? Wie sehr nehmen diese Aufgaben die Eltern (im ersten Lebensjahr oft die Mutter) in Anspruch? Ist die Pflege eines Kindes im ersten Lebensjahr nicht anstrengender als etwa eine durchschnittlich anstrengende Erwerbstätigkeit? Wo ergeben sich Möglichkeiten, die Arbeit gemeinsam zu erledigen, wann und wie kann ein Mann seine Frau entlasten, und in welchem Umfang ist das möglich (nur aushilfsweise oder regelmäßig, z.B. an den Wochenenden)?

Für eine Frau, die vor der Geburt ihres Kindes gern in ihrem Beruf gearbeitet hat, ist der Verzicht auf die Berufstätigkeit nicht immer leicht. In diesem Fall sollte die Mutter ab dem dritten oder vierten Lebensjahr des Kindes ihre Berufstätigkeit ruhig wiederaufnehmen, wenn möglich zunächst halbtags. Heutzutage gehen manche Ehepaare auch dazu über, bereits ab dem zweiten Lebensjahr des Kindes je eine Halbtagsstelle anzunehmen, der eine vormittags, der andere nachmittags. Das ist eine besonders günstige Lösung, wenn sie von beiden akzeptiert wird; das Kind wird dann in seinen ersten Lebensjahren nicht einseitig auf das traditionelle Rollenverhalten festgelegt: der Vater arbeitet außerhalb, die Mutter ist zu Hause.

Frühere Aussagen von Psychologen zur Bedeutung einer Bezugsperson für das Kleinstkind müssen revidiert werden. Früher wurde (vor allem aufgrund von Untersuchungen zur Krippenerziehung von R. Spitz) argumentiert, daß Kinder in Krippen größte Schädigungen erfahren, trotz akzeptierbarer äußerer Verhältnisse, und zwar aufgrund der fehlenden, persönlichen Bezugsperson. Heute gilt demgegenüber, daß die Tagespflege in einer Kinderkrippe – vorausgesetzt, daß sie qualitativ als gut eingeschätzt werden kann – bis zu 20 (vielleicht sogar 30) Stunden als unbedenklich angesehen werden kann. Die Bezugspersonen eines Kindes können sich durchaus ergänzen – sie sollten allerdings über längere Zeit (wenigstens einige Monate) für das Kind da sein. Und in einer Kinderkrippe sollte die Relation von Kindern zu erwachsenem Pflegepersonal nicht ungünstiger als 3 zu 1 sein.

Die zeitliche Kontinuität für Ihr Kind wahren – das heißt auch, daß Sie möglichst keinen längeren Urlaub ohne Ihr Kind machen sollten. Durch gesunde und umsichtige Lebensführung können Sie vielleicht eine Krankheit oder einen Unfall vermeiden – so daß nicht dadurch ein unnötiger Wechsel einer wichtigen Bezugsperson nötig wird.

Wichtig ist das gute Einvernehmen dieser Erwachsenen untereinander. Die Eltern sollten sich trotz der im Vordergrund stehenden Sorge um das Kind gegenseitig nicht vernachlässigen. Viele Männer erleben die Veränderungen gerade durch das erste Kind oft als problematisch. Bisher konnte der männliche Partner vielleicht die ganze Freizeit mit seiner Partnerin verbringen, jetzt muß er sich bei allen Unternehmungen in erster Linie nach dem Kind richten, und sie hat nicht mehr so viel Zeit für ihn.

Die Mutter dagegen kann so eingespannt sein in ihre neuen Pflichten (besonders, wenn der Vater sie nicht unterstützt!), daß sie weder Zeit noch Lust aufbringt, seinen Wünschen gegenüber aufgeschlossen zu sein. Das gilt für die gemeinsame Freizeitgestaltung ebenso wie für die sexuelle Intimität.

Sicher ist es sinnvoll, wenn sich die Eltern in den ersten Lebensjahren eines Kindes stärker abschirmen gegen die Reize der Werbung und der Massenmedien, wenn sie sich aufeinander und auf das Kind konzentrieren. So wird sich ihr Kind zu einer aktiven, emotional ausgeglichenen und selbständigen Persönlichkeit entwickeln.

Mutti, spielst du jetzt nicht mehr mit mir?

Geschwister wollen informiert sein

Einige Monate vor der Geburt des Geschwisterchens haben Sie Ihrem Kind (oder den Kindern) schon erzählt, daß es jetzt einen Bruder oder eine Schwester bekommt. Für die Geschwister ist diese Information sehr wichtig, sie erfahren auf diese Weise u. U. zum erstenmal, wie sie selbst «auf die Welt gekommen» sind.

Nützen Sie die Gelegenheit für einen neuen Abschnitt der Sexualerziehung und beantworten Sie alle Fragen Ihrer älteren Kinder, die sich dabei ergeben: Lassen Sie die Kinder z. B. Ihren Bauch vor der Geburt befühlen und die Herztöne abhören und erzählen Sie, wie das Kind entstanden ist. Nach der Geburt können Sie ihnen dann auch erzählen, wie die Geburt verlaufen ist, mit welchen ersten Lebensäußerungen sich der Neuankömmling «vorgestellt» hat.

Ängste älterer Geschwister

Ältere Geschwister brauchen in dieser für sie schwierigen Zeit eine besonders intensive Zuwendung, damit sie die Ankunft des neuen Geschwisterchens spannungsfrei erwarten und es gerne aufnehmen. Denn mit der Geburt eines weiteren Kindes verändert sich die Lage der älteren Geschwister bzw. des bisher einzigen Kindes sehr. Bisher galt ihnen (ihm) alle Liebe und Zuneigung der Eltern. Jetzt wird sich besonders die Mutter längere Zeit vorwiegend mit dem Neugeborenen beschäftigen – Zeit, die den Älteren zunächst einmal «abgezogen» wird.

Speziell Einzelkinder können stark unter dieser Umstellung leiden.

Da sich die Mutter in der nächsten Zeit tatsächlich sehr viel mit dem jüngsten Kind beschäftigen muß, kann sich der Vater mehr Zeit für das Erstgeborene oder die anderen Geschwister nehmen und sie durch seine Anwesenheit und Zuwendung ein bißchen «entschädigen». Daran können Sie schon vor der Geburt des Kindes denken. Der Vater sollte deshalb für die letzten Tage vor der Geburt bis etwa zehn Tage nach der Geburt Urlaub nehmen. Falls das nicht möglich ist, wäre es gut, wenn Ihnen eine der beiden Großmütter helfen könnte – allerdings nur, wenn Sie sich gut verstehen.

Beide Eltern sollten sich, wenigstens solange ihr Jüngstes schläft, mit besonderer Aufmerksamkeit dem älteren Kind zuwenden. Und bremsen Sie nicht seine zum Teil stürmischen Annäherungsversuche. Schon der Gedanke, daß Sie überhaupt ein weiteres Kind haben, bedrückt es vielleicht. Es überlegt sich z. B.: «Warum wollten meine Eltern denn noch ein Kind? Sind sie mit mir nicht zufrieden?» Dann ist es möglich, daß sich das ältere Kind aus Eifersucht selbst wieder in die Babyrolle flüchtet, nachts gelegentlich einnäßt oder auch wieder aus der Flasche trinken möchte, um auf diese Weise die gleiche Aufmerksamkeit der Eltern auf sich zu lenken, wie sie das Baby erhält. Sie sollten dann nicht schimpfen, sondern ihm beweisen, daß seine Eifersucht unbegründet ist und Sie es genauso liebhaben wie das Neugeborene.

Zeigen Sie ihm an einigen Beispielen, wie vorteilhaft es ist, schon so groß und «vernünftig» zu sein (mehr Spielmöglichkeiten, größere Selbständigkeit, mehr Kontakte zu anderen Kindern, keine schmutzigen Windeln usw.). Spielen Sie nach Möglichkeit viel mit ihm und seien Sie nicht zurückhaltend mit Zärtlichkeiten. Wenn es Ihnen aber trotzdem nicht gleich gelingt, alle Eifersucht abzubauen, sollten Sie Ihr Jüngstes gut im Auge behalten und darauf achten, daß es vom älteren Kind nicht gezwickt, geärgert oder gar fallen gelassen wird.

Geben Sie Ihrem älteren Kind dann vor allem nicht die Aufgabe, auf den kleinen Bruder oder die kleine Schwester aufzupassen. Dann würde nämlich zum Gefühl der Eifersucht noch der Ärger darüber kommen, daß es durch den Neuankömmling nun auch noch zusätzlich lästige Aufgaben übertragen bekommt. Wenn Ihr älteres Kind einige Wochen bis Monate «aus der Rolle fällt», sollten Sie überlegen, ob Sie nicht einige zusätzliche Tips in einer Familien- oder Erziehungsberatungsstelle einholen.

♦ So helfen Sie Ihrem älteren Kind

Das ältere Kind befürchtet jetzt vielleicht auch, daß es seine Spielsachen an das Kleine abtreten muß. Zerstreuen Sie diese Sorge, versichern Sie ihm, daß es selbstverständlich alle Sachen behalten kann und daß es auch weiterhin neues Spielzeug bekommt. Wenn es quengelig ist, Sie ärgert oder nachts wieder einnäßt, so tut es das ja keinesfalls aus «Bosheit», sondern aufgrund seiner Angst,

Die meisten älteren Kinder interessieren sich für ihr jüngeres Geschwisterchen: aber Spannung und Entspannung wechseln rasch

daß Sie es vielleicht nicht mehr so gern haben wie vorher.

Mit etwas diplomatischem Geschick können Sie im älteren Kind nach und nach ein Gefühl der Mitverantwortlichkeit für das Jüngste erzeugen. Erklären Sie ihm, wie hilflos das Neugeborene anfangs ist, bitten Sie es beim Baden oder Wickeln, Ihnen einen vergessenen Gegenstand zu holen, aber beharren Sie nicht darauf, wenn es keine Lust dazu hat.

Wenn sich das ältere Geschwister vor Hilfsbereitschaft überstürzt, sagen Sie ihm gelegentlich ruhig, daß Sie das gar nicht erwarten, daß es auch weiterspielen kann. Versetzen Sie sich in die Lage des Kindes, und versuchen Sie, es zu verstehen. Auf diese Weise werden sie am ehesten mit den Problemen fertig, ohne zusätzliche Schwierigkeiten zu schaffen.

♦ Besondere Fragen

Sie haben bereits mehrere Kinder: Suchen Sie, wenn es Ihnen finanziell irgendwie möglich ist, eine Hilfskraft (Raumpflegerin, Haushaltshilfe, Au-pair- oder Kindermädchen). Nur so haben Sie genügend Zeit, um sich einerseits voll Ihrem jüngsten Kind widmen zu können und andererseits die älteren Kinder nicht zu vernachlässigen. Denn alle Kinder, die noch nicht in die Schule gehen oder einen Kindergarten besuchen, sollten ja täglich in ihrer Entwicklung angeregt und gefördert werden.

Wenn der Altersabstand zwischen Geschwistern weniger als zweieinhalb Jahre beträgt, müssen Sie besonders darauf achten, daß keine ernsthaften Konkurrenz- und Rivalitätsprobleme entstehen. Meist erreicht das jüngere Kind die Leistungen des älteren bald und gefährdet dadurch dessen Wünsche nach Überlegenheit und Einfluß, wobei umgekehrt das ältere Kind das jüngere ebenfalls als Verhaltensbeispiel nimmt, also eher «kindliche» Entwicklungsimpulse erhält als «erwachsenmachende». Sie können das ausgleichen, wenn Sie die Freundschaft Ihres Erstgeborenen zu gleichaltrigen oder etwas älteren Kindern unterstützen.
Bei einem Altersabstand von zweieinhalb bis dreieinhalb Jahren besteht kaum noch die Gefahr der Konkurrenz, und die Geschwister sind einander trotzdem gute Spielgefährten. Ist der Altersabstand jedoch noch größer, finden die Geschwister zuwenig gemeinsame, verbindende Interessen, sie wachsen dann mehr oder weniger wie Einzelkinder auf.

Jeder Zwilling ist eine eigene Persönlichkeit

Sind in Ihrer Familie oder in der Ihres Mannes Zwillinge aufgetreten, ist eine erhöhte Wahrscheinlichkeit dafür gegeben, daß auch Sie Zwillinge bekommen können: die Veranlagung zu Mehrlingsgeburten ist erblich. Schon bei der ersten Ultraschalluntersuchung, die Sie machen, kann Ihr Arzt erkennen, ob Sie ein Kind erwarten dürfen oder zwei.

Im Durchschnitt kommt auf 80 bis 85 Geburten eine Zwillingsgeburt, Drillinge auf etwa 6800 Geburten.

Zwillinge entstehen entweder durch die Teilung eines befruchteten Eis (eineiige Zwillinge) oder durch die Befruchtung von zwei Eiern. Eineiige Zwillinge haben deshalb das gleiche Geschlecht und die gleichen Erbanlagen und sehen sich so ähnlich, daß Außenstehende sie kaum unterscheiden können. Zweieiige Zwillinge dagegen können gleich- oder verschiedengeschlechtlich sein und haben in Aussehen und Veranlagung nicht mehr und nicht weniger Ähnlichkeit als andere Geschwister auch.

Falls Ihnen der Arzt gesagt hat, daß Sie mit ziemlicher Sicherheit Zwillinge bekommen werden, müssen Sie sich früher als andere Frauen für die Klinik bereit halten, etwa vom Beginn des achten Monats an. Denn 50 bis 75 Prozent aller Zwillinge werden schon um diese Zeit geboren.

Lassen Sie sich Ihre Vorfreude auf zwei Babys nicht von dem Gedanken an die doppelte Arbeitsbelastung schmälern. Das wichtigste ist jetzt, daß Sie sich nach jemandem umsehen, der Ihnen wenigstens in den ersten Wochen nach der Geburt im Haushalt und bei der Pflege hilft.

♦ Das Stillen von Zwillingen ist kein Problem, denn die Brust stellt sich auf den erhöhten Bedarf ein. Wichtig ist, wie auch beim Stillen eines Kindes, daß die Brust leergetrunken wird. Legen Sie deshalb zunächst den einen Zwilling an und lassen Sie ihn sich satt trinken. Ist die Brust dann noch nicht leergetrunken, legen Sie den anderen Zwilling an dieselbe Brust an, und erst wenn diese Brust leergetrunken ist, geben Sie Ihre andere. Bei dieser Methode registrieren Ihre Brüste den tatsächlichen Bedarf und stellen sich darauf ein. Beide Zwillinge gleichzeitig zu stillen führt ziemlich sicher dazu, daß Sie sich nicht voll auf das Trinken eines jeden Zwillings einstellen können. Und damit entgeht jedem die notwendige Aufmerksamkeit – also nacheinander stillen. Wechseln Sie von Mahlzeit zu Mahlzeit ab, damit Sie sich nicht unbewußt daran gewöhnen, eines von beiden zu bevorzugen.

♦ Auch mit der Flasche füttern Sie die Zwillinge am besten nacheinander (vgl. oben). Wenn das wartende Kind zu unruhig wird oder sogar vor Hunger schreit, können vielleicht der Vater oder die Großmutter einspringen. Damit Sie Ihr Arbeitspensum bewältigen können, werden Sie etwas mehr auf regelmäßige Essenszeiten drängen müssen, als Sie das bei einem Einzelkind vielleicht getan hätten. Vielleicht werden Sie auch früher auf Fertigkost umstellen, Sie sparen dadurch jedenfalls viel Zeit. Falls eines der beiden etwas schwächer ist als das andere (das kommt bei Zwillingen häufig vor), braucht es vielleicht pro Tag eine Mahlzeit mehr.

♦ Es ist nicht nötig, daß Sie beide Kinder täglich baden – zweimal pro Woche genügt. An den anderen Tagen waschen Sie bloß Gesicht und Po.

♦ Kinderwagen und Bett gibt es in Zwillingsgrößen. Da diese Modelle deutlich teurer sind als diejenigen für ein Kind, lohnt es sich vielleicht, per Inserat einen «neuwertigen» zu erwerben.

♦ Wenn Sie auch mit der Pflege von Zwillingen mehr zu tun haben – in Erziehungsfragen haben Sie es etwas leichter als die Eltern von Einzelkindern. Zwillinge sind einander prima Spielgefährten; Sie können sie viel länger allein spielen lassen als ein einzelnes Kind. Freilich brauchen Sie dann noch dringender ein Kinderzimmer als sonst. Es muß auch besonders «kindersicher» eingerichtet sein, denn zwei Kinder kommen auf mehr Ideen als eines und zetteln oft etwas Gefährliches an! Schließen Sie die Tür mit einem Scherengitter, damit Sie die beiden immer im Auge behalten können. Beim Kauf von Spielzeug müssen Sie besonders darauf achten, daß Ihre Zwillinge sich damit gegenseitig nicht verletzen können. Das ist besonders bei größeren Spielsachen möglich, weil das spielende Kind zwar auf sich selbst achtet, aber zuwenig darauf, was seinem Geschwisterchen durch das Herumhantieren passieren könnte.

♦ Das Hauptproblem bei der Erziehung von Zwillingen ist die Versuchung, sie zu gleichartig aufwachsen zu lassen, sie möglichst «ähnlich» zu halten. Das kann so weit führen, daß einer von beiden sich später ohne seinen Bruder oder seine Schwester nur «wie ein halber Mensch» vorkommt. Damit solche Kinder zu einem stabilen Ich-Gefühl und größerer Selbständigkeit gelangen, sollten Sie diese Punkte beachten:

- Kaufen Sie nicht lauter gleiche Kleidungsstücke.
- Geben Sie den Kindern nicht ähnlich klingende Namen oder Kosenamen.
- Schenken Sie jedem von ihnen seine eigenen, von denen des anderen gut unterscheidbaren Spielsachen.
- Kämmen Sie jedes der beiden Kinder anders.

Viele Leute finden es zwar «süß» und «drollig», wenn sich zwei Kinder gleichen «wie ein Ei dem anderen». Für die Kinder selbst ist das jedoch eine Belastung. Schließlich ist es für ihre Entwicklung wichtig, daß sie als eigenständige Persönlichkeiten angesehen werden und nicht nur als Duplikat des anderen. Vor allem eineiige Zwillinge, die sich ja völlig gleichen, leiden darunter.

♦ Sie müssen auch darauf achten, daß die beiden Kinder nicht zu isoliert aufwachsen. Zwillinge neigen dazu, eine eigene Sprache untereinander zu entwickeln und sich mit Zeichen zu verständigen, die kein anderer versteht. Geben Sie ihnen daher von Anfang an immer wieder Möglichkeiten, auch Kontakte zu anderen Kindern zu halten.

Ein Babysitter muss kinderlieb und intelligent sein

♦ Nur in Ausnahmefällen sollten Sie für Ihr Kind im ersten Lebensjahr einen Babysitter engagieren (nicht gemeint sind Personen, die Ihr Kind schon gut kennt, eine sehr gute Freundin, Großmutter oder -vater, Tante usw.). Damit Sie ihm Ihr Kind beruhigt anvertrauen können, denken Sie bitte an folgendes:

- Ihr Kind muß den Babysitter schon einige Tage vorher kennenlernen. Am besten ist es, wenn Sie einige Tage vorher zu Hause einen kleinen «Einführungskurs» machen und dann einen Test versuchen: Tun Sie so, als seien Sie nicht da, während Ihr Babysitter zwei bis drei Stunden ohne Ihre Hilfe das Kind pflegt und beschäftigt.
- Der Babysitter muß bestimmte charakterliche Voraussetzungen mitbringen. Ruhe, Geduld, Freude und Sicherheit im Umgang mit Kindern und die Fähigkeit, Ihr Kind, wenn es sein muß, trösten zu können, sind unerläßliche Voraussetzungen. Außerdem müssen Sie sicher sein, daß er auch mit Problemsituationen fertig wird, nicht gleich aus der Fassung gerät oder gar heftige Aggressionen gegen Ihr Kind entwickelt.
- Der Babysitter muß so viel Vertrauen zu Ihnen haben, daß er es Ihnen sagt, wenn dem Kind in Ihrer Abwesenheit einmal etwas zugestoßen ist, wenn es besonders anhaltend geschrien oder sich verletzt hat.
- Kinder unter 14 Jahren eignen sich in der Regel noch nicht als Babysitter.

♦ Am Abend, wenn Sie weggehen:

- Zeigen Sie dem Babysitter noch mal Ihre Wohnung, vereinbaren Sie, ob er fernsehen oder Platten hören kann, und sagen Sie ihm, was er sich aus dem Kühlschrank nehmen darf.
- Wichtig ist eine Liste mit Telefonnummern der Polizei, der Feuerwehr, eines Arztes und der Nummer, unter der Sie notfalls zu erreichen sind.
- Schreiben Sie dem Babysitter außerdem auf eine Zettel, wann Ihr Kind gewickelt wird, wann es sein Fläschchen bekommt usw. Rufen Sie nach Möglichkeit zwischendurch auch einmal zu Hause an!

Verwandte, Freunde und Bekannte

Spätestens nach dem Klinikaufenthalt setzt gewöhnlich ein großer Besucheransturm ein. Verwandte, Freunde und Bekannte wollen Ihren «Nachwuchs» sehen und Ihnen gratulieren.

Achten Sie darauf, daß das Neugeborene sich nicht ansteckt, daß es keine Infektion bekommt. Von Erwachsenen können Sie erwarten, daß sie nicht gerade mit Schnupfen oder Grippe zu Ihnen kommen, solange das Kind noch so klein ist. Aber auch Kinder dürfen nicht zu nahe an das Kinderbett herangehen, da die Gefahr besteht, daß sie aus dem Kindergarten oder aus der Schule eine Kinderkrankheit mitbringen und Ihr Kind damit infizieren.

Niemand wird in der ersten Zeit von Ihnen verlangen, daß Sie eine perfekte Gastgeberin sind. Sie werden sich anfangs noch etwas schwach fühlen, schnell ermüden und sind daher durch längere Besuche überfordert. Haben Sie ruhig den Mut, Ihren Gästen das zu sagen!

Vielleicht kommen Besucher, die Ihr Kind zwar bewundern, aber gar nicht näher auf es eingehen oder nach den ersten «Pflichthuldigungen» erwarten, daß Sie Ihren Gästen nun wieder ganz zur Verfügung stehen. Solche Leute sind womöglich sogar beleidigt, wenn Sie eine interessante Unterhaltung abbrechen, um das Kind zwischendurch zu wickeln oder um mit ihm zu spielen. In solchen Fällen gibt es eigentlich nur einen Rat: weniger (oder gar nicht mehr) einladen! Ihr Kind geht nämlich in jedem Falle vor.

♦ Unerbetene Kommentare
Manche Leute geraten ganz außer sich vor Entzücken, wenn sie ein kleines Kind sehen. Ihre Komplimente «Ach, ist das süß! Und die winzigen Fingerchen und das goldene Näschen – ganz der Vater!» dienen dabei oft nur dem Wunsch, sich bei den Eltern einzuschmeicheln. Wer sich wirklich ernsthaft für Ihr Kind interessiert, wird es ruhig in seinem Bettchen betrachten und – falls es wach ist – versuchen, erste Kontakte aufzunehmen (anstoßen, was über ihm aufgehängt ist, das Glöckchen bewegen und beobachten, wie das Kind reagiert).
Wenn Sie noch andere Kinder

Aus der Perspektive des Kindes kann das Interesse von Besuchern durchaus bedrohlich wirken

haben, sollten Sie Ihren Besuch nicht jedesmal gleich zum Jüngsten führen: das ältere Kind bekommt sonst schnell das Gefühl, daß es jetzt unwichtig geworden sei. Schwierig werden kann es später auch, wenn das Jüngste vielleicht etwas hübscher ist und jeder Gast gleich die «langen Wimpern» oder die «süßen Locken» und die «wunderschönen großen Augen» bewundert, während das ältere Kind danebensteht und keine Komplimente bekommt. Schneiden Sie in solch einer Situation möglichst schnell ein anderes Thema an.

Lassen Sie sich nicht irritieren, wenn manche Leute sagen, Ihr Kind sei «ja so still» und andere sich wieder über sein «Temperament» auslassen. Wer es nur gelegentlich sieht (und dann vielleicht in einer Zeit, in der es entweder müde oder «überdreht» ist), kann kaum zu einer zutreffenden Aussage kommen – allenfalls zu einer Meinung oder einem «Vorurteil». Leider fühlen sich jedoch manche Erwachsene zu solchen Soforturteilen berufen. Genausowenig sollten Sie sich von den zahlreichen «guten Ratschlägen» beeinflussen lassen, die man Ihnen von allen Seiten großzügig anbietet. Die einen werden Sie vielleicht zu absoluter Pünktlichkeit in der Pflege überreden wollen, die anderen pikiert feststellen, daß Ihr Kind am Ende des ersten Lebensjahres den Löffel noch nicht richtig hält. Sagen Sie ihnen dann ruhig, was Sie darüber denken, und erklären Sie, warum Sie Ihre eigene Erziehungsweise für richtig halten.

♦ So wird ein Fremder zum Freund

Wenn es Verwandte oder Bekannte gibt, die Ihr Kind aus unerklärlichen Gründen nicht akzeptiert und die sich deshalb zurückgesetzt fühlen (oder womöglich glauben, Sie beeinflussen das Kind negativ), dann sprechen Sie mit ihnen darüber. Das beste Mittel, ein Kind für sich zu gewinnen, ist, sich mit ihm zu beschäftigen und auf seine Wünsche einzugehen, anstatt über es zu bestimmen. Wenn sich der Betreffende beispielsweise auf den Fußboden setzt und mit Puppen spielt oder Bauklötze baut, kommt Ihr Kind sicher bald neugierig angekrabbelt und will mitspielen. Oder er beobachtet das Kind zunächst aus dem Hintergrund, drängt sich nicht auf und gibt ihm bei Gelegenheit etwas, was es interessieren könnte.

Psychische Entwicklung

Das erfährt Ihr Kind im ersten Lebensjahr

Was Entwicklung bedeutet

Noch vor einigen Jahrzehnten glaubte man, die Entwicklung des Menschen sei ausschließlich durch Erbanlagen vorbestimmt, man werde zum Beispiel als «Genie» oder als «Verbrecher» geboren. Einige Jahre später schlug dann das Pendel nach der anderen Seite aus: Man hielt das Neugeborene für ein «unbeschriebenes Blatt»; demnach wäre es unbegrenzt durch seine Umwelt formbar.

Erst spätere Untersuchungen an ein- und zweieiigen Zwillingen und verschiedenaltrigen Geschwistern unter einerseits nahezu gleichen und andererseits sehr unähnlichen Umweltbedingungen zeigten, daß sowohl Erbanlagen als auch die Umweltbedingungen für die Entwicklung viel bedeuten («Konvergenztheorie»).

Dazu kommt noch, daß das Kind jeweils auf seinen Erfahrungen aufbaut, die zwar zunächst weitgehend durch Erbanlagen und Umweltverhältnisse bedingt sind, aber von jedem Kind anders und individuell verarbeitet werden.

Jedes Kind entwickelt im Laufe seiner Entwicklung eine eigene, individuelle Sichtweise, die bestimmt, welche Umweltausschnitte aufgenommen und wie die neuen Erfahrungen verarbeitet werden (dritter Faktor). Selbst ein eineiiger Zwilling schafft sich auf diese Weise seine eigene, unverwechselbare «Welt».

Dieser wechselseitige Prozeß der Beeinflussung des Kindes durch seine Umwelt auf der einen Seite und der zum Teil selbständigen Auswahl und Verarbeitung dieser Eindrücke durch das Kind auf der anderen Seite (also seine eigene Persönlichkeit) bringen schon von Anfang an die Entwicklung voran. Sie ist also weder nur ein Erziehungsprozeß noch ausschließlich ein Reifungsprozeß. Das Kind ist nicht völlig manipulierbar, es bedarf der Lenkung und Anregung durch die Mitwelt, der «Erziehung». Wenn man einem Kind zur Entfaltung verhelfen will, muß man dafür allerdings die Bedingungen kennen.

- Man muß wissen, wie die Entwicklung normalerweise verläuft.
- Man muß die Umweltbedingun-

gen kennen, unter denen diese Entwicklung optimal verlaufen kann (und sie entsprechend günstig gestalten).
- Man muß sich darüber klar sein, daß die Individualität des Kindes eine wichtige Rolle spielt.

Das Neugeborene und seine Mutter

Spannungen und Mißverständnisse zwischen Mutter und Kind sind weitgehend vermeidbar. Sie entstehen zum Teil dadurch, daß wir Vorstellungen auf den Säugling übertragen: Wir deuten sein «Innenleben», das, was er «denkt», «fühlt» und «will». Doch das ist nur in einem sehr begrenzten Rahmen möglich:
- Das Neugeborene hat noch kein Bewußtsein in unserem Sinne.
- Was innen und außen, hier und dort, jetzt und später ist, lernt es erst langsam.
- Alles, was für uns selbstverständlich ist, Sehen, Hören, Fühlen, Denken, zwischenmenschlicher Kontakt, entwickelt sich beim Kind erst langsam und darf nicht von Anfang an vorausgesetzt werden.

Sie werden dem vielleicht spontan entgegenhalten: «Ich verstehe mein Kind trotzdem!» Die Sicherheit, mit der viele Mütter die Wünsche und Bedürfnisse ihrer Kinder tatsächlich erahnen, ist erstaunlich. Schon bei der kleinsten Lautäußerung ihres Sprößlings werden sie nachts wach: es ist, als wären Mutter und Kind noch durch eine unsichtbare Nabelschnur verbunden.

Wissenschaftler nennen diese starke biologisch-seelische Einheit eine Dualunion. Sicher liegt ein Grund dafür in dem, was der Biologe Adolf Portmann «physiologische Frühgeburt des Menschen» nennt. Der Mensch wird im Vergleich zum Tier ein Jahr zu früh geboren. Für Entwicklungen, welche beim Tier noch im Mutterleib erfolgen, braucht der Mensch bereits die Unterstützung und soziale Anregung durch die Umwelt. So betrachtet ist die erste Zeit nach der Geburt eine verlängerte Schwangerschaft.

Für die Mutter ist das Neugeborene fast ein Teil ihrer selbst. Während der letzten Schwangerschaftsmonate hat sie gelernt, sich in diesen Teil ihres Körpers einzufühlen. Sie kennt seine Bewegungen und Reaktionen. Die völlige Hilflosigkeit des Kindes nach der Geburt trägt weiter dazu bei, der Mutter diese Einstellung zu ermöglichen. Die Lebensgefahr ihres Kindes bedroht sie selbst. Durch den ständigen Umgang mit ihrem Kind entwickelt sie ein sensibles Wahrnehmungsvermögen für alle seine Äußerungen.

Aber auch der Säugling erlebt die Mutter anfangs nicht als eine von ihm getrennte andere Person. Es

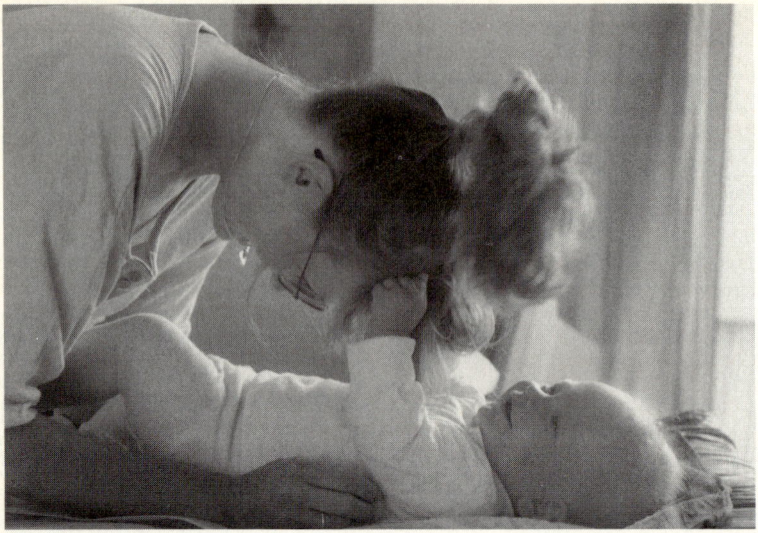

Auch Sie sind für Ihr Kind ein wundervolles Spielzeug

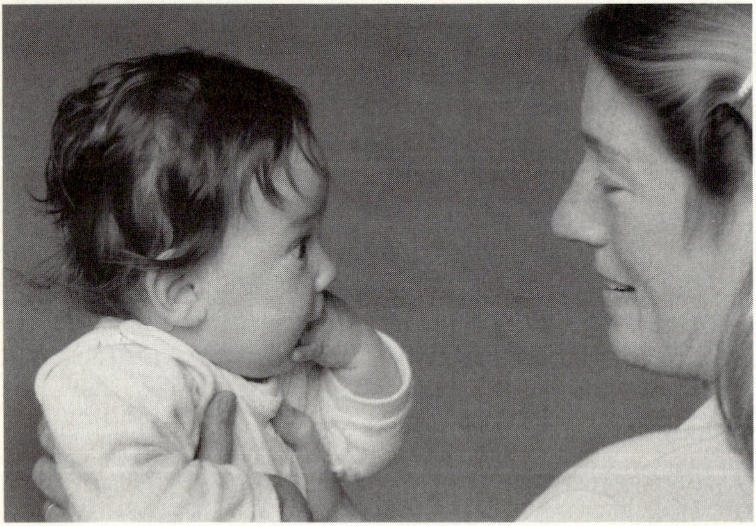

gibt für ihn nur Spannung und Entspannung, Behagen und Unbehagen, ausgelöst durch Empfindungen, die im Körper entstehen und körpernah erlebt werden. Hungergefühle, Wärme, Berührungen und Gleichgewichtsreiz spielen vorerst die dominierende Rolle im Leben des Kindes.

Deshalb müssen Sie, wenn Sie Ihrem Kind etwas mitteilen wollen, diese «Kanäle» benutzen, Sie müssen es streicheln, wiegen und schaukeln. All das geschieht in idealer Weise z. B. beim Stillen. Je bereitwilliger Sie jetzt auf die Bedürfnisse Ihres Kindes nach Körperkontakt eingehen, desto harmonischer wird es sich entwikkeln.

Das erfährt ein Kind beim Stillen

Glück und Unglück, Vertrauen in die Mitmenschen und Bindungsfähigkeit oder Kontaktarmut und Bindungsschwäche, das alles nimmt beim Stillen seinen Anfang. Beim Stillen wird die Verbindung zwischen dem kindlichen und dem mütterlichen Organismus wiederhergestellt. Was ihm sonst durch die Nabelschnur zufloß, muß der Säugling jetzt durch den Mund aufnehmen. Die Liebe geht buchstäblich durch den Magen.

Die Nahrungsaufnahme ist zugleich auch der erste und intensivste Kontakt mit der Umwelt. Alle Wahrnehmungen beginnen in der Mundhöhle und durch die Haut. In ihr und durch sie sind Geschmacks-, Berührungs-, Geruchs-, Temperatur- und Schmerzempfindungen möglich. Diese erste Kontaktwahrnehmung durch Mund und Haut, insbesondere durch die Hände, bildet die Grundlage für alles spätere «Begreifen».

Seitdem die gleichmäßige Versorgung durch die Nabelschnur aufgehört hat, erlebt das Kind immer wieder, daß es nicht gleich gestillt wird, wenn es hungrig ist. Diese unvermeidlichen Versagungen sind für die Weiterentwicklung der kindlichen Persönlichkeit wichtig. Es fühlt seine Abhängigkeit und muß gezwungenermaßen von der Außenwelt Notiz nehmen. Dieser Prozeß der «Ablösung» des Lustprinzips durch das Realitätsprinzip dauert lang an. Man muß schon früh lernen, daß nicht alle Wünsche erfüllt werden und die Mutter eine andere Persönlichkeit mit eigenen Bedürfnissen ist. Das Kind ist nicht allein auf der Welt. Es muß sich anpassen und warten können, und dabei lernt es, sich selbst zu helfen.

Was Wahrnehmen mit Wünschen zu tun hat

Das Streben nach Selbständigkeit wird durch die ständig zunehmenden Fähigkeiten und Fertigkeiten des Säuglings gefördert. Parallel zur hautnahen Kontaktwahrnehmung (auch der Geruchssinn spielt natürlich eine Rolle) wird die Fernwahrnehmung als wichtiges Mittel zur Umweltbewältigung ausgebildet. Als Informationsquellen dienen Augen und Ohren. Schon zwei Wochen alte Babys können hell und dunkel, laut und leise und sogar Figuren vor einem Hintergrund unterscheiden. Bedeutung und Sinn des Gesehenen oder Gehörten müssen jedoch erst gelernt werden.

Gelernt aber wird, was das Kind interessiert. Anfangs bemerkt es die Mutterbrust nur, wenn es hungrig ist. Ab dem Ende des ersten Monats bereits beginnt es dann, auf einzelne Personen aus seiner Umgebung unterschiedlich zu reagieren. Tritt die Mutter an sein Bett, wird es aktiv und scheint freudig erregt. Dies geschieht unabhängig davon, ob es hungrig ist oder nicht. Diese Reaktionen werden von Woche zu Woche immer deutlicher und gipfeln schon im zweiten bis dritten Monat im ersten Lächeln des Kindes, was allerdings noch nicht heißt, daß es die Mutter als Person bereits deutlich erkennt – denn fast alle freundlich lächelnden Personen wird das Baby seinerseits anlächeln.

Daß ein Baby bereits im Alter von einigen Wochen bestimmte Personen «erkennt» – mindestens von anderen unterscheidet –, weiß jede Mutter und jeder Vater: nicht jeder kann es gleich zuverlässig und schnell trösten. Das scheint ein klarer Hinweis dafür, daß es bestimmte Verhaltensweisen einer bestimmten Person zuordnet und sie von einer anderen nicht erwartet.

Das menschliche Gesicht und die menschliche Stimme sind die ersten optischen und akustischen Reize, die für das Kind bedeutungsvoll werden. Es kann der Mutter in zunehmendem Maße mit den Augen folgen; und über ihre Stimme ist es sogar noch außerhalb des Raumes mit ihr verbunden. Das stärkt sein Gefühl, nicht allein zu sein.

Das Kind und der Erwachsene

Das Kind erschließt seine Umwelt über den Erwachsenen, der ihm den Zugang zu den Dingen vermittelt. So wird z. B. ein bereits uninteressantes Spielzeug plötzlich wieder beachtet, wenn jemand es in die Hand nimmt. Dadurch vertieft sich zugleich das Kontaktinteresse des Kindes an den Erwachsenen.

Bis zum sechsten und siebten Monat lächelt ein Kind fast jeden freundlich lächelnden Erwachsenen an. Danach allerdings ist es imstande, Gesichter voneinander zu unterscheiden. Dann lächelt es für einige Zeit fast ausschließlich seine wichtigste Bezugsperson, häufig die Mutter, an. Mit diesem Lächeln drückt es seine Liebe, das persönliche Erkennen aus. Beim Anblick fremder, vor allem aktiver Personen dagegen wendet es sich dann oft ab oder weint sogar. Dieses Fremdeln (Achtmonatsangst) ist wohl als allgemeine Fremdreaktion aufzufassen: «Den oder die kenne ich nicht.» Das tun Kinder oft auch, wenn die Mutter in der Nähe ist. Diese Reaktion verliert sich ganz von selbst bis zum 15. Lebensmonat, denn die kindliche Neugierde an anderen Menschen nimmt ständig zu.

Die Sprechentwicklung

Mit dem stärkeren Wunsch des Kindes nach sozialen Kontakten und mit einigen Erfahrungen auf diesem Gebiet nehmen die Lautäußerungen immer mehr zu. Kinder auf der ganzen Welt produzieren anfänglich die gleichen Laute.

Doch ab dem dritten Lebensmonat zeigt sich der Umwelteinfluß. Aus dem Gebrabbel lassen sich bald eindeutige Silben erkennen, die der Sprache der Umgebung immer ähnlicher werden. Lautkombinationen, auf die keine positive Reaktion erfolgt, verlernt das Kind wieder. Es ist also wichtig, daß man mit dem Kind viel spricht, und zwar bereits zu einem Zeitpunkt, in dem es noch nichts zu verstehen scheint. Es lernt darüber hinaus zuzuhören, verschiedenen Tonfall zu unterscheiden und allmählich auch einzelne Worte aufzunehmen. Die Sprache wird als angenehm empfunden, wenn die Lautäußerungen in angenehmen Situationen, beim Streicheln oder beim Füttern, erlebt werden.

Bereits ab der achten Lebenswoche kann man mit einem Kind Zwiesprache halten. Der Erwachsene wiederholt den oder die Laute des Kindes, oder er provoziert selbst den einen oder anderen Laut, den das Kind aufgreift. Das kann bis zu mehreren Minuten anhalten und stimuliert sowohl Kind wie Erwachsenen zu ständigem, lustvollem Weitermachen. Die Lautäußerungen nehmen weiter zu, werden differenzierter und von «sprechenden» Gesten der Zuwendung begleitet – Erwachsene können also viel tun, um die Sprechentwicklung zu fördern.

Um eine Verbindung zwischen Wort und Bedeutung herstellen zu können, muß das Kind die bezeichneten Gegenstände optisch eindeutig wahrnehmen. Der bezeichnete Gegenstand muß jeweils gut sichtbar von der Umgebung abgehoben und von der Mutter interessant gemacht werden: Das Wort verbindet sich nur dann eindeutig mit dem Gegenstand, wenn er in verschiedenen Situationen und Perspektiven gezeigt wird. Dann lernt das Kind auch, ihn mit den Augen zu suchen; und das wiederum stellt eine neue Etappe seiner Wahrnehmungsfähigkeit dar.

Etwa ab dem neunten Monat gelingt dann durch Nachahmung die Bildung von Lautkombinationen und ihre Anwendung auf Gegenstände in bestimmten Situationen, in denen sie das Kind von anderen gehört hat. Erst gegen Ende des ersten Lebensjahres entstehen Gedankenverbindungen zwischen Wort und Bedeutung auch unabhängig vom unmittelbaren optischen Eindruck.

Einzelne Wörter haben zunächst meist die Bedeutung eines ganzen Satzes. Ihr Kind redet also in «Einwortsätzen» – es versteht aber weit mehr, als es sprechen kann. Es reagiert auf Ihren Tonfall und die Gesamtsituation, wird aktiver, wenn Sie mit ihm sprechen, hält aber auch inne, wenn Sie es durch entsprechende Worte dazu auffordern.

Die Bandbreite der Entwicklung

Reagieren Sie nicht mit Enttäuschung oder gar mit Zwang gegenüber Ihrem Kind, falls es nicht «programmgemäß» den erwarteten Verhaltensweisen entspricht. Jedes Kind entwickelt sich anders. Auch Stillstand und scheinbare Rückschritte gehören dazu. Was lange nicht gelingen will, wird dann oft in Windeseile nachgeholt. Allerdings sollten Sie trotzdem die kindliche Entwicklung immer sorgfältig beobachten, weil es sich ja auch um eine Störung handeln könnte.

Am zuverlässigsten entwickelt sich Ihr Kind, wenn Sie ihm alle notwendigen Anregungen geben und es besonders im ersten Lebensjahr in einer geordneten und ausgeglichenen Atmosphäre aufwachsen lassen. Was in der frühen Kindheit versäumt wird, kann später nur schwer, in manchen Fällen nie mehr, nachgeholt werden. Denken Sie an folgende Grundsätze:

- «Genies» und «Dumme» werden nicht geboren.
- «Begabung» heißt «Lernenkönnen» und hängt vom «Lernenmögen» ab. «Lernenmögen» kommt von guten Erfahrungen beim Lernen.
- Lernen beginnt am ersten Lebenstag.
- Wie gern Ihr Kind lernt, was und wieviel es lernt, bestimmen Sie wesentlich durch Ihr persönliches Verhalten.

Zum Beispiel: viele Kinder machen kurze Zeit nach dem ersten Geburtstag die ersten freien Schritte. Unterschiede gibt es aufgrund der genetischen «Ausstattung» eines Kindes, aufgrund der Anregung seiner motorischen Entwicklung, auch durch die

Angebote seiner Eltern. Wie Sie in einem anderen Kapitel erfahren, heißt das bei der Förderung des freien Laufens gerade nicht, es immer wieder auf seine Beine zu stellen oder ihm ein Lauflerngerät zu geben – vielmehr sollte das Kind selbst Spaß daran finden, immer wieder zu üben, und zwar möglichst unabhängig vom Erwachsenen. Anerkennung zeigen und Anreize schaffen sind dabei die geeigneten Hilfen.

Ein zu früh geborenes Kind kann in seiner Entwicklung zurückliegen – es wird das sicher nachholen.

Was heißt nun «normale» Entwicklung, bezogen auf das freie Laufen? Wenn 50 Prozent der Kinder eine bestimmte Fähigkeit oder Leistung zeigen, ist das der sog. Mittelwert der Entwicklung (der Median). Ärzte geben vielfach als «Normalbereich» der Entwicklung an, was 90 oder 95 Prozent der Kinder zu einem gegebenen Zeitpunkt erreichen.

- 50 Prozent der Kinder machen am Ende der zweiten Woche nach dem ersten Geburtstag die ersten freien Schritte,
- fünf Prozent der Kinder machen das mit 10 1/2 Monaten,
- fünf Prozent der Kinder machen das mit 17 1/2 Monaten.

Die Grenze nach «oben» ist bei kleinen Kindern meist weiter als die nach unten – deshalb zwei

Monate unter dem Mittelwert (Median), aber fünf Monate darüber.

Noch ein Beispiel: fünfeinhalbjährige Kinder fädeln in 134 Sekunden 30 Perlen auf eine Schnur, neuneinhalbjährige Kinder brauchen dafür 84 Sekunden. Die Zeit, die Kinder für diese Arbeit benötigen, schwankt jedoch, bei den jüngeren, den fünfeinhalbjährigen Kindern, sogar um zehn Prozent, bei den älteren weniger.

Für nur wenige Entwicklungsbereiche sind Mittelwert, Grenzen nach oben und unten genau bekannt, sie machen übrigens auch Veränderungen im Laufe der Jahre durch (so sind die Kinder bei der Geburt gegenwärtig durchschnittlich zwei Zentimeter länger als noch 1970). Im Jahr 1966 konnten die Kinder in Schweden im Schnitt mit 12 Monaten frei laufen, in Paris erst mit 14 Monaten: es gibt also auch große regionale Unterschiede (abhängig z. B. auch von nationalen Erziehungsstilen).

Die Entwicklung verläuft schließlich nicht in allen Bereichen gleichzeitig oder parallel (synchron). Die motorische Entwicklung kann z. B. rascher oder langsamer verlaufen als die Sprechentwicklung und umgekehrt. Manche Entwicklungsbereiche sind zeitweilig verzögert – manchmal wird diese Verzögerung dann rasch aufgeholt.

Daraus kann für die Anregung und Förderung der Entwicklung vor allem folgendes abgeleitet werden: Setzen Sie immer da an, wo das Kind gegenwärtig in seiner Entwicklung steht – nicht bei starr vorgegebenen Angaben, die sie allenfalls als Mittelwert ansehen sollten und die für Ihr Kind nicht zutreffen müssen. Setzen Sie sich selbst (und mittelbar Ihr Kind) also durch das «Schielen» auf die Entwicklung anderer Kinder nicht unter Druck.

Während die Abweichungen vom Mittelwert im ersten Lebensjahr noch klein sind (Monate, übrigens auch in verschiedenen Entwicklungsbereichen unterschiedlich), sind sie bei Drei- oder Fünfjährigen schon deutlich größer (manchmal Jahre).

Die häufigsten Ursachen für Fehlentwicklungen

Nicht nur die körperliche, sondern auch die seelische Entwicklung des Kindes hängt ganz entscheidend davon ab, wie gut der Kontakt zwischen Mutter, aber auch Vater und Kind ist. Kinder, zu denen nach der Geburt niemand persönliche Beziehung aufnimmt, bleiben in ihrer Entwicklung weit hinter Gleichaltrigen zurück. René Spitz z. B. stellte in einer vielbeachteten Untersuchung (die allerdings mittlerweile 50 Jahre zurückliegt) fest, daß Kinder aus Findelhäusern mit vier Jahren weder sprechen noch laufen und auch keine emotionalen Beziehungen zu anderen Personen mehr aufnehmen konnten. Sie waren seelisch «verhungert».

Entscheidend war nicht die Ernährung oder die hygienische Pflege eines Kindes, sondern die Möglichkeit des persönlichen Kontaktes. Ein Kind braucht eine (wichtigste) und möglichst noch andere Bezugspersonen für seine gesunde körperliche und psychische Entwicklung. Vermeiden Sie deshalb im ersten Lebensjahr, wenn irgend möglich (und es ist fast immer möglich!), eine langdauernde Trennung von Ihrem Kind.

Ist dies jedoch unvermeidbar, muß anstelle von Mutter und/oder Vater eine andere Bezugsperson diese «Hauptrolle» einnehmen. Man muß in diesem Fall eine Großmutter, eine Pflegemutter oder eine andere liebevolle Person suchen, um erhebliche Entwicklungsverzögerungen oder -störungen zu vermeiden. In fast allen Kinderkrankenhäusern ist es heute im Gegensatz zu früher möglich, den Kontakt zwischen Mutter bzw. Vater und Kind zu halten; d. h., Sie können Ihr Kind, sooft sie wollen, besuchen oder sogar dort übernachen (u. a., wenn Sie stillen).

Vielfach wird noch angenommen, daß der Besuch einer Kinderkrippe ein Kind schädigen könne. Dazu ist zu sagen, daß dies vor allem von der Qualität der Krippe abhängt und auch von der Dauer pro Tag, die ein Kind dort verweilt. Ist Ihr Kind noch klein (zwischen sechs Monaten und zwei Jahren), so sollte ein Betreuer nicht mehr als zwei (höchstens drei) Kinder zu versorgen haben. Bei älteren Kindern (zwei bis drei Jahre) sollten es nicht mehr als vier bis fünf Kinder sein. Unter diesen, auch räumlich günstigen Bedingungen, ist keine Schädigung zu erwarten, eher eine Anregung für Kinder, die z. B. ohne Geschwister aufwachsen.

Zu Störungen der normalen Entwicklung kann es auch kommen, wenn der Säugling trotz der Anwesenheit der Mutter (oder des Vaters) nicht bekommt, was er braucht. Das kann viele Ursachen haben:

- Die Mutter befolgt falsche Ratschläge, die nicht den Bedürfnissen des Kindes entsprechen;
- Krankheit oder Trauerfälle in der Familie, Arbeitslosigkeit, materielle Sorgen, Raumnot oder Angst vor einem kinderfeindlichen Vermieter: die Eltern sind verunsichert oder überreizt;
- heftige Auseinandersetzungen zwischen den Eltern, bewußte oder unbewußte Ablehnung des Kindes.

Auf solche oder ähnliche Konflikte, die ein Kind noch nicht verarbeiten kann, reagiert es unter Umständen mit körperlichen Symptomen, mit Erbrechen, Zittern oder Schlafstörungen usw.

Schädliche Haltungen und Einstellungen der Mutter

Trotz der ganz individuellen Art eines kleinen Kindes, seinen Körper «sprechen» zu lassen, hat man einen Zusammenhang zwischen körperlichen Störungen und der Einstellung der Mutter zu ihrem Kind gefunden.

♦ Eine überfürsorgliche und überängstliche Mutter, die sich völlig für ihr Kind aufopfert, hat insgeheim oft eine Abwehr gegen das Kind: Vielleicht hat sie es gar nicht gewollt, es paßte eigentlich nicht in ihren Lebensplan, und nun versucht sie, aus einem unbewußten Schuldgefühl heraus «alles für das Kind» zu tun. Das Kind, von zu vielen Angeboten überflutet, wird unruhig, verkrampft und schläft schlecht. Die dadurch alarmierte Mutter bemüht sich noch mehr um das Kind: Der Teufelskreis ist geschlossen, die Symptome verschlimmern sich. Jeder Schrei ist für eine solche Mutter ein Hungerschrei, und sie füttert das Kind viel zu oft. Andere Ausdrucksformen für das Überbesorgtsein können übertriebene Hygiene, ständiges Waschen und Baden des Kindes sein, das Fernhalten vom Fußboden und von jedem Staubkorn, Schmutz oder Sand, das Einengen des Kindes, das ständige Beschützen, so daß das Kind keine Selbständigkeit entwickeln kann.

♦ Ganz anders verhält sich die unbefriedigte Mutter, die ständig sagt, ihr Kind sei ihre «einzige Freude, ihr einziger Lebensinhalt». In Wirklichkeit tut sie nicht alles für ihr Kind, sondern alles vorwiegend für sich. Sie gibt dem Kind, damit dieses ihr geben soll, was ihrem unausgefüllten Leben fehlt: Anhänglichkeit und Liebe. Das führt zum Teil bis zu gegenseitigen, sexuell getönten Zärtlichkeiten. Solche Mütter erdrücken das Kind mit ihrer Liebe. Es protestiert gegen das Zuviel unter Umständen mit Nahrungsverweigerung, Erbrechen, übermäßigem Schreien oder Schlafstörungen. Zu starke Verwöhnung von seiten der Mutter hält das Kind in künstlicher Abhängigkeit und verhindert, daß es einmal selbständig wird. So macht sie es zu einem passiven, «braven» Kind, das sich nicht von der Mutter trennen kann, oder zu einem kleinen Haustyrann, der ebenfalls ohne Mutters Fürsorge verloren ist.

♦ Ein dritter Typ ist die «kühle» Mutter, die ihr Kind zwar gern hat, diese Liebe aber nicht kindgemäß durch Streicheln, Wiegen und In-den-Arm-Nehmen zeigen kann.

♦ Einige Mütter lehnen ihr Kind auch mehr oder weniger unverhüllt ab (weil z.B. aus dem sehnlichst erwarteten Mädchen «nur» ein Junge geworden ist). Ein Kind kann darauf mit verschiedenen Symptomen reagieren: Es zieht sich in sich selbst zurück, ißt zuwenig oder schläft sehr unruhig. Im Extremfall kann aus einem solchen Kind später ein Mensch werden, der aus Mißtrauen jeder Gefühlsbeziehung aus dem Wege geht und dazu neigt, völlig allein und abgekapselt zu leben.

♦ Außerdem gibt es Mütter, die eine ständig schwankende Einstellung zu ihrem Kind haben: Mal lieben und verwöhnen sie es, mal vernachlässigen sie es. Solch ein Kind kann sein «Hin- und Hergerissensein» durch stundenlanges rhythmisches Schaukeln und Rollen des Kopfes ausdrücken.

♦ Denken Sie bitte immer daran:

- Jede einseitig übersteigerte Haltung der Mutter kann sich ungünstig auf die seelische Entwicklung des Kindes auswirken.
- Man sollte sein Kind nicht überängstlich beobachten. Gelegentliches Spucken, unterschiedlicher Appetit und kleine Eigenheiten sind bei einem Säugling durchaus normal. Erst wenn diese Erscheinungen zu häufig auftreten oder zu stark ausgeprägt sind, kann es sich um Verhaltensstörungen handeln. Dann sollten Sie sich fragen: «Was mache ich falsch?»
- Schieben Sie keinesfalls alles auf eine organische Erkrankung oder auf die «Veranlagung» Ihres Kindes – oft sind «Krankheitssymptome» seelisch bedingt.
- Versuchen Sie sich ehrlich über die Gefühle klarzuwerden, die Sie Ihrem Kind entgegenbringen. Dazu gehören, wie in jeder menschlichen Beziehung, auch

ablehnende Gefühle. Jede Mutter fühlt sich hin und wieder durch ihr Kind übermäßig belastet. Erst wenn Sie Ihre negativen Gefühle erkennen, können Sie sie beherrschen und kontrollieren. Im gegebenen Fall finden Sie Hilfe in einer Familien- oder Erziehungsberatungsstelle.

- Lassen Sie sich zwischendurch auch von anderen Menschen sagen, was diese an Ihrem Kind beobachten. Manchmal sind darunter Hinweise, die Ihnen weiterhelfen können (das heißt nicht, daß Sie sofort jeden Hinweis beherzigen und jeden Ratschlag befolgen sollten!).

Jetzt will Ihr Kind schon spielen

Kinder spielen gern

In den ersten Jahren gibt es für Ihr Kind noch keinen Unterschied zwischen Spielen und Lernen. Es tut beides aus dem gleichen Grund: Es möchte möglichst viele neue Dinge kennenlernen und mit ihnen seine Erfahrungen machen. Ähnlich verhält es sich beim Spielzeug: Ihr Kind weiß gar nicht, was Spielzeug ist – es spielt mit allen Gegenständen gern.

Durch das Spielen werden verschiedene Lernbereiche angeregt und die natürliche kindliche Neugier befriedigt. An einer Rassel z. B. übt Ihr Kind das Greifen, gleichzeitig wird seine Denktätigkeit angeregt, wenn es erkennt, daß die Rassel klappert, und zwar lauter oder leiser, je nachdem, wie kräftig man schüttelt. Spielzeug fördert das Denken, das Wissen, die Motorik, die Wahrnehmung, die Selbstsicherheit und die Lernfähigkeit überhaupt.

Bei wiederholter Beschäftigung mit demselben Spielzeug macht Ihr Kind zwei Grunderfahrungen: Manche Dinge bleiben von Tag zu Tag unverändert, andere lassen sich verändern. Es merkt, daß man auch an vertrauten Dingen immer wieder etwas Neues entdecken oder sie in einem neuen Zusammenhang verwenden kann: so z. B. den Kochlöffel als Musikinstrument, als Last für ein Auto oder als Kamin mit Rauch bei einem Haus aus Bauklötzen. Und das alles macht ihm immer wieder neuen Spaß.

Geeignetes Spielzeug

♦ Spielsachen prägen die Wahrnehmung und das Sehen Ihres Kindes und damit auch sein ästhetisches Empfinden. Deshalb ist es nicht gleichgültig, womit es spielt. Vielleicht können Sie Ihre Verwandten davon überzeugen, daß es das beste ist, das Geld, das sie für Geschenke ausgeben würden, in eine Spielzeugkasse zu geben (oder Sie beim Einkauf als Begleitung mitzunehmen). Damit können Sie dann selbst die Spielsachen kaufen, die Ihren Vorstellungen entsprechen und die Ihr Kind jetzt braucht.

♦ Ein anderer Gesichtspunkt, an den Sie beim Spielzeugkauf unbedingt denken müssen, ist die Sicherheit:

- Achten Sie bei Tieren und Puppen darauf, daß sie keine Knöpfe und Augen haben, die Ihr Kind abdrehen und dann verschlucken könnte.
- Geben sie ihm keine spitzen oder scharfen Gegenstände.
- Lassen Sie es nicht mit Dingen spielen, die es sich in die Ohren, die Nase oder in den Mund stecken könnte.
- Glas und anderes zerbrechliches Material eignen sich ebenfalls nicht als Spielzeug.
- Ein Schlaftier kann Ihr Kind schon ab dem ersten Lebensmonat ins Bettchen nehmen.

1972 wurde vom Deutschen Normenausschuß erstmals die Norm DIN 66070 geschaffen. Sie stellt Richtlinien dafür auf, wie sicheres Spielzeug beschaffen sein soll. So muß beispielsweise das Füllmaterial von Puppen ungefährlich sein. Bauklötze und andere Spielsachen müssen speichelechte Farben haben, und Kanten und Ecken müssen abgerundet sein.

♦ Achten Sie beim Spielzeugkauf nicht nur darauf, daß die Dinge ungefährlich sind und einfache, natürliche oder ihrer Funktion entsprechende Formen haben, sondern auch auf das Material.

- Puppen und Tiere aus Stoff sollten waschbar sein und wenigstens während des ersten Lebensjahres alle zwei bis drei Wochen gewaschen werden.
- Holz etwa ist angenehmer für ein Kind als Metall, außerdem ist es leichter.
- Plastikspielsachen sollten auf jeden Fall nur aus Weichplastik bestehen. Es ist genauso stabil wie Hartplastik, und Ihr Kind kann sich daran nicht so leicht verletzen.

♦ Jedes Spielzeug ist nur dann sinnvoll, wenn es dem Alter des Kindes entspricht. Ein Kind von neun Monaten braucht andere Dinge als ein Kind von drei Monaten. Wenn Sie merken, daß Ihr Kind mit einem bestimmten Spielzeug noch nichts anzufangen weiß, legen Sie es eben eine Weile weg. Probieren Sie es jedoch von Zeit zu Zeit wieder, um zu sehen, wann es «reif» dafür ist, damit Sie nicht den richtigen Zeitpunkt verpassen.

Ihr Kaufverhalten bestimmt den Markt, und das, was angeboten wird, entscheidend mit. Wählen Sie deshalb jeweils sorgfältig aus, kaufen Sie umweltfreundliche Artikel (z. T. sind die Preise bestimmter, umweltfreundlicher Artikel auch deswegen höher, weil noch zuwenig davon gekauft wird), fragen Sie die Verkäufer nach entsprechenden Artikeln, damit das Kundeninteresse erkennbar wird.

Wir haben Ihnen eine Liste von Spielsachen aufgestellt, an der Sie sich orientieren können:

Beispiele für pädagogisch wertvolles Spielzeug

♦ Ab 1. Monat: Ein Ball, ein Glöckchen, ein Seidentuch, ein Ring aus Holz – aufgehängt in der Mitte über dem Bettchen.
♦ Ab 3. Monat: Zwei bis drei Schwimmtiere aus Weichplastik in verschiedenen Farben und natürlichen Formen; ein oder zwei Stofftiere (sie sollten nicht zu klein sein, naturgetreu aussehen und so dicke elastische Beine haben, daß sie auch nach mehrmaligem Abbiegen wieder gerade werden); es sollte ein Tier dabeisein, das Ihr Kind bald auch in Wirklichkeit kennenlernt; ein Beißring; für den Kinderwagen eine Kette aus bunten Kugeln.
♦ Ab 5. Monat: Ein oder mehrere Bälle (in verschiedenen Farben und Größen); ein weicher Stoffball; ein Klingelstab; ein Kugelring; ein Kugelball; farbige Bauklötze aus Holz in verschiedenen Formen; eine Kasperklingel.
♦ Ab 7. Monat: Leporellos mit Bildern; ein stabiles Bilderbuch; Körbchen mit großen bunten Wäscheklammern; eine Mundharmonika; mit Wasser gefüllte Plastikkugeln, in denen Enten oder Fische usw. schwimmen.
♦ Ab 9. Monat: Eine Becherpyramide; Scheibenfiguren; ein Tamburin.
♦ Ab 12. Monat: Eimer und Schaufel zum Spielen im Freien; ein Holztier zum Ziehen, wenn Ihr Kind schon Laufversuche macht.

Einige Spielsachen können Sie leicht selbst basteln, auch wenn Sie glauben, nur wenig Geschick dafür zu haben.
Eine Stoffpuppe z. B. muß nicht unbedingt so schön «wie gekauft» aussehen. Hauptsache, sie ist weich und strapazierfähig. Und so wird's gemacht: Zeichnen Sie auf ein Papier ein Schnittmuster, und schneiden Sie danach den Puppenkörper aus Schaumgummi mit Kopf, Rumpf, Armen und Beinen und etwas größer den dazu passenden Stoffbezug. Besonders lustig wird die Puppe, wenn Sie verschiedene Stoffreste dazu nehmen.

Zum Basteln besonders geeignet ist Karton. Sie können die verschiedensten Dinge daraus machen, z. B. einen bunten Stern oder eine große runde Scheibe, die Sie bemalen oder mit bunten Bildern bekleben können.

Sogar ein Bilderbuch ist ganz einfach herzustellen: Nehmen Sie dazu eigene Zeichnungen oder Ausschnitte aus Zeitschriften. Sie halten die Doppelseiten in der Mitte mit Heftklammern oder Faden zusammen und falten sie dann wie ein Heft.

Falls von älteren Geschwistern noch ein Holzbaukasten mit Stangen, Schrauben und Muttern vorhanden ist, bauen Sie ein paar einfache Figuren damit zusammen, ein Pferd, eine Sonne oder einen Baum.

Mit Keksschachteln und kleinen Pappkartons, die Sie jede Woche mit anderem Material (Erbsen, Reiskörnern, Bauklötzen) füllen und mit Klebeband rundrum verschließen, lassen sich ganz einfache Geräuschdosen herstellen. Die zylinderförmigen Behälter von Waschpulver eignen sich leer ausgezeichnet als Trommeln, auf denen Ihr Kind mit einem Kochlöffel Schlagzeug spielt.

Und sicher entdecken Sie in Ihrem Haushalt auch noch viele andere Dinge, mit denen Ihr Kind spielen kann: Eßlöffel und Kochlöffel in verschiedenen Größen, Waschlappen und andere ungefährliche Gegenstände.

Spielen Sie mit Ihrem Kind

Eine gute Regel für das Spielen mit Ihrem Kind wäre, wenn Sie es zunächst kurze Zeit beobachten – was es gerade macht, wie es mit den Dingen spielt usw. Spielt es gut und selbständig, lassen Sie es weiterspielen. Andernfalls bringen Sie sich ins Spiel ein – greifen Sie auf, was Ihr Kind gemacht hat, versuchen Sie in dieser Weise, das Spiel fortzusetzen, und verwenden Sie Gegenstände immer wieder auch «anders» (als üblicherweise vorgesehen). Das regt Ihr Kind zum Beobachten an, es kommt damit auch auf neue Ideen, seine Phantasie und sein Einfallsreichtum werden angeregt.

Eine Becherpyramide, ein Klingelstab, Bauklötze und viele andere Spielsachen haben wenig Sinn, wenn sie Ihrem Kind nicht zeigen, wie es damit spielen kann. Sie und Ihr Partner sollten sich möglichst oft Zeit nehmen, mit Ihrem Kind zu spielen. Machen Sie ihm mit wenigen Bauklötzen vor, wie es einen Turm bauen kann, wie die Becher ineinanderpassen. Vermutlich wird es bald versuchen, Ihre Handgriffe nachzumachen.

Manchmal genügt es auch schon, wenn Sie sich zu Ihrem Kind setzen und ihm zusehen, wie es spielt. Dann macht ihm die Beschäftigung mit seinen Spielsachen wieder neuen Spaß, und Sie können dabei gleichzeitig die Fortschritte in seiner Entwicklung beobachten, die Ihnen sonst vielleicht entgehen würden. Wenn Ihr Kind sich jedoch langweilt, sollten Sie auf jeden Fall eine Weile mit ihm spielen und ihm neue Anregungen geben (vgl. Entwicklungsanregungen).

Wenn Ihr Kind im Autositz festgeschnallt ist oder mit Ihnen in der Straßenbahn fährt und plötzlich zu weinen beginnt, geben Sie ihm sein Lieblingsspielzeug. Falls Sie es nicht mitgenommen haben, können Sie das Kind aber auch mit anderen Gegenständen ablenken und beschäftigen, z.B. mit einem Brillenetui, einem Schlüsselbund oder mit anderen Sachen, die Sie gerade dabeihaben.

Tagebuch

Tagebuch des ersten Lebensjahres für ....

Bitte führen Sie dieses Tagebuch regelmäßig. Wenn Ihr Kind älter geworden ist, erfährt es hier in Wort und Bild alles über sein erstes Lebensjahr. Notieren Sie auch, was Ihnen wichtig erscheint.

Manchmal ist es richtig, bei einer Frage auch mehrere Antworten anzukreuzen. In die umrahmten Felder kleben Sie bitte je ein auf die benötigte Größe zugeschnittenes Foto ein.

1. Vierteljahr

Wo wurde ich geboren?	In einer Klinik	❍
	Daheim	❍
Wie war meine Geburt?	Ohne Komplikationen	❍
	Sie war ziemlich schwierig	❍
War mein Vater dabei?	Ja	❍
	Es war leider nicht möglich	❍
	Nein, meine Eltern wollten das nicht	❍
Werde ich nach einem festen Zeitplan ernährt?	Ja, überwiegend	❍
	Nein	❍
	Ja, immer	❍
Wie groß ist mein Appetit?	Sehr groß	❍
	Durchschnittlich	❍
	Gering	❍
Was machen meine Eltern, wenn ich nachts aufwache und zu schreien beginne?	Vater oder Mutter trösten mich	❍
	Ich bekomme etwas zu trinken	❍
	Meine Eltern lassen mich meistens schreien, bis ich von selbst aufhöre	❍
Wissen meine Eltern immer, warum ich zu schreien beginne?	Ja meistens	❍
	Nein, sie sind oft ratlos	❍
Beschäftigt sich mein Vater viel mit mir?	Ja, es macht ihm viel Freude	❍
	Gelegentlich	❍
	Er hat kaum Zeit dazu	❍

Wann habe ich meine Mutter / meinen Vater zum erstenmal angelächelt?	Mit sechs Wochen	❍
	Mit acht Wochen	❍
	Mit zehn Wochen	❍
Wer sorgte im ersten Vierteljahr überwiegend für mich?	Meine Mutter	❍
	Meine Eltern gemeinsam	❍
	Meine Großmutter	❍
	Andere Personen	❍

Wie groß war ich bei meiner Geburt? …… cm

Wie schwer war ich bei meiner Geburt? ……g

Seit wann trage ich Strampler / Strampelhöschen? ……

Besondere Ereignisse: ……

Bitte kleben Sie hier ein Foto ein:

Vater, Mutter und ich in der Klinik
Ich werde gestillt

Ich schlafe (im Körbchen, in der Wiege, im Bettchen)

Dieses Foto wurde am ……… aufgenommen

Bitte kleben Sie hier ein Foto ein:

Ich bin nackt – nach dem Baden

Ich hebe mein Köpfchen (in Bauchlage, von vorne)

Ich lache (Porträt)

Dieses Foto wurde am ……… aufgenommen

2. Vierteljahr

Wie lange bin ich gestillt worden?	Bis sechs Wochen	❍
	Bis 16 Wochen	❍
	Mehr als 16 Wochen	❍
	Meine Mutter konnte mich nicht stillen	❍
Schlafe ich jetzt nachts durch?	Ja, meistens	❍
	Nein, ich wache fast immer auf	❍
Fährt mich meine Mutter / mein Vater viel mit dem Kinderwagen spazieren?	Ja, sehr häufig	❍
	Sie / Er kommt selten dazu	❍
	Ich bin oft im Garten	❍
Lutsche ich am Daumen?	Ja, sehr viel	❍
	Ich habe einen Schnuller	❍
	Nur vor dem Einschlafen	❍
Macht meine Mutter / mein Vater Gymnastik mit mir?	Ja, täglich	❍
	Nur gelegentlich	❍
Spricht meine Mutter / mein Vater viel mit mir?	Ja, sehr viel, obwohl ich sie noch nicht verstehe	❍
	Ja, manches verstehe ich sogar	❍
	Nein, wenig	❍
Hat mich mein Vater schon oft versorgt?	Ja	❍
	Nur manchmal	❍
	Noch nie	❍
Welche Geräusche erkenne ich?	Ein Auto	❍
	Das Klingeln der Wohnungstür	❍
	Uhrticken	❍
War schon oft ein Babysitter da?	Nein, noch nie	❍
	Nur selten	❍
	Ziemlich häufig	❍
Wo schlafe ich?	In einer Wiege	❍
	In einem Korb oder Stubenwagen	❍
	In einem Kinderbettchen	❍
Wann bin ich besonders munter?	Am Vormittag	❍
	Am Nachmittag	❍
	Am Abend	❍

Will ich schon sitzen?	Ja, ich ziehe mich gern hoch	❍
	Ja, aber nur mit einem Kissen als Stütze	❍

Welche Laute produziere ich? ....

Womit spiele ich am liebsten? ....

Besondere Ereignisse: ....

Bitte kleben Sie hier ein Foto ein:

Ich trinke aus der Flasche

Ich stecke eine Zehe in meinen Mund

Mein Vater hält mich hoch über seinen Kopf

Dieses Foto wurde am .... aufgenommen

Bitte kleben Sie hier ein Foto ein:

Ich mache Gymnastik

Meine Mutter schaut mich im Kinderwagen an

Ich plansche im Bad

Dieses Foto wurde am .... aufgenommen

Geht meine Mutter regelmäßig mit mir zum Arzt?	Nein, selten	❍
	Ja, zu den empfohlenen Früherkennungs-Untersuchungen	❍
Füttert meine Mutter mir Fertignahrung, oder kocht sie selbst für mich?	Sie gibt mir nur Fertignahrung	❍
	Sie kocht meistens selbst	❍
	Mal so, mal so	❍

3. Vierteljahr

Habe ich eine Lieblingsnahrung?	Ja	❍
	Ich esse alles gleich gern	❍
	Manches Gemüse mag ich nicht	❍
Sind meine Eltern streng oder nachgiebig?	Sie gehen auf fast alle Wünsche ein	❍
	Sie sind oft streng	❍
	Sie sind eher nachgiebig	❍
Darf ich in der ganzen Wohnung herumkrabbeln?	Ja, immer	❍
	Nur im Kinderzimmer	❍
	Ja, wenn jemand dabei ist	❍
Will ich schon frei stehen?	Manchmal versuche ich es	❍
	Nein	❍
Wie reagiere ich bei fremden Personen?	Ich schließe schnell Kontakt	❍
	Ich wende mich ab	❍
	Ich beachte sie nicht	❍
Macht es mir Spaß, Musik zu hören?	Ja, ich höre aufmerksam zu	❍
	Ja, ich wippe sogar oft mit	❍
	Nein	❍
Seit wann schlafe ich nicht mehr in der Wiege oder im Stubenwagen?	Seit dem dritten bis fünften Monat	❍
	Seit dem sechsten bis siebten Monat	❍
	Seit dem achten bis neunten Monat	❍
Macht meine Mutter / mein Vater regelmäßig Gymnastik mit mir?	Ja, täglich	❍
	Selten	❍
	Nie	❍
Spiele ich manchmal schon im Freien?	Ja, im Park	❍
	Ja, im Garten	❍
	Es besteht selten die Möglichkeit	
	Auf dem Balkon	❍
Wie werde ich meistens transportiert?	Im Tragetuch	❍
	Im Kinderwagen	❍
	Im Sportwagen	❍

Wann kam mein erster Zahn? ....

Hatte ich Schwierigkeiten damit? ....

Wie verlief der erste große Ausflug? ....

Bitte kleben Sie hier ein Foto ein:

Ein Porträt von mir (lachend, vergnügt, erstaunt)

Ich trommle mit dem Kochlöffel auf einem Topf

Ich spiele mit Klötzen

Dieses Foto wurde am .... aufgenommen

Bitte kleben Sie hier ein Foto ein:

Ich bin mit meinem Vater unterwegs

Ich greife nach einem Mobile über mir

Ich beschäftige mich mit einer Zeitschrift oder Zeitung

Dieses Foto wurde am .... aufgenommen

Kann ich schon viele Wörter verstehen?	Ja, eine ganze Menge und auch die Bedeutung mancher Sätze	❍
	Nein, noch nicht sehr viel	❍
Habe ich schon mit anderen Kindern gespielt?	Ja, mit den Geschwistern	❍
	Ja, schon öfter	❍
	Ich habe keine Gelegenheit	❍
Wie viele Zähne habe ich am ersten Geburtstag?	Vier	❍
	Sechs	❍
	Mehr als sechs	❍
Welche Augenfarbe habe ich jetzt?	Blau	❍
	Braun	❍
	Grünlich	❍

4. Vierteljahr

Lesen mir meine Eltern Geschichten vor?	Ja, oft	❍
	Selten	❍
Macht meine Mutter / mein Vater Bewegungsspiele mit mir nach Kinderreimen?	Ja, ich spiele gern mit	❍
	Nein, sie kennen keine	❍
	Nein, das liegt ihnen nicht	❍
Benutze ich meistens die rechte Hand?	Ja, in der Regel	❍
	Nein, meistens die linke	❍
	Beide Hände gleich oft	❍
Schaue ich mit meiner Mutter / meinem Vater oft Bilderbücher an?	Ja, häufig	❍
	Gelegentlich	❍
	Nie	❍
Wann bin ich zum erstenmal allein gelaufen?	Vor dem 13. Monat	❍
	Vor dem 15. Monat	❍
	Später	❍
War ich im ersten Jahr oft krank?	Nein, fast nie	❍
	Ja, mehrmals	❍
Wer hat mich im ersten Jahr hauptsächlich betreut?	Meine Mutter	❍
	Meine Eltern gemeinsam	❍
	Meine Großeltern	❍
	Andere Personen	❍
Hat meine Mutter / mein Vater schon einmal selbst etwas für mich gemacht?	Ja, Spielsachen	❍
	Ja, ein Mobile	❍
	Ja, etwas zum Anziehen	❍
	Nein	❍

Wie bin ich? (ruhig, lebhaft, neugierig, lustig …) ………

Wie wurde mein Geburtstag gefeiert? ………

Besondere Ereignisse: ………

Bitte kleben Sie hier ein Foto ein:

Ich stehe an einem Stuhl und halte
mich oder stehe frei

Ich suche nach einem versteckten Gegenstand
Ich mit Mutter und Vater (Porträt)

Dieses Foto wurde am ……… aufgenommen

Bitte kleben Sie hier ein Foto ein:

Ich spreche mit einem anderen Kind

Ich versuche, allein zu essen

Ich lausche auf neuartige Geräusche

Dieses Foto wurde am ……… aufgenommen

ENTWICKLUNGS-
ANREGUNGEN

Was Sie über Spielen, Spass und Lernen wissen sollten

Die Erbanlagen, die Umweltbedingungen und die eigene Aktivität des Kindes, die im Laufe der Zeit immer deutlicher als eigene Einflußgröße erkennbar wird, sind für seine Entwicklung wichtig. Bitte gehen Sie diesem Gedanken einmal etwas intensiver nach.

Die Erbanlagen sind in jeder Körperzelle vorhanden, und alle Pläne, sie beim Menschen zu verändern, sind vorerst nicht durchführbar. Man hätte zwar einerseits die Möglichkeit, Eltern zu helfen, die unter bestimmten Erbkrankheiten leiden, andererseits wäre die Gefahr der gewissenlosen Manipulation am Menschen sehr groß. Doch wie gesagt: eine «gezielte» Änderung der Erbanlagen beim Menschen ist derzeit noch nicht möglich. Veränderbar sind demnach nur zwei Faktoren: die Umwelt des Kindes und in begrenztem Maß seine Persönlichkeit. Zu den Umweltbedingungen gehören z.B. die Wohnverhältnisse, seine Nahrung, seine Spielsachen und vor allem das Verhalten seiner Eltern und der Menschen in seiner nächsten Umgebung. Alle Entwicklungsanregungen, die Sie auf den folgenden Seiten finden, betreffen vorwiegend die «Umweltgestaltung».

Die «Entwicklungsanregungen» sind der umfangreichste Teil des Elternbuchs, weil Sie damit erstens die Umwelt Ihres Kindes «günstig» verändern und zweitens auf sein Verhalten und seine Fortschritte unmittelbar Einfluß nehmen können. Die Entwicklung Ihres Kindes vollzieht sich einerseits nach dem Rahmenprogramm, das in den Erbanlagen festgelegt ist, andererseits nach den Lernanreizen und -inhalten, die Sie ihm nahebringen (und mit denen Sie sogar manche weniger erwünschten Anlagen ausgleichen und positive außerordentlich unterstützen können).

Wenn Sie alle Anregungen aufgreifen, Ihrem Kind anbieten und sie mit ihm durchspielen, fördern Sie damit seine Entwicklung vom ersten Lebenstag an in der bestmöglichen Art und Weise. Das kostet zwar nicht viel Geld, doch eine Voraussetzung brauchen Sie: Zeit. Deshalb haben wir alle Anregungen mit einem (*), zwei (**) oder drei (***) Sternen gekennzeichnet. Wenn Sie wenig

Zeit haben, suchen Sie sich die Anregungen mit drei Sternen aus, wenn Sie mehr Zeit haben, dann nehmen Sie die Anregungen mit zwei Sternen dazu, und wenn Sie sich Ihrem Kind sehr intensiv widmen können, übernehmen Sie auch die Ein-Stern-Anregungen.

Selbstverständlich werden die Entwicklungsanregungen einseitiger, wenn Sie nur die Drei-Stern-Vorschläge aufgreifen. Bestimmte Fähigkeiten und Fertigkeiten Ihres Kindes werden dann weniger angeregt und andere mehr und intensiver. Forschungen haben ergeben, daß die Nutzung aller Gehirnzellen von Anfang an wichtig ist: wenn sie nicht genutzt werden, bleiben sie dauernd unaktivierbar. Das bedeutet nicht, daß ein Kind dann nicht immer noch eine beinahe unerschöpfliche Anzahl von Gehirnzellen zur Verfügung hat – aber bestimmte Schwerpunkte zu bilden, z.B. musikalische oder ästhetische Fähigkeiten, kann dadurch bereits eingeschränkt werden.

Abgesehen von der Zeit gehört auch noch etwas anderes dazu: Feingefühl und Gespür für die Wünsche Ihres Kindes. Es kann durchaus vorkommen, daß es manche Spiele und Lernanregungen mehr oder weniger deutlich ablehnt. Richten Sie sich dann nach ihm, und zwingen Sie ihm nichts auf. Es muß die Freiheit haben, selbst unter den Angeboten auswählen zu können. Nur so bleibt es flexibel und gewinnt an Selbständigkeit und Selbstsicherheit. Wenn Sie diese Selbständigkeit fördern, indem Sie auf seine Wünsche eingehen, werden Sie die Erfahrung machen, daß es bald von sich aus neue Spielvariationen erfindet, daß es lebhaft und phantasievoll bleibt. Mit anderen Worten: ein kreatives Kind, das von Jahr zu Jahr aktiver wird. Und genau dabei wollen wir Ihnen helfen. Damit kommen wir bereits zum dritten Faktor: der Persönlichkeit Ihres Kindes.

Gelegentlich kommt es vor, daß Ihr Kind Ihre Anregungen bereitwillig, gern und direkt aufnimmt – aber wie es wahrnimmt, wie es denkt und fühlt, das liegt nur zu einem kleinen Teil in Ihrer Hand; und je mehr Sie es zu Aktivität und Selbständigkeit erziehen, um so geringer wird Ihr Einfluß im Laufe der Jahre werden. Seine Selbstsicherheit und sein eigener Wille nehmen immer mehr zu, während Ihr Einfluß abnimmt. Was das Kind lernt, wird zu einem wichtigen Ausgangspunkt für sein weiteres Lernen.

Vergegenwärtigen Sie sich, daß das Entwicklungsalter eines Kindes der Maßstab für die geeigneten Anregungen ist: Ihr Kind kann in einigen Entwicklungsbereichen der Norm genau entsprechen, es kann aber auch im einen oder anderen Bereich deutlich einen Vorsprung oder eine Verzögerung aufweisen: kein Grund zu besonderer Freude oder Panik – nach einigen Monaten kann sich das geändert haben.

Sollte der Entwicklungsvorsprung oder die -verzögerung in einem Bereich besonders groß sein, sprechen Sie einmal zum Vergleich mit zwei oder drei Müttern darüber, oder Sie fragen in einer Familien- oder Erziehungsberatungsstelle nach.

Es empfiehlt sich, daß Sie das Kapitel «Entwicklungsanregungen» eine Zeitlang zu Ihrer Hauptlektüre machen. Dann kennen Sie viele Anregungen und Übungen auswendig und brauchen beim Spielen nicht jedesmal neu nachzublättern. Die einzelnen Abschnitte sind jeweils den Lebensmonaten Ihres Kindes zugeordnet. Machen Sie es sich zur Regel, daß Sie auch jeweils die davor und danach aufgeführten Passagen ansehen. Sie merken dann bald, was wiederholt werden sollte, oder ob Sie schon zu den Anregungen für die folgenden Monate übergehen können.

Die wichtigsten Lernregeln

♦ Ein Kind lernt vor allem durch Vorbilder. Das wichtigste Vorbild – das sind Sie selbst, zunehmend sind es auch andere Erwachsene in seinem Lebensumfeld. Von diesen Menschen übernimmt es die meisten Verhaltensweisen, gute und schlechte (je nachdem). Sie haben es also selbst in der Hand, ob Ihr Kind ausgeglichen oder nervös, unternehmungslustig oder passiv werden wird.

♦ Jedes Spiel, jede Übung darf nur so lange dauern, wie es Ihrem Kind Spaß macht. Ob es Freude daran findet, liegt wesentlich an Ihnen bzw. an der Art, wie Sie dabei vorgehen. Wir können Ihnen eigentlich nur drei Tips dazu geben: Machen Sie's spannend, machen Sie's lustig, machen Sie's abwechslungsreich. Dann dürfte eigentlich nichts schiefgehen. Und wenn eine bestimmte Übung einmal keine Begeisterung auslöst, dann versuchen Sie's ein anderesmal wieder. Vielfach läßt es sich kaum unterscheiden, ob es sich im einzelnen um eine Anregung, ein Spiel oder eine Übung handelt – dies hängt wesentlich davon ab, wie Sie etwas anbieten, aber auch vom Entwicklungsstand des Kindes: Ziel ist jedenfalls die bewußte Anregung, das Lernen im Spiel, die wiederholte Beschäftigung mit einer Sache, um sie mehr und mehr zu beherrschen.

♦ Berücksichtigen Sie bei den Entwicklungsanregungen immer die Reaktionen Ihres Kindes. Es wäre völlig falsch, wenn Sie sich an irgendwelche starren Regeln hielten und dem Kind dadurch den Spaß an der Sache verderben würden. Manche Übungen gefallen ihm besonders gut, wiederholen Sie diese öfter. Und wenn das Kind sich ein anderesmal vielleicht mehr für die Knöpfe an Ihrem Kleid oder für seine eigenen Zehen interessiert, dann lassen Sie es eben die untersuchen und machen die Übung später.

♦ Wiederholen Sie alle Übungen –

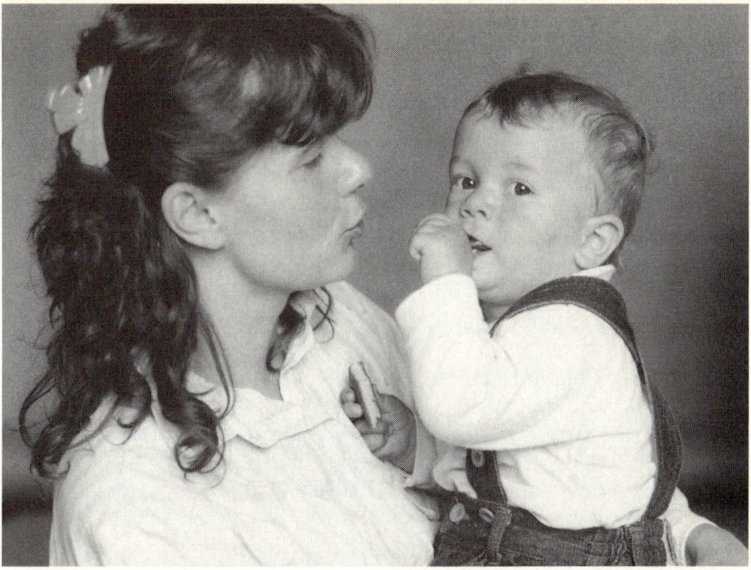

verteilt auf einige Tage, manchmal auch Wochen – so oft, bis Ihr Kind sie beherrscht. Dann können Sie ein paar Tage Pause einlegen und die gleiche Übung später wieder versuchen, um zu sehen, ob es sie noch kann. Aber machen Sie von Anfang an zwischen den einzelnen Wiederholungen immer wieder ein paar Stunden oder auch ein bis zwei Tage Pause. Bei jedem neuen Anlauf ist der Lerneffekt nämlich wieder größer.

♦ Sparen Sie nicht mit Lob! Dann macht das Lernen doppelt Spaß (das wissen Sie aus eigener Erfahrung). Belohnen Sie Ihr Kind immer wieder mit Zärtlichkeiten, mit Worten, mit einem zuckerfreien Keks oder Obst. Ihre positive Reaktion ist sehr wichtig.

♦ Bringen Sie einen Plan ins Lernen! Dazu gehört, daß Sie jeden Tag etwas Neues in Ihr Programm aufnehmen, daß Sie Bekanntes wiederholen und bestimmte Übungen von Mal zu Mal etwas schwieriger gestalten – aber immer so, daß Ihr Kind sie noch gut bewältigen kann. Denn jeder Mißerfolg verdirbt den Spaß am Lernen. Denken Sie bitte daran, daß alle Spiele und Übungen erst ab einem bestimmten Alter gemacht werden sollten. Halten Sie sich im allgemeinen an die vorgeschlagenen Lebensmonate – sie sind ein guter Richtwert. Wichtiger Tip: Alle Aufgaben, die sich ein Kind selbst stellt, frustrieren es kaum, jedenfalls nicht nachhaltig (es wiederholt Lösungsversuche oft unermüdlich!). Falls der Erwachsene etwas von ihm erwartet, was es nicht oder noch nicht leisten kann, führt das wesentlich eher zur Entmutigung, auch schon im ersten Lebensjahr. Verhindern Sie deshalb negative Lernerfahrungen.

♦ Am besten ist es, wenn Sie die Spielübungen jeweils ein- bis zweimal vormittags und ein- bis zweimal nachmittags mit Ihrem Kind machen. Sie werden bald herausfinden, daß es zu bestimmten Tageszeiten besonders aufgeschlossen und kontaktfreudig ist: es strahlt Sie an, plappert vor sich hin («Lallmonologe»), strampelt heftig in seinem Bettchen. Nützen Sie diese Zeiten, die regelmäßig wiederkehren, zum Lernen aus.
In den ersten drei Monaten genügen für die gezielten Anregungen insgesamt zehn bis 15 Minuten pro Tag, zwischen dem dritten und sechsten Monat sollten es 15 bis 30 Minuten sein, zwischen dem sechsten und neunten Monat 20 bis 40 Minuten, dann bis zum Ende des ersten Lebensjahres bis zu 60 Minuten pro Tag.

♦ Führen Sie möglichst ein kleines Protokoll. Notieren Sie darin, wann und wie oft Sie was gemacht haben. Nach einiger Zeit sehen Sie dann, ob Sie manche Übungen vielleicht vernachlässigt und andere zu oft wiederholt haben (und sicher liest Ihr Kind später selbst gern nach, wann es was gekonnt hat!). Auch am Rand des

Buches können Sie sich entsprechende Notizen machen. (Bei der Überarbeitung des Elternbuchs 1 wurde überlegt, ob für diese Eintragungen bei jeder Übung ein kleines Kästchen oder eine Tabelle abgedruckt werden sollte – aber sicher würden das manche Leser eher als störend, als zu «systematisch» empfinden.)

♦ Unsere Spielübungen sind als Vorschläge gedacht. Sicher werden Sie einige von ihnen nach Ihren eigenen Vorstellungen weiterentwickeln. Je abwechslungsreicher Ihr Spielangebot ist, desto besser. Zwar sollten Sie jedesmal drei bis fünf Übungen durchführen, aber nicht stur «nach Vorschrift». Vielleicht bringt das Verhalten Ihres Kindes Sie auf manche Idee, die in diesem Buch gar nicht zu finden ist.

♦ Um für Sie die Arbeit mit diesem Buch so übersichtlich wie möglich zu gestalten, sind Anregungen und Übungen nach wichtigen Lernbereichen geordnet. Damit haben Sie einen guten Überblick. Sie können bestimmte Bereiche auch intensiver als andere berücksichtigen, wenn Sie Ihr Kind besonders fördern wollen – oder auch, wenn Sie glauben, daß die Entwicklung in einem Bereich etwas verzögert verläuft.

♦ Zwischen den Lernbereichen bzw. bei den einzelnen Anregungen gibt es vielfältige Überschneidungen. Wenn Sie beispielsweise Ihrem Kind einen Gegenstand in die Hand geben, bedeutet das zugleich eine Anregung für das Sehen, das Tasten und – wenn Sie etwas dazu sagen – auch für die Sprache.

♦ Die Spielübungen sollten aber nicht wie ein Spezialtraining auf Ihr Kind zukommen – versuchen Sie vielmehr, alles in sinnvolle Zusammenhänge und Handlungsabläufe einzubetten. Bewegungsübungen kann man leicht beim Wickeln machen. Wenn Sie kochen, kann Ihr Kind in der Küche Gegenstände kennenlernen und mit ihnen spielen. Sie können natürlich Ihrem Kind erzählen, was Sie tun, und es so im Sprechen fördern usw. Die Anregungen und Übungen sollen in Sinnzusammenhängen erfolgen – sie sind lediglich der besseren Darstellungsweise wegen in einzelne «Lernspots» gefaßt.

♦ Spielen und üben Sie möglichst oft am gleichen Platz in der Wohnung. So begreift Ihr Kind schneller, daß Sie in den Spielzeiten etwas Besonderes mit ihm vorhaben. Wenn Sie es in die Lernspielecke tragen oder locken, weiß es sofort: «Aha, gleich ist was los!» – und freut sich. Das Spielzeug kommt dort in eine oder mehrere große Schachteln und / oder in ein Regal, damit Sie es immer griffbereit haben.

Das Verhalten Ihres Kindes

Gehen Sie davon aus, daß jedes Kind viel Neues kennenlernen will, daß es neugierig ist. Es möchte alles können, was Sie und größere Kinder machen. Das ist wohl sein größter Entwicklungsantrieb. Lernen macht ihm grundsätzlich Spaß. Bestätigen Sie seine guten Fortschritte. Bemühen Sie sich, die Lernatmosphäre so angenehm wie möglich zu machen. Dazu gehört nicht nur die Art, wie Sie die Spiele bringen; Ihr Kind sollte auch ausgeruht, satt und frisch gewickelt sein. Jedes Kind ist anders – vergleichen Sie Ihres also nicht mit den anderen im Sinn einer Bewertung oder eines Leistungsvergleichs. Überlegungen, wie «Warum kann Klaus von nebenan schon allein sein Fläschchen halten? Warum sitzt er viel früher? Warum kann er schon stehen und mein Baby noch nicht?», sind unangebracht und beeinträchtigen die so wichtige positive Einstellung Ihrem Kind gegenüber. Ihr Kind wird das alles schon zur rechten Zeit lernen. Vergleichen Sie es auch nicht mit seinen Geschwistern; manche Kinder entwickeln sich langsamer, andere schneller. An manchen Tagen macht es eifrig mit und begreift schnell, an anderen Tagen lernt es nicht besonders gut. Sie sollten sich deshalb auch in der Art des Angebots nach Ihrem Kind richten.

Ihr eigenes Verhalten

Machen Sie die Übungen nur, wenn Sie entspannt und gut gelaunt sind. Sonst bekommt Ihr Kind womöglich den Eindruck, daß Lernen etwas Unangenehmes, etwas Lästiges sei. Und das wäre gerade das Gegenteil von dem, was Sie erreichen wollen. Wenn Sie lustlos sind, besteht die Gefahr, daß Sie die Spielübungen langweilig anfangen, und damit würde jede noch so hübsche Anregung ihren Reiz verlieren. Also: Setzen Sie lieber einen Tag ganz aus, wenn Sie keine Lust zum Spielen haben. Solche «lustlosen» Tage sollten allerdings eine Ausnahme bleiben. Ihr Kind braucht einen gewissen gleichmäßigen Rhythmus, auch bei seinen ersten Spielen und Übungen. Und schon jetzt werden die ersten Weichen gestellt für seine spätere Lern- und Aufnahmebereitschaft.

Nicht nur die Mutter sollte sich intensiv mit ihrem Kind beschäftigen, sondern auch sein Vater bzw. ein oder zwei andere Erwachsene. Vielleicht kann er wenigstens am Wochenende regelmäßig mit ihm spielen. Ein Vater, der mit seinem Kind etwas anzufangen weiß, einen guten Kontakt zu ihm hat, entwikkelt ihm gegenüber Gefühle, die ihm den Zugang zu seinem Kind auch in späteren Jahren erleichtern.

Gymnastik und Bewegung machen Ihr Kind vergnügt

Ab dem 1. Monat

*** Für Ihr Kind war Ihr Körper während der Schwangerschaft die schützende Hülle. Erleichtern Sie ihm den Übergang in die «rauhe Wirklichkeit»: Lassen Sie es oft Ihre warme Haut spüren und die Bewegungen Ihres Körpers erleben.
*** Nehmen Sie Ihr Kind bei Sonnenschein oder im warmen Zimmer oft nackt auf den Arm, drücken und reiben, streicheln und liebkosen sie seine Arme, seinen Körper und seine Beine, solange es ihm Spaß macht. Langsame und mäßig schnelle, gerade und kreisförmige Bewegungen sollten auch dabei sein. Sprechen, summen oder singen Sie dazu, auch wenn Ihr Kind noch nichts zu verstehen scheint – seine Hörbereitschaft wird dadurch angesprochen und es sammelt wichtige akustische Eindrücke.
*** Vieles spricht dafür, Kinder von Anfang an auf den Bauch zu legen. In den USA und Kanada wird das seit vielen Jahren erfolgreich praktiziert. Wissenschaftler zählen folgende Vorteile dieser Lage auf:

- Die Kinder schlafen ausgeglichener.
- Die Nahrung wird leichter verdaut.
- Die Kinder atmen besser, weil das Eigengewicht alle verbrauchte Luft aus den Lungen preßt.
- Die Bauchlage regt das Kind an, Arme und Beine zu bewegen, sich mit den Armen auf- und abzustützen, später auch zu krabbeln.
- Bauchlagen-Kinder heben den Kopf früher, und das stärkt ihre Rückenmuskulatur; sie können die Umgebung besser sehen und erhalten dadurch mehr Anregungen.

Allerdings sollte Ihr Kind nicht immer auf dem Bauch liegen, da dann wiederum die Gefahr besteht, daß es ein Hohlkreuz bekommt. Legen Sie es daher ab und zu auch auf den Rücken.
Die Rückenlage erleichtert den sozialen Kontakt, ermöglicht dem Kind das Rundum-Schauen, auch das Spielen mit Händen und Füßen oder mit einem Spielzeug, das Sie über seinem Bettchen aufgehängt haben.

Ab dem 2. Monat

***Regen Sie Ihr Kind oft dazu an, in der Rückenlage die «Mittellage» einzunehmen: beide Schultern ruhen auf der Unterlage auf, die Nase zeigt in die Höhe, das Kind liegt symmetrisch. Dazu muß es gelernt haben, seinen Kopf in diese Lage zu bringen und ihn auch so zu halten. Kurze Zeit später kann es dann auch die beiden Hände auf dieser Mittellinie zusammenführen, es lernt mit den Händen zu spielen. Ein genau über dem (unteren) Ende des Brustbeins an einem Gummiband aufgehängter Ball, der von der Decke herunterhängt (also ein langes Pendel bildet), unterstützt diese Mittellage und die erwünschte Lage des Kindes.

** Wie lassen Sie Ihr Kind sein Bäuerchen nach einer Mahlzeit machen? Eine sehr gute Methode ist die folgende: Sie sitzen bequem mit übereinandergeschlagenen Oberschenkeln und legen das Kind mit seiner Brust quer auf den höher gelegenen Schenkel. Sein Kopf blickt, wenn Sie den linken Schenkel höher legen, nach links, die Arme sind nach vorne gestreckt. Nach einiger Zeit versucht es, sowohl den Kopf zu heben, um aktiv herumzuschauen, als auch, sich auf die Arme bzw. Ellbogen zu stützen. Diese Haltung stärkt die Nacken- und Rückenmuskulatur. Auch hier ist die Richtungsänderung wichtig: Nach jeder Mahlzeit nehmen Sie den anderen Oberschenkel nach oben und lassen Ihr Kind in die andere Richtung blicken.

** Ihr Kind wird es genießen, wenn Sie es vor dem Wickeln manchmal einige Minuten nackt bei geeigneter Lufttemperatur auf ein Frottiertuch legen. Massieren Sie dabei ganz sanft den ganzen Körper, und sagen Sie ihm, was Sie gerade berühren. Singen Sie einige Lieder dazu oder summen Sie Melodien. Das regt Wahrnehmung und Fühlen Ihres Kindes und auch seine Denktätigkeit an.

***Bevor sie Ihrem Kind nach dem Entfernen schmutziger Windeln die frischen anlegen: Lassen Sie es ruhig mal eine halbe Stunde lang ohne das hemmende Windelpaket. Legen Sie es leicht bekleidet auf eine weiche Unterlage, und machen Sie ein wenig Gymnastik mit ihm: Ihr Kind liegt auf dem Rücken, Sie führen seine Hände und Arme mehrmals über seinem Kopf senkrecht in die Höhe, dann wieder auf die Seite neben dem Körper.

Jetzt kommen die Beine dran: Zeigen Sie, wie man sie gleichzeitig anzieht und wieder streckt. Dann üben Sie gegenläufige Bewegungen: einen Arm führen Sie nach oben, den anderen gleichzeitig nach unten und umgekehrt. Kreuzen Sie schließlich die Arme vor der Brust und breiten Sie sie dann wieder aus. Und singen Sie ein wenig dabei – das gefällt Ihrem Kind, und Turnen und Gymnastik machen dann noch mehr Spaß!

***Achten Sie darauf, daß Sie

immer mal wieder von einer anderen Seite an das Bettchen Ihres Kindes herantreten. Es wird dann versuchen, sich so zu drehen, daß es Sie sehen kann – es übt also, seinen Kopf in verschiedene Richtungen zu wenden und nicht ein Bewegungsmuster zu bevorzugen.

Ab dem 4. Monat

** Wenn Ihr Kind die Mittellage gut einnehmen kann und sich auch schon geschickt nach beiden Seiten wendet (und wieder zurück), entdeckt es jetzt die Füße, spielt mit ihnen und steckt sie auch schon in den Mund. Aus dieser Lage rollt es u. U. in die Seitenlage und weiter in die Bauchlage, bald danach wieder zurück in die Rückenlage (und das wiederum nach beiden Seiten).

** Wenn Sie die folgende Übung täglich ein bis zwei Minuten machen, kann sich Ihr Kind schon im fünften Monat auf den Händen aufstützen:

Ab dem dritten Monat legen Sie es bäuchlings auf ein dickes Handtuch auf den Fußboden, Sie selbst legen sich ihm einen halben Meter gegenüber auf den Bauch. Stützen Sie sich auf die Ellbogen und zeigen Sie Ihrem Kind, wie das geht. Wie bei allen Übungen gilt auch hier: Loben Sie Ihr Kind bei all seinen Bemühungen. Und hören Sie auf, wenn es keine Lust mehr zeigt oder sich sträubt!

** Beim Baden kann Ihr Kind eine ganze Menge lernen, vor allem den Spaß am Wasser. Lassen Sie es recht viel spritzen und planschen. Anfangs erschrickt es zwar über die Spritzer im Gesicht, aber bald freut es sich darüber. Wenn Sie Ihr Kind schon früh ans Wasserplanschen gewöhnen, wird es auch später kaum wasserscheu sein. (Es sei denn, Sie tauchen es einmal versehentlich in zu kaltes Badewasser. Das kann den ganzen Erfolg wieder zunichte machen! Benützen Sie daher immer ein Badethermometer. Das Wasser sollte etwa 34 Grad haben.)

Spaß macht es auch, wenn Sie einen Becher Wasser über seine Hände und über seinen Bauch gießen oder aus dem Waschlappen tropfen lassen.

Beim Abtrocknen hinterher rubbeln Sie es zuerst sanft, dann aber zur Abwechslung auch ein bißchen fester ab. Ihr Kind sollte den Unterschied spüren, das regt seine Sinnesnerven an.

Und noch ein herrliches Vergnügen zum Abschluß des Bades: Legen Sie es an den Rand des Badetuchs und ziehen Sie am kurzen Ende, so können Sie es auf den Bauch und wieder zurück wälzen!

Ab dem 6. Monat

*** Lernt Ihr Kind, sich vom Rücken über die Seite und die Bauchlage zu drehen, so wird es bald gelernt haben, sich durch

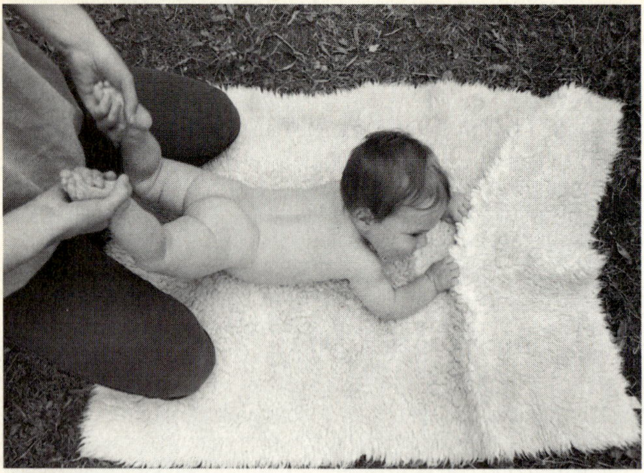

Körpertraining und -massagen machen Ihr Kind fit

Rollen fortzubewegen. Allerdings sollten Sie es durch Zureden oder das Angebot eines Spielzeugs locken: und nur gelegentlich die Entfernung vergrößern, wenn es sich genähert hat – es will den Erfolg der Annäherung erleben (und nicht getäuscht werden)!

** Ähnlich wichtig wie das Rollen ist auch das Drehen um den Nabel – ein wichtiges Bewegungsgrundmuster. Ihr Kind stützt sich in Bauchlage mit den Händen auf, und Sie zeigen ihm etwas von der Seite: es wird versuchen, sich zu Ihnen zu wenden, seine Beinchen helfen ab einem bestimmten Zeitpunkt dabei, und das führt nach vielen Versuchen zur Rund-um-Drehung – versuchen Sie wiederum, auch die andere Richtung durch Anerkennung und freundliches Zureden zu fördern.

** Lernziel «Rückwärts- und Vorwärtsrobben»: In der Bauchlage stützt sich Ihr Kind auf und bewegt abwechselnd die beiden Hände nach hinten – es robbt zurück und ohne große Mühe auch nach vorn.

** Ein weiterer, wichtiger Schritt ist das Vor- und Zurückwippen auf den aufgestützten ausgestreckten Armen / Händen und den Knien. Achtung: Auch bei dieser Körperübung, die Ihr Kind erprobt, sollten Sie nicht durch das Führen von Händen oder Füßen den natürlichen Entwicklungsgang zu beschleunigen versuchen. Jede Bewegung, die Ihr Kind selbst und aus eigenem Antrieb unternimmt, ist wesentlich günstiger für seine Entwicklung als Ihre Hilfe durch ausgestreckte Finger oder «Unter-die-Arme-Greifen». Anerkennen und Loben ja, auch die Richtung beeinflussen – aber keine direkten Hilfen, die Ihr Kind eher passiv machen!

* Bitten Sie Ihr Kind zum Tanz! Aber nicht gleich zu stürmisch, denn es muß sich erst daran gewöhnen, daß sich die Möbel vor seinen Augen bewegen! Legen Sie Tanzmusik in Zimmerlautstärke auf, nehmen Sie Ihr Kind auf den Arm, und drehen Sie sich langsam, später auch schneller. Bald wird es bei diesem neuen Spiel vor Vergnügen quietschen! Übrigens lernt es auch eine ganze Menge dabei: wie sich das Gleichgewicht beim Drehen verändert, welche Gegenbewegungen man machen kann, damit die Übung doch einigermaßen im Lot bleibt, und wie Musik und Bewegung zueinander passen. Allerdings dürfen Sie Ihr Kind dabei nicht zu fest an sich drücken, sonst kann es die Bewegungen des eigenen Körpers kaum empfinden und das Gleichgewicht sowie die dazu notwendigen Ausgleichsbewegungen nicht mitüben.

* Auf einer Decke – eventuell sogar im Freien – können Sie Ihr Kind zu vielen kräftigenden Übungen anregen.
Kriechen Sie langsam um es herum – es wird versuchen, Ihnen mit den Augen zu folgen, und seinen Körper so weit wie möglich mitdrehen. Heben Sie es hoch in

die Luft, stellen Sie es dann vorsichtig auf die Füße oder setzen es auf den Po, und lassen Sie es schließlich sanft auf den Rücken sinken. Schieben Sie von der Seite her beide Arme unter den Rücken und heben Sie es langsam an. Nach mehreren Versuchen kann es sich dann so steif machen, daß es beim Anheben waagerecht auf Ihren Händen liegen bleibt. Fassen Sie Ihr Kind an den Beinen, und ziehen Sie es langsam hoch, bis es ganz frei hängt (etwa eine Sekunde lang), und lassen Sie es ebenso langsam wieder auf die Unterlage zurückgleiten.

** Aus dem Wippen nach vorne und zurück und in Verbindung mit dem Vorwärtssetzen zunächst des einen Arms und der einen Hand, schließlich des anderen Arms und der anderen Hand, entwickelt sich das Krabbeln vorwärts: es setzt freilich noch das Abwechseln zwischen «links» und «rechts» und die richtige Reihenfolge voraus – eine insgesamt schwierige Aufgabe und eine große Leistung.

Ab dem 8. Monat

***Es ist wichtig, daß sich ein Kind in der ganzen Wohnung frei bewegen kann und viele Möglichkeiten zum Krabbeln hat. Denn dabei lernt es die Bewegungen der Arme, der Beine und die Kopfhaltung zu koordinieren und sein Gleichgewicht zu halten (dabei übt es auch, mit seinen Händen und Fingern geschickt umzugehen!). Locken Sie Ihr Kind mehrmals am Tag zu sich, mit einem Spielzeug oder auch dadurch, daß Sie mit Klötzen bauen, auf einen Topf trommeln. Wenn Ihr Kind bei Ihnen ankommt, wird es mit dem Spielzeug belohnt oder darf auch trommeln. Ein «Laufstall» im Sinne seines Wortes ist eher abzulehnen, weil er das Kind beim Krabbeln behindert und auch seine sonstige Entwicklung eher hemmt.

* Geben Sie Ihrem Kind jetzt ruhig mal den Löffel zum Selberessen in die Hand – auch wenn diese ersten Versuche etwas mühsam für Sie sind. Der Löffel ist ein «schwieriges» Werkzeug, das Ihr Kind erst richtig zu verwenden lernen muß. Während es übt, den Löffel waagerecht zu halten und zum Mund zu führen, macht es einen wesentlichen Fortschritt in seiner Entwicklung.

Ab dem 10. Monat

** Aus dem geschickten Krabbeln, also dem abwechselnden Voransetzen von Händen (Armen) und Knien, entwickelt sich das aufrechte Stehen am leichtesten. Das Kind bewegt sich auf Stühle, Tische, Regale und Schränke zu und zieht sich an allem Greifbaren hoch, wobei Beine und Füße abwechselnd die größte Arbeit vollbringen – nicht das Hochziehen mit den Armen ist entscheidend! Eine Zwischenphase vor dem Stehen ist

noch der Halbkniestand.
Wichtig beim Erlernen all dieser Dinge ist nicht das Erreichen eines oder mehrerer Ziele in einem bestimmten Monat, sondern die Aktivierung des Kindes, das Fördern seiner Selbständigkeit, das eigene Erproben der Bewegungsabläufe, die selbständige Leistung bei möglichst geringer aktiv-manueller Unterstützung durch den Erwachsenen (allenfalls Anerkennen und Loben, also Unterstützung durch Worte ist sinnvoll).
Stützende Maßnahmen, unter die Arme greifen beim Stehen, an den Händen zum Stehen hochziehen sind eher entwicklungshemmende Verhaltensweisen zu eifriger oder zu ehrgeiziger Erwachsener.

* Täglich gewinnt Ihr Kind jetzt neue Sicherheit beim Krabbeln. Es wird nun schon versuchen, einige niedrige Treppenstufen zu erklettern. Bleiben Sie hinter ihm, damit Sie es bei einem Ausrutscher festhalten können. Je weniger Mißerfolge Ihr Kind bei den ersten Versuchen erlebt, desto mehr Spaß hat es bei diesen Lernspielen, und desto größere Fortschritte macht es.

** Legen Sie jeden Tag ein paar Dinge, die Ihr Kind gern mag, nach und nach immer höher hinauf: auf ein Schemelchen, eine 30 cm hohe Kartonschachtel, auf einen Stuhl, einen Tisch. Und dann machen Sie Ihr Kind auf die Spielsachen aufmerksam. Natürlich versucht es nun, sie zu holen. Beim Tisch ist das etwas schwierig – helfen Sie mit Ihrer Hand stützend nach oder mit einem Besenstiel, an dem es sich gut hochhangeln kann (dabei müssen Sie ihn natürlich gut festhalten), damit der Erfolg auf jeden Fall garantiert ist!

Ab dem 12. Monat

** Wenn Ihr Kind schon gut stehen kann, können Sie für eine Griffleiste in der Höhe seiner Armbeuge sorgen – es wird sich daran festhalten und mit dem Oberkörper parallel zur Griffleiste oder Stange «wandern». Dabei wird zugleich das seitliche Abrollen der Füße geübt, und das Gleichgewichthalten erfährt eine Unterstützung. Nichts spricht dagegen, daß Sie das Sich-seitwärts-Weiterbewegen durch gutes Zureden, durch das Angebot eines Spielzeugs am Ende der Griffleiste oder ähnliches unterstützen.
Dann folgen die ersten, tastenden Schritte, das freie Gehen, meist ein bis drei Wochen nach dem ersten Geburtstag.

Wer viel sieht, lernt viel

Ab dem 1. Monat

** Das Bettchen sollte so stehen, daß Ihr Kind nicht auf eine kahle Wand sehen muß, sondern unterschiedliche Formen und Farben betrachten kann. Solange es wach ist, sollte es Licht von allen Seiten haben. Achten Sie besonders darauf, daß es nicht von der Sonne oder von einer grellen Lampe geblendet wird. Anregend und freundlich für Ihr Kind sind bunte, gemusterte Bezüge – in den ersten Monaten noch ohne grelle Farben und differenzierte Muster. Sie ahnen gar nicht, mit welcher Ausdauer es ein einfaches Karo- oder Blumenmuster betrachtet! Beziehen Sie sein Bett deshalb von Zeit zu Zeit immer wieder anders. Denken Sie daran, sich Ihrem Kind immer wieder von einer anderen Seite zu nähern – es wird aktiv, es versucht, sich Ihnen zuzuwenden, sich zu drehen.

Ab dem 3. Monat

***Gehen Sie zusammen auf Entdeckungsreise in der nächsten Umgebung. Jeden Tag darf Ihr Kind etwas Neues kennenlernen: sein Zimmer, die Küche, die anderen Räume. Wenn Sie ihm bei diesem Rundgang einen Apfel, ein Buch, eine bunte Vase, das Fläschchen, die Puderdose, die Haarbürste usw. zeigen, nennen Sie gleichzeitig den Namen dieser Gegenstände deutlich oder sagen Sie einen kleinen Satz dazu und führen Sie seine Händchen daran entlang.
** Inzwischen hat sich schon einiges Spielzeug angesammelt, das Sie Ihrem Kind immer wieder in die Hand geben können: ein Ring aus Plastik oder Holz, ein farbiger Bauklotz, ein kleiner bunter Ball. Legen Sie diese Dinge nicht einfach ins Bett, sondern zeigen Sie, wie man damit spielen kann.
***Ihr Kind wird Ihren Worten aufmerksamer folgen, wenn Sie auch Ihr Gesicht und Ihre Hände «sprechen» lassen, wenn es an Ihrer Mimik und Ihren Bewegungen ablesen kann, was Sie meinen. Und es freut sich, daß es ganz persönlich angesprochen ist.

Ab dem 4. Monat

** Legen Sie Ihr Kind so in den Kinderwagen, daß es etwas sehen kann. Wenn Sie den Wagen

abstellen, dann vielleicht unter einem Baum oder Sonnenschirm. Spazierfahrten sollen ihm die Welt nahebringen. Vielleicht können Sie Ihr Kind so hoch betten, daß es rausschauen kann: schnallen Sie es dann aber sicherheitshalber an!
Ein Vorteil der Bauchlage: Ihr Kind hat es gelernt, das Köpfchen zu heben und so über den Wagenrand zu spähen.
Lassen Sie Ihr Kind doch mal zusehen, wie Sie einen Zweig oder eine Blume abpflücken. So lernt es, den Zusammenhang zu erkennen: Zuerst war der Zweig am Baum dort drüben, dann wurde er von Ihnen gepflückt, hergebracht, und jetzt hält es ihn selbst in den Händen!
** So lernt Ihr Kind, Veränderungen in seinem Blickfeld rasch zu erfassen: Bringen Sie ein Spielzeug langsam von der Seite her in sein Blickfeld, oder bewegen Sie es von rechts nach links, von oben nach unten und im Kreis über seinem Bettchen. Achten Sie darauf, daß es mit den Augen folgen kann.
** Über das Bettchen und außer Reichweite des Kindes können Sie eine bemalte Kugel, ein Spielzeug, ein Tier, einen Ring, ein Glöckchen o. ä. aufhängen – die Schnur (das Pendel) sollte nicht zu kurz sein, damit Ihr Kind das Hin- und Herschwingen verfolgen kann. Später befestigen Sie ein Mobile mit bunten Papierschiffchen oder Tieren an der Decke und wechseln die Motive gelegentlich. Bald freut sich Ihr Kind an einem Glöckchen oder an einem kleinen mit Klimperstückchen gefüllten Ball, den es anfassen und pendeln lassen kann. Die Schnur, an der er hängt, sollte nicht kürzer als 60 bis 80 cm sein, sonst schwingt der Gegenstand zu schnell hin und her!

Ab dem 5. Monat

** Fördern Sie die Aktivität Ihres Kindes, indem Sie es nach Spielsachen, die Sie ihm hinhalten, greifen lassen. Einige Dinge sollten so im Körbchen oder im Bettchen liegen, daß es sie nur sehen kann, wenn es sich etwas zur Seite dreht. Bald wird es sich bemühen, auch diese Spielsachen zu ergreifen; es übt dabei nicht nur seine Geschicklichkeit, sondern auch die Fähigkeit, den Körper zu drehen! Geeignete Spielsachen sind u. a. Puppe, Bär, Auto, Ball, Tiere: jeweils in solider Ausführung, so daß Ihr Kind nicht Arme oder Beine davon «abmontieren», abbeißen oder abreißen kann, die es vielleicht anschließend verschluckt! (Lassen Sie sich in einem Spielwaren-Fachgeschäft einmal die kleinsten geeigneten Gegenstände zeigen, die der Sicherheitsnorm für Kinder unter drei Jahren entsprechen – vielleicht kann Ihnen auch ein entsprechendes Testgerät mit einer Anweisung gezeigt oder gegeben werden: die kleinste Abmessung muß ca. 3,2 cm überschreiten.)
* Nehmen Sie Ihr Kind auf den Schoß und bauen Sie ihm auf dem

Was ich sehe, will ich auch fühlen

Tisch etwas vor. Ein Klötzchen bekommt das Kind, mit drei anderen machen Sie einen Turm. Dabei erfährt es mehr über die Eigenschaften eines Bauklotzes, und wenn es «mitbauen» will, kann es natürlich!

* Mit Plastiktieren macht das Baden viel mehr Spaß – und Ihr Kind lernt dabei ganz wesentliche Dinge, z. B. daß im Wasser alles leichter und beweglicher ist, daß schwere Sachen darin untergehen und leichte schwimmen.

Ab dem 6. Monat

** Zeigen Sie Ihrem Kind einen Apfel (oder etwas anderes) in einem Bilderbuch und legen Sie einen echten Apfel daneben. Anfangs kann es Abbildung und Realität nicht unterscheiden. Doch nach einer Weile unterscheidet es den «echten» Apfel vom Bild.

* Auch mit Farben- und Formenspielen können Sie jetzt beginnen. Bemalen Sie mehrere Kartons mit verschieden großen Kreisen in kräftigen Farben, schneiden Sie sie aus, legen Sie sie in eine Schachtel und nennen Sie ihm die Farben. Später kommen Dreiecke und Quadrate hinzu, gemalte und «echte» Autos.

Ab dem 9. Monat

** Eine Übung, die Sehen und Denken trainiert: Versteckspielen! Verstecken Sie vor den Augen Ihres Kindes ein Spielzeug, das es gern mag. Sicher krabbelt es gleich los und sucht danach. So lernt es, daß Dinge noch existieren, auch wenn man sie im Moment nicht sieht.

* Begleiten Sie Ihr Kind manchmal, wenn es durch die Wohnung krabbelt, und sprechen Sie dabei mit ihm über die Gegenstände, die seine besondere Neugier erwecken.

** Zeigen Sie Ihrem Kind, wie ein Ball oder eine Kugel durch das Zimmer rollt, und daß man den Ball auch über schräge Ebenen rollen lassen kann!

Mit Mund und Händen
Fühlen und Tasten

Ab dem 1. Monat

** Schon in den ersten Lebenswochen können Sie bei Ihrem Kind die Geschicklichkeit der Hände und Finger fördern, die ja seine wichtigsten Werkzeuge werden. Bringen Sie Ihren Zeigefinger in die Nähe seiner Hand, lassen Sie Ihren Finger ergreifen und befreien Sie ihn wieder mit sanften Bewegungen. Bald ist es ganz leicht, die kleine Faust zu öffnen, die Finger zum Greifen zu veranlassen und die Innenfläche der Hand zu streicheln.
Nehmen Sie abwechselnd die beiden Hände Ihres Kindes und machen Sie rhythmische Bewegungen damit. Streicheln Sie über den Handrücken und die einzelnen Fingerchen, nennen Sie dabei auch ihre Namen.

Ab dem 3. Monat

***Lassen Sie das Kind mehrmals täglich mit Ihren Fingern spielen. Ziehen Sie Ihre Hand etwas zurück, wenn es sich daran festklammert, damit es noch fester zudrückt und seine Hand- und Armmuskeln trainiert werden. Aber bitte nicht ganz wegziehen: Ihr Kind würde das als eigene Schwäche und als gewaltsame Trennung von Ihnen empfinden.
** Je mehr verschiedene Materialien das Kind anfaßt, desto besser ist es für seine geistige Entwicklung. Hier ein paar Vorschläge: ein Taschentuch, ein Waschlappen, ein Handtuch, eine Rassel, ein Bauklotz, ein Stück Papier (das knistert so schön!). So wird Ihr Kind mit verschiedenen Materialien, Stoffen und Formen vertraut.

Ab dem 4. Monat

** Erlauben Sie Ihrem Kind ruhig, die Finger in den Mund zu stecken. Immerhin ist der Mund im ersten Lebensjahr fast das wichtigste Wahrnehmungs- und Tastorgan. Jedes Spielzeug wandert erst mal in den Mund (oder zum Mund). Lassen Sie Ihr Kind deshalb an nichts heran, was gefährlich sein könnte: nichts Unhygienisches, nichts Spitzes (wegen der Augen), nichts, was es verschlucken könnte. Seien Sie unbesorgt, wenn Ihr Kind zeitweilig am Daumen lutscht. Schädlich ist es dagegen, wenn Sie ihm den Daumen dauernd aus dem

Mund nehmen, weil dadurch seine intensiven Wünsche nach Saugen, Spannungsausgleich oder spielerischer Beschäftigung hart unterbrochen werden. In den ersten Lebensmonaten ist das Lutschen am Daumen besser, als dem Kind einen Schnuller zu geben, weil es diesen «Tröster» selbst verfügbar hat (und ihn nicht dauernd verliert).

Ab dem vierten bis sechsten Lebensmonat können Sie Ihrem Kind einen Schnuller geben, denn es hat jetzt genügend Eigenerfahrungen mit dem Tastwerkzeug «Hand» bzw. «Daumen» beim Lutschen und Saugen gemacht.

* Viele Farben, Formen, Größen und Gewichte kennenlernen – das sind Anregungen, die Ihr Kind jetzt braucht. Es muß nicht immer neues

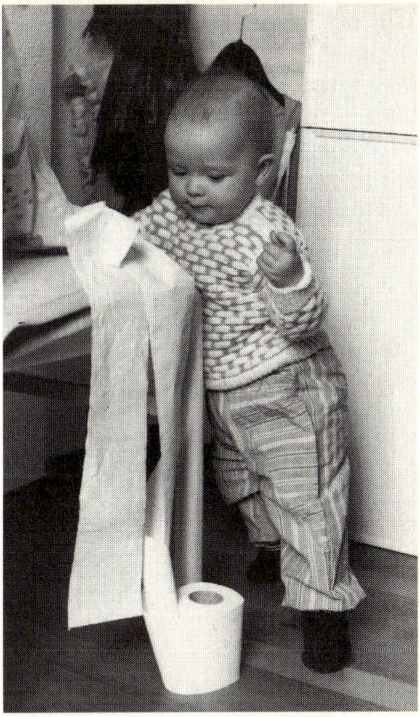

Entdecken, untersuchen, klimpern oder rollen: Schlüssel und Toilettenpapier faszinieren alle Kinder

Spielzeug (eine Stoffpuppe, ein Plastikfisch, ein Stoff- oder ein Plastikball) sein; auch in Ihrer Küche sind ungeahnte Schätze verborgen (Kochlöffel aus Holz, Holzbrettchen, Plastikgeschirr usw.).

Ab dem 7. Monat

* Spielen Sie morgens und abends das «Geben-Spiel»: Bieten Sie Ihrem Kind nacheinander fünf verschiedene Sachen an. Wenn es einen Gegenstand genommen hat, geben Sie ihm den nächsten. So lernt es, neue Dinge in seinem Gesichtskreis zu beachten und anderes Spielzeug loszulassen.

Aber drängen Sie ihm nichts auf, wenn es sich mit einer Sache gerade intensiv beschäftigen möchte.

** Nehmen Sie Ihr Kind auf den Schoß und legen Sie z. B. einen Keks, einen Bauklotz und seine Rassel auf den Tisch. Es wählt dann selbst aus, was es haben will. Und mit dem Keks lernt es nebenbei auch noch selbständig zu essen. Statt Keksen sollten Sie ihm ab und zu auch ein Stück trockenes Brot, ein hartes Brötchen oder auch eine Brezel geben, auf dem oder der es herumbeißen kann.

*** Und jetzt noch einmal eine Beispielliste von Dingen, die Sie Ihrem Kind in den kommenden vier Monaten erklären und zum Spielen geben sollten: einen großen und einen kleinen Ball, bunte Bauklötze, eine Becherpyramide, Holzringe von einem Scheibenmännchen, seine (bunten) Lieblingskleidungsstücke, Teller, Tassen, Löffel, Töpfe, Holzbrettchen, eine Teigrolle, Bücher, Papiere in verschiedenen Farben, Karton in verschiedenen Formen, Größen und Stärken, Brotscheiben, Bananen und Zwieback. Wenn es möglichst viele verschiedene Dinge kennenlernt, können sich sein Tastsinn, sein Wahrnehmungsvermögen und sein Gefühl für Gewichte immer besser entwickeln.

Ihr Kind spielt gern mit allen Dingen: das gefährliche Krokodil ist hier gezähmt!

Wer viel hört, will bald auch sprechen

Ab dem 2. Monat

***Schon in den ersten Lebenstagen sollten Sie mit Ihrem Kind sprechen. Das ist genauso wichtig für sein Wohlbefinden wie Ihre Zuwendung beim Füttern oder Streicheln, auch wenn es den Sinn Ihrer Worte noch gar nicht versteht. Ihr Kind spürt jedoch, daß Sie ihm etwas mitteilen, etwas geben wollen. Und damit bereiten Sie es schon auf das Geben und Nehmen vor, eine besonders wichtige Grundlage zwischenmenschlicher Beziehungen. Achten Sie darauf, daß die Art Ihres Gebens von Ihrem Kind als angenehm empfunden wird, als ein «Streicheln mit Worten». Noch ist es unerheblich, ob Sie Dialekt oder Hochdeutsch sprechen. Wichtig ist nur, daß Sie deutlich sprechen (auch bei Koseworten), daß Ihre Stimme nicht zu laut ist und daß Sie natürlich reden. Sonst spürt Ihr Kind, daß «etwas nicht stimmt».

* Sprechen Sie und Ihr Mann verschiedene Sprachen? Sie können sich entscheiden, ob Sie in diesem Fall von Anfang an zwei Sprachen sprechen und sie gleichzeitig übermitteln wollen oder ob Sie bevorzugen, zunächst eine Sprache zu «befestigen» (ca. 3 Jahre lang), bevor Sie die zweite hinzunehmen. Wenn einer der beiden Eltern sich im ersten Lebensjahr deutlich häufiger mit dem Kind befaßt, sollte die Muttersprache (oder die bestgesprochene Sprache) dieses Erwachsenen gewählt werden. So kann das Kind erfahren, daß Sprechen Freude macht und daß Sprechen Beziehung schafft: und das sind ganz grundlegende Erfahrungen im Hinblick auf das Erlernen der Sprache.

Ab dem 4. Monat

** Nun wird es Zeit, daß Ihr Kind seinen eigenen Körper kennenlernt. Lassen Sie es nach dem Baden (in einem warmen Raum) eine Weile nackt, und zeigen Sie ihm seine Arme und Beine, die Hände, die Zehen und den Bauch, berühren Sie seinen Kopf, seinen Rücken, seinen Po, und sagen Sie jeweils dazu, was das ist, wie es bezeichnet wird. Wenn sie immer deutlich sprechen, kann Ihr Kind den Klang bestimmter Wörter schon ganz gut unterscheiden, obwohl es deren Sinn jetzt sicher noch nicht versteht.
Das ist eine Aufgabe, die ein wenig

Geduld von Ihnen erfordert und deren Erfolg nicht unmittelbar feststellbar ist: Wiederholen Sie dennoch immer wieder die wichtigsten Wörter, z.B. die Namen der Körperteile, der Spielsachen, verschiedener Gegenstände im Zimmer und anderer Dinge, mit denen Ihr Kind täglich zu tun hat. Noch besser ist es, wenn Sie nicht nur die Namen, sondern auch noch einige Eigenschaften der Sachen nennen (und möglichst in einem Satz), z.B. «der (Gegenstand) ist warm», «weich», «rot», «rund», «schön» usw.
Verwenden Sie bewußt auch möglichst viele Tätigkeitswörter, essen, schlafen, lachen, sich freuen, sehen, fühlen, tasten, schmecken, stehen, rollen, liegen, sitzen – Ihrer Phantasie sind keine Grenzen gesetzt.

Ab dem 6. Monat

***Sehen Sie in Ihrem Rundfunkprogramm nach, wann der Kinderfunk eine Geschichte ausstrahlt, und hören Sie dann zusammen mit Ihrem Kind dieser Sendung einige Minuten zu. Die Übung ist gut für Ihr Kind, weil es die Geschichte von einem Sprecher hört, der langsam und ruhig liest, die Wörter deutlich ausspricht und sinngemäß betont.
Und für Sie ist sie auch ganz nützlich: Im Laufe der Zeit lernen Sie Geschichten kennen, die Sie Ihrem Kind erzählen können, wenn es deren Sinn versteht (ab dem 12.–15. Monat faßt es schon einiges vom Inhalt auf, wenn Sie dazu etwas zeigen und mit Mimik und Gestik unterstützen). Suchen Sie nur Geschichten, bei denen es sich nicht fürchtet. Kinderschallplatten erfüllen natürlich den gleichen Zweck wie Rundfunksendungen. Wenn Ihrem Kind diese Art der Unterhaltung Spaß macht, lassen Sie es vom zehnten Monat an ein bis zwei Stunden pro Woche hören, allerdings im einzelnen nicht länger als vier bis zehn Minuten. Wenn die Geschichte länger ist, können Sie das Radio ja ausschalten und sie mit zwei, drei Sätzen selbst zu Ende erzählen.
** Sie merken es selbst: jetzt will Ihr Kind Ihnen schon manchmal etwas erzählen! Hören Sie seinen Wawa- und Gaga-Lauten richtig zu, und wiederholen Sie die Lautmalereien. Indem es seine eigenen Laute von Ihnen hört, begreift es allmählich, daß man mit Mund und Zunge etwas Bestimmtes ausdrücken kann und daß man das auch hört. Bei diesen «Unterhaltungen» soll das Kind Ihren Mund gut beobachten können. Ihr Kopf sollte also in der gleichen Höhe sein: Gehen Sie in die Hocke und sprechen Sie langsam und deutlich. Wenn Ihr Kind später viele Wörter richtig beherrscht, können Sie wieder auf Ihr gewohntes, schnelleres Sprechtempo übergehen.

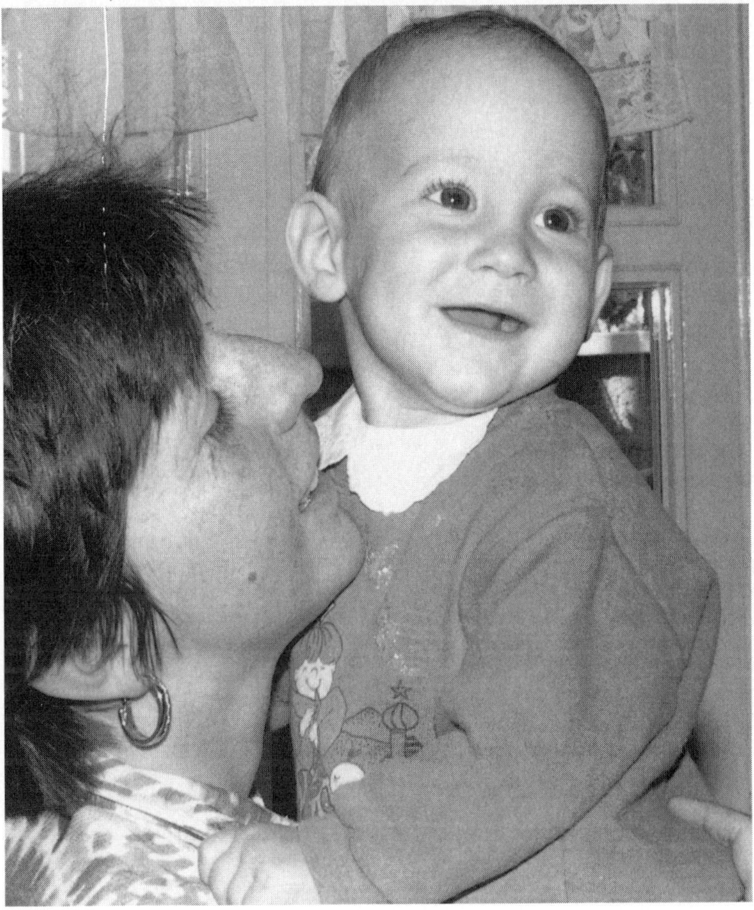

Ab dem 8. Monat

** Neben dem gewohnten Brei sollte Ihr Kind jetzt auch Mahlzeiten bekommen, bei denen es kauen und beißen muß. Dabei werden die Kaumuskeln und alle anderen Muskelpartien im Mundraum trainiert, und das fördert zugleich die bewußte Steuerung der Muskeln, die beim Erlernen der Sprache nötig sind.

* Wenn Sie Ihrem Kind etwas besonders Gutes tun wollen, schreiben Sie ein paar Geschichten auf, die Sie ihm dann wiederholt vorlesen können. Mit welchem Inhalt? Erzählen Sie doch einfach etwas von einem Hund oder einem Vogel, von irgend etwas, das Sie beobachtet haben und das vielleicht auch Ihr Kind schon gesehen hat. Mehr als ca. zehn Zeilen braucht die Geschichte nicht zu haben. Vielleicht können Sie auch noch etwas dazu malen. Weder die künstlerische Qualität der Geschichte noch die der Zeichnung sind ausschlaggebend: es geht allein darum, daß Ihr Kind bestimmte Wortkombinationen immer wieder hört, denn das erleichtert das Sprechenlernen ganz erheblich. Bilderbücher mit kurzen Texten sind genauso geeignet.

Ihr Kind will Lärm machen

Ab dem 4. Monat

** Wir Erwachsenen nehmen die meisten Geräusche gar nicht mehr richtig wahr. Ihr Kind jedoch staunt sogar über das ganz banale «klick» eines Lichtschalters. Helfen Sie ihm dabei, möglichst viele verschiedene Geräusche kennenzulernen: die Rassel, ein Glöckchen, Türenschließen, Küchenmaschinen, Staubsauger, das Klirren von Geschirr oder Schlüsseln ... Und zeigen und erklären Sie ihm dabei die Geräuschquelle. Sie können auch ganz einfach eine «Geräuschdose» basteln (aus einer Rolle aus Karton oder dickem Papier), die Sie mit harmlosen Dingen füllen (Erbsen, Reis, kleinen Zuckerstücken und winzigen Bonbons, damit nichts passieren kann, wenn die Dose mal aufgehen sollte) und mit Klebeband verschließen. Nach ein paar Tagen tun Sie etwas anderes hinein. Ihr Kind bekommt auf diese Weise viele verschiedene Höranregungen, die für seine Hörentwicklung hilfreich sind.

** Kinder lernen sehr schnell erkennen, aus welcher Richtung ein Geräusch kommt. Sie brauchen es nur ein paarmal zu üben. Erzeugen Sie Geräusche aus verschiedenen Richtungen und Entfernungen, wenn Ihr Kind im Bettchen liegt. Bald dreht es auf Anhieb sein Köpfchen zur richtigen Seite.

Ab dem 6. Monat

** Machen Sie gelegentlich Geräusche, Töne oder auch Krach mit Ihrem Kind! Zeigen Sie ihm, wie man mit einem Kochlöffel auf einem Topf trommelt, wie man einen verschlossenen Karton mit den Fäusten bearbeitet und den Stoffbär zum Brummen bringt. Sammeln Sie ein paar Verschlüsse von Baby-Fertignahrung und tun Sie sie (gewaschen natürlich) in eine geschlossene Kaffee- oder Bonbondose aus Blech – ein herrlicher Krachmacher! Mit all diesen Dingen lernt Ihr Kind, wie es selbst Töne erzeugen kann. Jeder Ton stimuliert sein Gehör, es lernt hohe und tiefe, laute und leise, unvermischte und gemischte Töne und Klänge unterscheiden. Dabei bildet es auch schon Vorlieben aus: es bestimmt, was es seltener oder häufiger hören möchte.

Das Musikverständnis fördern

Ab dem 3. Monat

** Erinnern Sie sich noch, wie gern Sie früher Kinderlieder hörten? Vielleicht werden Sie sogar heute noch (heimlich) etwas sentimental, wenn Sie vertraute Melodien aus Ihrer Kinderzeit hören. Singen regt bei einem Kind nicht nur das Hören an, sondern ruft auch ganz bestimmte Gefühle hervor. Mütter haben das zu allen Zeiten und in allen Völkern gewußt. Singen auch Sie Ihrem Kind von Anfang an viel vor: Volkslieder, «Eigenkompositionen», auch völlig freies «Gedudel» oder «Melodienbögen», die aus der Situation heraus entstehen. Sprechen Sie manchmal auch nur Liedertexte oder Kinderreime ohne Melodie vor, damit sie Ihrem Kind mit der Zeit immer vertrauter werden.

*** Schon jetzt können Sie etwas dazu tun, daß Ihr Kind später eine Beziehung zur Musik entwickelt. Spielen Sie ihm 5–20 Minuten lang am Tag etwas vor, nach dem sechsten Monat auch länger; ob Volksmusik, Jazz oder klassische Werke ist weniger wichtig. Falls Sie eine ausgeprägte Vorliebe für eine bestimmte Musikrichtung haben, überträgt sie sich in diesem Alter besonders leicht auf Ihr Kind. Sorgen Sie auf jeden Fall dafür, daß die Musik technisch einwandfrei zu hören ist.

Ab dem 6. Monat

* Hören Sie weiter viel Musik, aber suchen Sie ab und zu auch Platten aus, auf denen ein Instrument (Klavier, Klarinette, Violine, Cello, Schlagzeug usw.) klar dominiert. Und drehen Sie dann am Verstärker oder Steuergerät das Höhenregister so, daß die besondere Klangfarbe dieses Instruments hörbar wird.

Kreativität und Denken von Anfang an

Ab dem 3. Monat

*** Kinder kommen neugierig auf die Welt. Sie wollen grundsätzlich alles kennenlernen! Helfen Sie Ihrem Kind dabei. Dazu gehört auch, daß Sie es laufend mit neuen Gegenständen vertraut machen. Zeigen Sie ihm im ersten Vierteljahr täglich fünf, im zweiten Vierteljahr zehn und im dritten und vierten Vierteljahr 15 Dinge. Jeden Tag lassen Sie etwas weg, was Ihr Kind bereits gut kennt, und erklären ihm statt dessen etwas Neues. Hier nur einige Vorschläge (Ihnen fallen sicher noch eine ganze Menge anderer Dinge ein): Plastikflasche, Dose, Brot, Löffel, Apfel, Geschirrtuch, Eierbecher, Eimer, Besen, Toilettenpapier, Schlüssel, Uhr, Aschenbecher, Vase. Ihr Kind soll dabei auch gleich hören, wie der Gegenstand heißt, und sehen, wie man ihn verwendet. Wenn es ein halbes Jahr alt ist, genügt ihm bloßes Anschauen nicht mehr – es will alles selbst ausprobieren. Mit anderen Worten: Geben Sie ihm nur Sachen, mit denen nichts passieren kann. So wird Ihr Kind in seinem ersten Lebensjahr immerhin schon mit gut 300 Dingen vertraut!

Ab dem 6. Monat

* Bilder am Bett regen zum Sehen und Denken an. Sie können sie leicht selber malen. Auf die künstlerische Qualität kommt's dabei wirklich nicht an, die Hauptsache ist, daß Sie ein einfaches Motiv malen: eine Rassel z. B., einen Ball, ein Fläschchen; diese Dinge kennt Ihr Kind ja auch schon. Fotos aus Illustrierten oder Reproduktionen von Gemälden erfüllen den gleichen Zweck, sofern sie nur einen klar erkennbaren Gegenstand zeigen und mindestens 25 x 25 cm groß sind.

** In diesem Alter kann ein Kind schon etwas vom Zusammenhang zwischen Ursache und Wirkung erfahren. Das können Sie ihm an ganz einfachen Beispielen demonstrieren: Halten Sie die Rassel zuerst eine Zeitlang ruhig in der Hand, bevor Sie sie schütteln. Blasen Sie kräftig in das bewegungslose Mobile, und stoppen Sie es dann wieder. Legen Sie einen Ball vor Ihr Kind hin und stubsen Sie ihn dann ein bißchen an, so daß er langsam weiterrollt. Oder halten Sie ihn mit der einen Hand hoch, und lassen Sie ihn in die andere Hand hinabfallen. Es wäre gut, wenn Sie sich für jeden Tag ein bis zwei andere Beispiele ausdenken könnten, die Sie nach einer Woche wiederholen.

** Ab jetzt sollte Ihr Kind jede Woche ein neues Material und seine Eigenschaften kennenlernen. Papier zum Beispiel: man kann es falten, rollen, reißen, bemalen, naß machen und ausdrücken, zusammenknüllen und glatt streichen. Oder Wasser: zeigen Sie Ihrem Kind (gerade beim Baden), daß man es verschütten, umgießen, spritzen, einfließen lassen, wärmer und kälter machen, durchsieben, durch Trichter fließen lassen, abtrocknen und sich selbst damit naß machen kann.
Oder Holz: lassen Sie Ihr Kind sehen, daß es lange und kurze Hölzer gibt, daß sie verschieden schwer sind und verschiedene Farbtöne und Muster haben, daß man Holz schwimmen lassen kann…
Und genauso soll Ihr Kind nach und nach auch mit anderen Materialien (Gummi, Plastik) und dem Geschmack von Zucker und Salz vertraut werden.

Ab dem 9. Monat

***Inzwischen hat Ihr Kind schon einen ganz hübschen Erfahrungsschatz. Bei vielen Dingen weiß es bereits, wozu sie da sind und was man mit ihnen macht. Wenn Sie die Dinge nun auf eine etwas ungewöhnliche Weise verwenden, regen Sie damit seine Kreativität an und erreichen, daß es geistig flexibel wird und auch umdenken kann.
Es soll z.B. begreifen: Ein Ball kann nicht nur rollen, sondern man kann ihn auch springen oder auf derselben Stelle rotieren lassen.
Eine Rassel ist zugleich ein lustiger Armreif, man kann sie auch prima mit einer Schnur heranziehen oder Sachen durch den Ring stecken.
Einen Hut kann man nicht nur auf den Kopf setzen, man kann auch etwas hineinlegen oder damit auffangen.

* Und dieses Spiel können Sie mit Ihrer Einrichtung machen: Verändern Sie jede Woche einmal etwas im Kinderzimmer oder in der Spielecke. Legen Sie die Stühle mal der Länge nach hin, so daß der Raum in zwei Hälften geteilt wird, und lassen Sie in der Mitte einen Spalt frei zum Durchgehen und Krabbeln. Oder schieben Sie den Tisch in eine Ecke, und bauen Sie darunter eine kleine Spielhöhle…
So bekommen die Möbel, die Ihrem Kind ja inzwischen sehr vertraut sind, eine ganz neue Bedeutung. Es lernt neue Eigenschaften an ihnen kennen und benützt den Raum großzügiger.
Diese Anregungen fördern seine Fähigkeit, sich auf Neues einzustellen und neue Zusammenhänge zu sehen.

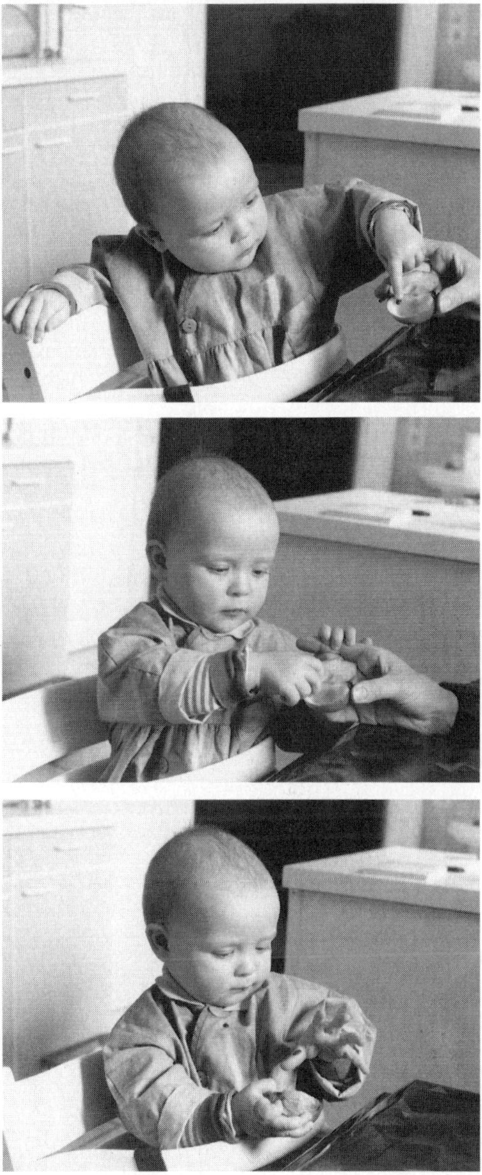

Auch kleinste Dinge, wie ein Apfelkern, bannen die Aufmerksamkeit des Kindes

Ab dem 11. Monat

** Legen Sie mit Bauklötzen eine «Straße», und schieben Sie ein Auto daran entlang. Am nächsten Tag machen Sie mit den Klötzen ein großes L, dann ein großes E. Das Alphabet ist eine prima Vorlage, um Ihr Kind mit immer neuen Formen und Anordnungen vertraut zu machen, die es allmählich in seine Spiele einbezieht. Bauen Sie auch mit wenigen Klötzen in die Höhe. Ihr Vorbauen ist übrigens nur als Anregung gedacht: die meisten Erfahrungen mit Bauklötzen soll Ihr Kind beim Spielen selbst sammeln. Nehmen Sie sich aber öfter die Zeit, sich still danebenzusetzen und ihm ruhig zuzuschauen, dann spielt es länger und intensiver damit.

* Beim Einfüllen oder Rauskramen von Sachen aus verschieden großen Kartons, Kisten und Koffern lernt Ihr Kind, Größen abzuschätzen und Dinge so einzupacken, daß viel in den Behälter hineingeht.

** Wenn Ihr Kind während der Monate Juni bis September geboren ist, kann es mit elf Monaten viel im Freien spielen. Dort findet es im Sandkasten, bei einem Planschbecken im Garten oder auch auf der Wiese und im Wald vielfältige Anregungen für das Wahrnehmen, Tasten, Denken und Empfinden zugleich. Es entdeckt dort faszinierende kleine Tiere: Würmer, Marienkäfer, Schmetterlinge und vielleicht auch eine flinke Eidechse.

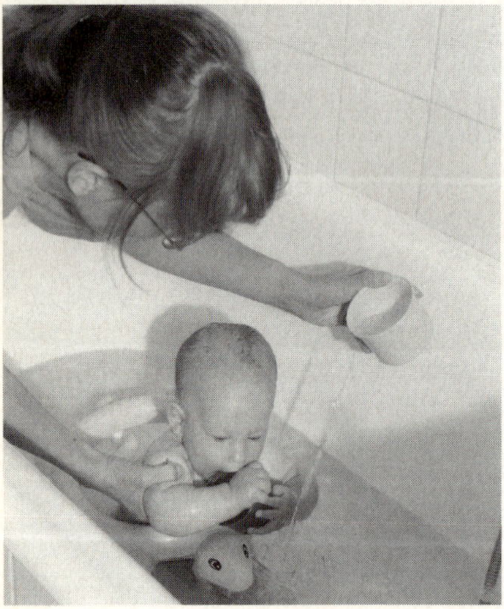

Im (Bade-)Wasser gibt es viel zu entdecken und zu erforschen

Die Selbstsicherheit wächst mit dem Vertrauen in die Welt

Ab dem 1. Monat

***Ihr Kind kann seine Wünsche noch nicht sagen, oft genug kennt es sie auch gar nicht genau. Nur soviel ist sicher: Wenn Ihr Kind erst einmal schreit, dann vermißt es etwas, ist unzufrieden und unglücklich. Helfen Sie ihm dann. Denn wenn Sie es in solchen Situationen weiterschreien lassen, kann es kein Vertrauen fassen zu Ihnen, zu seiner Umwelt, ja zum Leben überhaupt. Gehen Sie zu Ihrem Kind hin, nehmen Sie es gegebenenfalls hoch, zeigen Sie ihm etwas, was ihm Freude macht, spielen Sie mit ihm, lächeln Sie es an. Nur durch viele solcher freundlichen Eindrücke und Erlebnisse bekommt es eine aktive, optimistische und lebensbejahende Einstellung.

** Wenn Sie sich immer viel mit Ihrem Kind beschäftigen, ist die Entwicklung seines Selbstbewußtseins kein Problem. Denn Sie beweisen ihm damit: «Du bist eine eigene, selbständige Persönlichkeit mit besonderen Wünschen und Ansprüchen, die ernst genommen werden!» Schon in den ersten Monaten genügt es nicht allein, daß Sie Ihr Kind gut pflegen, daß es satt und sauber in seinem Bettchen liegt. In den Wachpausen braucht es viel (Körper-)Kontakt mit der Mutter, dem Vater, den Geschwistern und viele Anregungen. Denn mit jedem Spiel zeigen Sie Ihrem Kind, daß Sie es liebhaben und daß es wichtig ist für Sie. Jede Vernachlässigung aber steht der Entwicklung eines gesunden Selbstgefühls entgegen. (Allerdings heißt das nicht, daß Ihr Kind nicht auch in seinem Bett längere Zeit mit offenen Augen träumen sollte – es wird sich melden, wenn es angesprochen werden will.)

** Richten Sie sich beim Tagesablauf Ihres Kindes nicht stur nach der Uhr. Es wird eine ganze Weile dauern, bis Sie es behutsam an einen Rhythmus gewöhnen können, der ihm (und Ihnen) am liebsten ist. Zwingen Sie es nicht zu einer Ordnung, die seinen Bedürfnissen vielleicht nicht entspricht, sondern passen Sie sich weitgehend seinem Rhythmus an.

Ab dem 3. Monat

** Haben Sie schon einmal beobachtet, wie fasziniert Ihr Kind zuschaut, wenn sich sein Mobile

Manche Kinder wissen schon im 1. Lebensjahr genau, was sie wollen, so wie Nepomuk

dreht? Oder wie es ganz vertieft mit seinen Fingerchen spielt? Es wäre ganz falsch, wenn Sie in solchen Momenten mit etwas anderem dazwischenplatzen würden. Wenn Sie es nämlich öfter unterbrechen, verlernt es, sich längere Zeit mit einer Sache zu beschäftigen. Dann erwartet es statt dessen, daß Sie ständig kommen und ihm etwas noch Interessanteres anbieten. Es wird leicht ablenkbar, unruhig und entwickelt keine festen Interessen. Beobachten Sie deshalb möglichst aus größerer Entfernung, ob Ihr Kind Sie gerade braucht oder ob es allein spielen will. Oft ist es gerade nach dem Füttern und Wickeln besonders munter und will noch etwas «erleben», während Sie selbst vielleicht ganz gern jetzt eine Ruhepause hätten. Raffen Sie sich bitte trotzdem zum Spielen auf!

Ab dem 6. Monat

* Es ist für Ihr Kind gar nicht so einfach, Sie zu verstehen, wenn Sie es dauernd mit einem anderen Kosewort ansprechen. Woher soll es wissen, daß es selbst damit gemeint ist? Entscheiden Sie sich lieber für einen bestimmten Namen, einen einzigen Kosenamen oder seinen Vornamen, mit dem Sie es immer ansprechen. Dann weiß Ihr Kind bald, wer gemeint ist, und wird sich angesprochen fühlen. (Übrigens haben die meisten Kosewörter den Nachteil, daß sie nur einen bestimmten Aspekt in den Vordergrund rücken und die Gesamtpersönlichkeit des Kindes außer acht lassen.)

** Ihr Kind muß schon früh seinen Körper kennenlernen, das ist wichtig für die Entwicklung seines Selbstbewußtseins. Zeigen Sie ihm deshalb nach dem Baden alle Körperteile. Wenn es seine Zehen dabei in den Mund steckt oder mit seinen Geschlechtsteilen spielt, lassen Sie es!

*** Wenn Ihr Kind selbst Überraschungseffekte «herbeizaubern» darf, wird sein Selbstvertrauen wesentlich gestärkt: z. B. einen Ball ins Wasser werfen, daß es spritzt, oder das Licht ein- und ausschalten usw. Dabei erfährt es, wie «mächtig» es ist.

Sie können die Gefühle Ihres Kindes wecken

Ab dem 1. Monat

*** Als Sie noch im Krankenhaus lagen, haben Sie sich sicher oft gewünscht, Ihr Kind endlich einmal längere Zeit ansehen zu können – jetzt, zu Hause, dürfen Sie es –, und diese stumme Zwiesprache ist sogar sehr wichtig für Sie beide! Lassen Sie lieber mal eine Arbeit liegen, und setzen Sie sich statt dessen wiederholt an das Bett Ihres Kindes. Dabei werden Ihnen eine Menge liebevoller Gedanken durch den Kopf gehen. Malen Sie sich aus, was Sie in den nächsten Wochen und Monaten alles für seine Entwicklung tun und wie Sie die nächsten Jahre mit dem Kind gestalten wollen. Vielleicht hatten Sie anfangs Angst vor der Umstellung, vielleicht haben Sie auch Wohnungsprobleme oder finanzielle Sorgen durch den größeren Haushalt. Aber eines ist sicher: Ihr Kind wird Ihnen durch seine Anwesenheit Mut machen und Ihnen das Gefühl geben, daß Sie es schaffen werden.

Ab dem 2. Monat

***Nehmen Sie Ihr Kind immer wieder in die Arme und liebkosen Sie es, damit es Ihre Nähe spürt und der frühere intensive Kontakt (als es noch in Ihnen war) wiederholt wird. Es lernt dabei auch alle wichtigen Gefühle, wie Freude, Heiterkeit, Optimismus, Mitgefühl und Lust, kennen, denn diese Gefühle werden in solchen Momenten in Ihnen wach und übertragen sich auf Ihr Kind.

** Vermeiden Sie alles, was Ihr Kind erschrecken oder aufregen könnte. Dazu gehört natürlich in erster Linie, daß Sie es nicht längere Zeit schreien lassen. Ihr Kind schreit nur, wenn es mit einer Situation allein nicht fertig wird, wenn es Hilfe von Ihnen erwartet. Enttäuschen Sie es nicht. Will es frisch gewickelt werden? Hat es Hunger? Braucht es Abwechslung? Alle diese Wünsche sollten Sie unbedingt erfüllen. Und lassen Sie sich bloß von niemandem einreden, daß Sie Ihr Kind damit verwöhnen würden. Später lernt es durch die vielen Spiele, die Sie ihm beibringen, mit seiner Langeweile selbst fertig zu werden. Aber wenn es

erst mal schreit, ist es ihm schon viel zu unwohl, als daß es sich noch etwas Lustiges ausdenken könnte. Wenn es nach einer Weile wieder still wird, dann höchstens aus Resignation.

Ab dem 4. Monat

** Nur an Ihrem Verhalten lernt Ihr Kind, wie man Gefühle ausdrückt. Lassen Sie es erleben, daß Freude, Glück und Heiterkeit eine Sache des ganzen Körpers sind und sich nicht nur im lachenden Gesicht eines Menschen ausdrücken. Und ebenso lernt Ihr Kind von Ihnen, falls Sie das tun – daß man nach einem Streit wütend die Tür zuschlägt oder anderen Leuten, Ihrem Mann, den Verwandten muffige Antworten gibt, wenn man sich ärgert. Und das wollen Sie doch sicher nicht, oder? Besser ist es dann schon, wenn Sie über die Ursachen Ihres Ärgers sachlich mit den anderen auch vor Ihrem Kind sprechen. Denn es merkt ohnehin, wenn «etwas in der Luft liegt».

Ab dem 6. Monat

** Reime und Lieder machen allen Kindern Spaß. Falls Sie die Reime aus Ihrer eigenen Kinderzeit vergessen haben, fragen Sie Großmütter und Großväter, eine Erzieherin oder andere Mütter und Väter – irgendeinem von ihnen fällt bestimmt ein hübsches Lied oder ein Reimspiel ein. Spielen, sprechen und singen Sie es mit Ihrem Kind!

Ab dem 8. Monat

* Jeden Tag braucht Ihr Kind einige neue Anregungen, die ihm einen Riesenspaß bereiten. Machen Sie es bei Spazierfahrten auf Hunde aufmerksam, die durch den Park toben, auf schleichende Katzen, zwitschernde Vögel, bunte Blumen, spielende Kinder. Auch wird es vor Vergnügen jauchzen, wenn Sie mit dem Gartenschlauch einen Springbrunnen machen oder im Sommer ein Planschbecken mit warmen Wasser im Freien aufstellen und einige Plastiktiere schwimmen lassen.

So öffnen Sie Ihrem Kind den Weg zu anderen Menschen

Ab dem 1. Monat

** Während der Schwangerschaft war für Ihr Kind die Welt selbstverständlich «in Ordnung». Mit dem Tag der Geburt aber ändert sich die Beziehung zwischen dem kindlichen Organismus und seiner Umgebung grundlegend. Nun muß und kann die Umwelt auf seine Bedürfnisse und Wünsche eingehen! Das geschieht leider nicht immer. Sicher gibt das Kind seinem Unmut lautstarken Ausdruck, wenn dringende Bedürfnisse nicht befriedigt werden – aber selbst das bewegt ja nicht alle Erwachsenen, ihm zu Hilfe zu kommen, sei es mit Nahrung, mit zärtlichem Zuspruch oder einfach durch ihre «Anwesenheit».
Ihr Kind empfindet seinen Körper als feindlich, wenn er ihm Unruhe, Unlustgefühle oder sogar Schmerzen bereitet. Das ist der Fall, wenn es Hunger hat, schwitzt oder friert usw. Wenn Sie dann nicht zu Hilfe kommen, verfestigt sich diese Unzufriedenheit mit dem eigenen Körper. Erlebt ein Kind häufig solche Enttäuschungen, dann kann es auch keine freundliche Einstellung zur Außenwelt (die ihm ja nicht hilft) entwickeln, es wird sich resigniert abwenden. Deshalb müssen Sie Ihr Kind besonders im ersten Lebensjahr, solange es noch nicht «warten» kann (also noch nicht in genügendem Maß die Erfahrung gemacht hat, daß die Mutter bald kommt), möglichst viele Erfahrungen machen lassen, die sein Vertrauen in die Welt wachsen lassen und ihm Erlebnisse ersparen, die zu Mißtrauen führen. Erst sehr langsam entwickelt sich sein Zeitempfinden und die Fähigkeit, Bedürfnisse aufzuschieben. Das bedeutet, daß Sie auf alle körperlichen und seelischen Bedürfnisse Ihres Kindes, z. B. nach angenehmer Raumtemperatur, genügend Schlaf, ausreichender Nahrung, Körper- und Hautkontakt, selbstverständlich eingehen müssen. (Das geschieht z. B. beim Stillen.) Versuchen Sie auch, Ihre Zeit möglichst nach den Bedürfnissen des Kindes einzuteilen: Erledigen Sie die Hausarbeit, wenn es schläft, und nehmen Sie sich viel Zeit, wenn es wach ist. Vergessen Sie bitte insbesondere auch verstaubte und rücksichtslose Erziehungsgrundsätze vergangener Jahrzehnte, wie «Der Tagesablauf muß streng und gleichmäßig eingeteilt sein; ein Kind muß

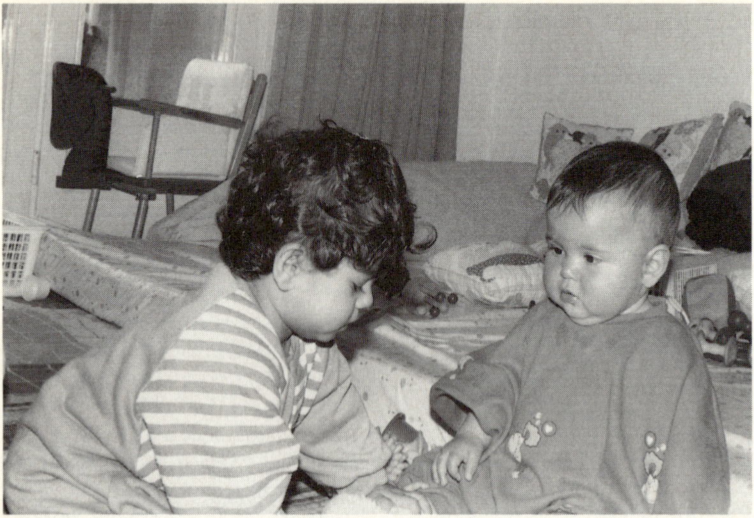

Positive soziale Erfahrungen machen Kinder freundlich

pünktlich nach der Uhr zu Bett» (warum nicht dann, wenn es müde ist?); oder gar «Schreien stärkt die Lungen». Das Vertrauen in die Welt ist der beste Grundstein für die Entwicklung Ihres Kindes.

Ab dem 2. Monat

** Zwischen der sechsten und zehnten Woche können Sie in der Regel das erste deutliche Lächeln bei Ihrem Kind beobachten. Es lächelt, weil es ein bekanntes Schema wiedererkennt, die Augen- und Stirnpartie und die Nase. Deshalb lächelt es in diesem Alter auch andere Menschen ebenso frei an (übrigens auch einfache Zeichnungen von Gesichtern). Antworten Sie dann ebenfalls mit einem Lächeln, sprechen Sie dazu, und bewegen Sie Ihren Kopf und Ihr Gesicht ein wenig; denn das macht Ihrem Kind Spaß und ermuntert es, seine ersten «sozialen» Verhaltensweisen zu wiederholen und dabei einzuüben.
Wenn es nicht gerade getrunken hat, nehmen Sie es selbstverständlich auch auf und sind zärtlich zu ihm. Später wird Ihr Kind Sie dann aufgrund Ihres Gesichtsausdrucks wiedererkennen und anlächeln. Bis dahin erkennt es Sie persönlich durch andere Wahrnehmungen, an Ihrem Geruch, an Ihrer Stimme oder auch daran, wie Sie die Tür öffnen.

Ab dem 3. Monat

** Grundsätzlich raten wir Ihnen zwar, Ihr Kind nicht zu häufig mit fremden Menschen in Berührung zu bringen – schon deshalb nicht, weil es sich dabei infizieren könnte. Übertreiben Sie das aber nicht: drei bis vier Personen, die Eltern eingeschlossen, sollte Ihr Kind schon im ersten Halbjahr kennenlernen, danach, bis zum Ende des ersten Lebensjahres, vielleicht drei bis fünf weitere.
So stellt es sich nach und nach auf verschiedene Gesichter und auch Verhaltensweisen ein und wird um den achten Monat herum keine zu heftige «Achtmonatsangst» zeigen. In diesem Alter kann Ihr Kind Fremde und Bekannte bereits leicht unterscheiden; es ist nur dann unangenehm berührt, wenn es nicht gelernt hat, «Fremde» sich bekannt zu machen. Sicher werden Sie auch bald bemerken, daß Ihr Kind bestimmte Erwachsene – sogar gegenüber Freunden oder Familienangehörigen – bevorzugt. Diese manchmal unerklärliche Sympathie oder Ablehnung sollte weder Sie noch die betreffenden Menschen zu sehr beeindrucken. Der Favorit von heute ist vielleicht schon morgen nicht mehr so gern gesehen und umgekehrt. Denken Sie bitte unbedingt daran, daß Ihr Kind Fremde langsam kennenlernen muß. Setzen Sie es vielleicht auf Ihren Schoß, während der Unbekannte allmählich näher kommt. So hat es Zeit, ihn zu

betrachten, und er kann sich z.B. durch Fingerspiele vorstellen.
** Nun zeigen bestimmte Arm- und Beinbewegungen Ihres Kindes schon an, daß es aufgenommen werden möchte. Gehen Sie darauf möglichst oft ein, und halten Sie damit seine Kontaktwünsche wach. Verwöhnt wird es dadurch nicht.

Ab dem 4. Monat

** In den folgenden Wochen stellt sich das Kind in der Regel ganz auf seine Mutter als wichtigste Bezugsperson ein, es erkennt sie deutlich wieder, hat sich Stimme und Sprechweise gemerkt, liebt die besonderen, mütterlichen Zärtlichkeiten. Die Mutter ist jetzt fast immer das bedeutsamste Liebesobjekt des Kindes und zugleich die vertraute Vermittlerin zur Umwelt – sie stillt oder gibt überwiegend die Flasche, wickelt und pflegt das Kind, sorgt dafür, daß es Abwechslung hat.
Ein Wechsel der Bezugsperson sollte im ersten Lebensjahr möglichst vermieden werden. Die Mutter sollte nicht jetzt schon eine Berufstätigkeit wiederaufnehmen oder neu beginnen, keinen längeren Urlaub ohne ihr Kind machen und auch besonders sorgfältig auf ihre Gesundheit achten, damit sie auf keinen Fall durch einen Krankenhausaufenthalt von ihrem Kind getrennt wird. Es könnte sich, nachdem es sich so ganz und gar auf sie eingestellt hat, nur schwer auf einen anderen Menschen und dessen spezielle Art umgewöhnen. Beide, Mutter und Vater, sollten auch vermeiden, ihr Kind durch häufige, größere Veränderungen ihres Erscheinungsbildes zu verwirren, indem sich die Mutter etwa die Haare färbt, die Frisur völlig verändert oder der Vater sich einen Bart wachsen läßt.
Vielleicht haben Sie den Eindruck, daß wir einen Wechsel der Bezugsperson zu problematisch sehen – aber denken Sie daran, wie sehr Ihr Kind auf Sie angewiesen ist, daß es sich bei Ihnen von den anderen Umwelteindrücken erholt, sich bei Ihnen entspannt, daß es dabei neuen Mut holt, um die noch weithin unbekannte Umwelt zu durchforschen und sich zu eigen zu machen.
** Für Kinder sind Erwachsene riesengroß und darum immer ein bißchen unheimlich. Erleichtern Sie Ihrem Kind das Gefühl, daß Sie sein Partner und kein «Übermensch» sind, indem Sie (Sie denken noch daran, daß mit «Sie» Mutter und Vater gemeint sind?) möglichst oft auf seine Ebene heruntergehen: Legen Sie sich beim Spielen auf den Boden, setzen Sie sich so, daß Ihre Augen auf gleicher Höhe mit den Augen Ihres Kindes sind, und gehen Sie in die Hocke vor seinem Bettchen.

Ab dem 6. Monat

** Ihr Kind beobachtet übrigens bereits jetzt recht genau, welche Aufgaben, die mit einer Person zusammenhängen, die Mutter und welche der Vater verrichtet. Wenn Sie also für die Gleichberechtigung von Vater und Mutter – sowohl bei der Erziehung der Kinder als auch in ihrer Beziehung zueinander – eintreten (und es sprechen deutlich mehr Gründe dafür als dagegen), dann sollte der Vater in gleicher Weise an der Babypflege beteiligt sein wie die Mutter. Falls er tagsüber weg ist, kann er sein Kind wenigstens morgens und abends wickeln und am Wochenende auch tagsüber.

Ab dem 8. Monat

** Sicher spielt Ihr Kind jetzt häufig in Anwesenheit beider Eltern. Dabei bekommt es bereits intensiv mit, in welcher Weise Sie sich unterhalten und miteinander sprechen. Und dieses Vorbild nimmt es in seinen Erfahrungsschatz auf. Achten Sie also darauf, daß die Art, in der Sie sich unterhalten (oder auch auseinandersetzen), zugleich für Ihr Kind ein günstiges Lernmodell ist. Laute oder «gefährlich» klingende Worte würde es als bedrohlich für sich selbst empfinden, und damit hat es ja auch recht. Spannungen zwischen Ihnen als Erwachsene können das Familienklima empfindlich stören. Ungünstig sind intolerant und aggressiv geführte Diskussionen aber auch deswegen für Ihr Kind, weil es Sie beide liebt – es nimmt sozusagen den Streit in sich auf, ohne ihn verarbeiten zu können.

Recht

Diese Rechte hat Ihr Kind

Ein Kind im ersten Lebensjahr als Rechtsperson und Rechtsträger zu sehen mag zunächst nicht unbedingt einleuchten. Juristisch gesehen beginnt jedoch die Rechtsfähigkeit des Menschen bereits mit der Geburt. Ein Kind ist rechtsfähig und damit Träger von Rechten und Pflichten. Schon das Neugeborene kann also klagen, wenn sein Recht verletzt wird (z. B. auf Unterhalt), und verklagt werden, wenn es seine Pflichten versäumt (z. B. auf Zahlung von Erbschaftssteuer). Natürlich kann es seine Interessen noch nicht selbst vertreten. Es ist noch nicht geschäftsfähig, das heißt, es kann noch keine vertraglichen Verpflichtungen eingehen oder annehmen. Dies geschieht stellvertretend für das Kind durch einen gesetzlichen Vertreter, im allgemeinen durch die Eltern. Im Prinzip hat das Neugeborene die gleichen Rechte wie alle Menschen. Diese Rechte sind für die Bundesrepublik Deutschland im Grundgesetz verankert:

♦ Das Kind hat (wie jeder Erwachsene) nach Art. 1 des Grundgesetzes das Grundrecht auf «Würde des Menschen».

♦ Das Kind hat (wie jeder Erwachsene) nach Art. 2 des Grundgesetzes das Grundrecht auf «freie Entfaltung der Persönlichkeit». Verschiedene Freiheitsrechte sichern das im einzelnen, vor allem

- Art. 2 II das Recht auf Leben, Unversehrtheit und persönliche Freiheit,
- Art. 3 das Recht auf Gleichheit vor dem Gesetz,
- Art. 4 die Glaubens-, Gewissens- und Bekenntnisfreiheit,
- Art. 5 das Recht der freien Meinungsäußerung,
- Art. 8, 9 die Versammlungs- und Vereinigungsfreiheit,
- Art. 11 das Recht auf Freizügigkeit,
- Art. 13 die Unverletzlichkeit der Wohnung,
- Art. 14 das Eigentum und Erbrecht sowie
- Art. 16 das Asylrecht.

Das Recht auf «Leben und körperliche Unversehrtheit» schließt beispielsweise ein: Recht auf Unterhalt, Ernährung und Kleidung, ärztliche Untersuchungen, Impfungen, Schutz vor Verletzungen durch sich selbst und andere usw.

♦ Das Recht auf «freie Entfaltung der Persönlichkeit» soll die günstigen Voraussetzungen auch für die psychische Entwicklung des Kindes gewährleisten. Es muß beschützt, geleitet und angeregt werden, es hat ein Recht auf Erziehung.

♦ Die «Freiheit» des Kindes ist unverletzlich. Man darf es also nicht in Haft nehmen, da es noch nicht deliktfähig ist. Nach dem Gesetz hat das Kind eigentlich das Recht, dort zu sein, wo es gern sein möchte bzw. wo man annehmen kann, daß es sich wohl fühlt. So ist zur Unterbringung eines Kindes in einem geschlossenen Heim eine Genehmigung des Vormundschaftsgerichts erforderlich, allenfalls bei Gefahr im Verzug kann sofort gehandelt werden (die Genehmigung muß dann unverzüglich nachgereicht werden). Solche Maßnahmen können aufgrund der «elterlichen Sorge» geschehen (vgl. S. 226). Was die gesetzlich garantierten Menschenrechte zugunsten des Kindes im einzelnen sichern, ist nicht immer eindeutig erkennbar. So kann (auch zwischen den Eltern) umstritten sein, was als «grobe Verwahrlosung» oder «Mißbrauch der elterlichen Sorge» gilt.

♦ Auch das verbürgte «Recht auf freie Meinungsäußerung» sollte dem Kind stets eingeräumt werden! (In späteren Lebensjahren des Kindes kann dieses Recht auf freie Meinungsäußerung auch für seine Eltern manchmal schwierig zu ertragen sein.)

♦ Das Erbrecht ist eindeutig geregelt. Das Kind ist bereits im Mutterleib erbberechtigt, und es gibt genaue Vorschriften darüber, wie die Erziehungsberechtigten mit seinem Erbe zu verfahren haben.

♦ Nichteheliche Kinder erhalten den Familiennamen der Mutter, sie sind mit beiden Eltern verwandt.

♦ Im Erbrecht sind eheliche und nichteheliche Kinder nicht völlig gleichgestellt, das nichteheliche Kind erhält lediglich einen Erbersatzanspruch. Die Vaterschaft muß dazu anerkannt, öffentlich beurkundet oder gerichtlich festgestellt sein. Die Anerkennung der Vaterschaft kann übrigens ein Jahr lang angefochten werden, nachdem entsprechende Gründe bekannt geworden sind (Klage beim Vormundschaftsgericht).

Die Mutter hat die elterliche Sorge. Der Vater eines nichtehelichen Kindes ist unterhaltspflichtig gegenüber dem Kind.

Was Sie über «elterliche Sorge» wissen müssen

Seit Juli 1979 sind Rechte und Pflichten von Eltern gegenüber ihrem minderjährigen Kind, die bis dahin unter dem Begriff «elterliche Gewalt» geführt wurden, neu geordnet, und zwar durch das Gesetz zur Neuregelung des Rechts der elterlichen Sorge. Seither haben Kinder in einigen Bereichen mehr Rechte (z.B. Berufswahl), Eltern mehr Pflichten.

Die «elterliche Sorge» beinhaltet die Sorge für die Person des Kindes (Pflege, Erziehung, Aufsicht, Aufenthaltsbestimmung), für sein (eventuell vorhandenes) Vermögen und seine gesetzliche Vertretung gegenüber Dritten. Die Sorge für das Kind ist nicht nur das Recht, sondern gleichzeitig auch die Pflicht der Eltern. Sie können bestraft werden, wenn sie ihre Sorgepflicht vernachlässigen, andererseits dürfen sie sich unberechtigte Einmischungen von außen verbitten.

Die elterliche Sorge (damals noch «elterliche Gewalt») steht seit dem Inkrafttreten des Gleichberechtigungsgesetzes (1957) beiden Elternteilen in gleichem Umfang zu, insbesondere auch nach dem Wegfall des «Stichentscheids» durch den Vater bei Uneinigkeit (Bundesverfassungsgericht 1959). Im BGB heißt es: «Die Eltern haben die elterliche (Sorge) Gewalt in eigener Verantwortung und in gegenseitigem Einvernehmen zum Wohle des Kindes auszuüben. Bei Meinungsverschiedenheiten müssen sie versuchen, sich zu einigen.» Die Eltern müssen erforderliche Maßnahmen also selber treffen und allein verantworten. Dabei sollten nicht ihre eigenen Wünsche, sondern das Wohl des Kindes im Vordergrund stehen. Sie müssen alle Entscheidungen gemeinsam treffen.

Einigen sich die Eltern nicht, dann können sie sich an das Vormundschaftsgericht wenden. Es ist jedoch nicht die Aufgabe des Gerichts, Zwistigkeiten der Eltern zu schlichten, sondern eine für das Kind nachteilige Maßnahme oder einen Mißbrauch der elterlichen Gewalt zu verhindern.

Das Vormundschaftsgericht hat die Verpflichtung, die Eltern «auf Antrag» bei ihrer Sorge für die Person des Kindes zu unterstützen. Der Staat greift durch das Vormundschaftsgericht hauptsächlich ein, indem z.B. einem der beiden Eltern aus schwerwiegenden Gründen die elterliche Sorge oder Teile davon auf Zeit oder für immer entzogen werden, auch bei vorläufigen Regelungen während einer Scheidung und auch, wenn Absprachen nach der Scheidung nicht eingehalten werden. Das ist insbesondere bei verschiedenen Formen von Gewalt gegen das Kind der Fall, bei zu harten Strafen, bei öffentlichem Verächtlichmachen des Kindes, bei sexuellem Mißbrauch, aber auch bei Vernachlässigung des Kindes oder bei ehrlosem und unsittlichem Verhalten eines oder beider Elternteile. Gewalt gegen Kinder ist nicht selten: Nach von Münch sterben jährlich über 100 Kinder nach Mißhandlungen durch die Eltern, und die Polizei legt jährlich rund 30000 Akten über Mißhandlungen und Vernachlässigung von Kindern an.

Leben die Eltern des Kindes getrennt, so kann das Familiengericht die elterliche Sorge einem Elternteil übertragen, bei einem Antrag auf gemeinsames Sorgerecht unter Berücksichtigung des Kindeswohls auch beiden Eltern (Entscheidung des Bundesverfassungsgerichts von 1983).

Mutterschutz, Erziehungsgeld und -urlaub

Mutterschutz

Erwerbstätige Mütter (auch Hausgehilfinnen und Heimarbeiterinnen, nicht jedoch Hausfrauen und Selbständige) genießen vor und nach der Geburt erhöhte gesetzliche Sicherheit: durch das Mutterschutzgesetz. Während der letzten sechs Wochen vor der Geburt und der ersten acht Wochen nach der Geburt darf eine Mutter nicht beschäftigt werden. Die Schutzfrist nach der Geburt von Zwillingen oder eines Frühgeborenen beträgt zwölf Wochen. Die gesetzlichen Krankenversicherungen zahlen in dieser Zeit einen kleinen Teil des bisherigen, durchschnittlichen Nettoarbeitsentgelts, der Arbeitgeber den Löwenanteil.

Während der gesamten Schwangerschaftszeit bis einschließlich vier Monate nach der Geburt besteht Kündigungsschutz mit eng umschriebenen, wenigen Ausnahmen, zum Besuch eines Arztes ist Freizeit einzuräumen.

Der Arbeitgeber sollte möglichst genau informiert werden – er muß die Schwangerschaft sofort dem Gewerbeaufsichtsamt melden, das die Einhaltung der verschiedenen Vorschriften überwacht (keine schweren körperlichen Arbeiten, insbesondere bei Rutschgefahr, keine Arbeiten mit gesundheitsgefährdenden Stoffen oder Strahlen usw.). In den Wochen vor der Geburt kann eine Mutter auf eigenen Wunsch (und widerruflich) noch ihrer Erwerbstätigkeit nachgehen.

Erziehungsgeld

Der Gesetzgeber führte 1986 das Erziehungsgeld ein. Für Kinder, die in den letzten beiden Jahren geboren wurden (z. B. Juni 1985), wird das Erziehungsgeld, DM 600, bis zur Vollendung des 24. Lebensmonats gezahlt. Es muß jeweils für ein Lebensjahr beantragt werden. Erkundigen Sie sich wegen der Bestimmungen genau:

– «Anspruch auf Erziehungsgeld hat, wer 1. einen Wohnsitz oder seinen gewöhnlichen Aufenthalt im Geltungsbereich dieses Gesetzes hat, 2. mit einem Kind, für das ihm die Personensorge zusteht, in einem Haushalt lebt, 3. dieses Kind selbst betreut und erzieht und 4. keine oder keine volle Erwerbstätigkeit ausübt.» (Gesetzestext)

- Mutterschaftsgeld und (Dienst-) Bezüge werden teilweise auf das Erziehungsgeld angerechnet.
- Wer zeitweise im Ausland tätig ist, z. B. wegen vom Arbeitgeber angeordneter Tätigkeit, kann Erziehungsgeld bekommen.
- Eltern entscheiden, wer der Bezugsberechtigte ist; wenn der oder die Berechtigte die Betreuung und Erziehung nicht mehr sichern kann, kann die Anspruchsberechtigung auf eine andere Person übergehen.
- Keine volle Erwerbstätigkeit (vgl. oben 4.) liegt vor bei einer Beschäftigung von 19 Stunden und weniger oder z. B. bei einer Beschäftigung zur Berufsbildung. Wer allerdings Arbeitslosengeld, Arbeitslosenbeihilfe oder Eingliederungsgeld bezieht, gilt als voll erwerbstätig.
- Das Erziehungsgeld muß für jedes Lebensjahr des Kindes neu beantragt werden, es kann nur maximal 6 Monate rückwirkend bewilligt werden.
- Wer in den ersten 6 Lebensmonaten des Kindes als Verheirateter mehr als 100 000 DM oder als anderer Berechtigter mehr als 75 000 DM verdient, bekommt weniger als 600 DM. Ab dem 7. Lebensmonat des Kindes wird das Erziehungsgeld gekürzt, wenn Verheiratete, die von ihrem Ehegatten nicht dauernd getrennt leben, ein höheres Einkommen als 29 400 DM oder bei anderen Berechtigten 23 700 DM haben. Diese Einkommensgrenzen erhöhen sich für jedes Kind um 4200 DM. Erziehungsgeld kann auch für Teile von Monaten gezahlt werden.
- In verschiedenen Bundesländern gibt es im Anschluß an das Bundeserziehungsgeld das sog. Landeserziehungsgeld (über das Jugendamt, Sozialamt oder Versorgungsamt genauer zu erfahren).

Erziehungsurlaub

Die wesentlichen Bestimmungen sind:

- Erziehungsurlaub kann in den ersten 36 Lebensmonaten des Kindes nehmen, wer Anspruch auf Erziehungsgeld hat.
- Eheleute können den Erziehungsurlaub bis zu dreimal wechselnd nehmen.
- Während des Erziehungsurlaubs kann einer Teilzeitarbeit bis 19 Stunden wöchentlich nachgegangen werden.
- Es besteht relativ hoher Kündigungsschutz.
- Vier Wochen vor Beginn des Erziehungsurlaubs muß der Arbeitgeber informiert werden, auch über die Dauer des geplanten Erziehungsurlaubs.
- Je Kind wird für denjenigen, der den Erziehungsurlaub nimmt, ein Jahr in der Rentenversicherung anerkannt.

Die wichtigsten Leistungen des Staates für Familien mit Kindern

Jährlich werden einige Gesetze und Regelungen, die für Familien mit Kindern gelten, verändert, meistens zum Vorteil, gelegentlich auch zum Nachteil. Man muß sich also über die Tagespresse, aktuelle Zeitschriften, Radio oder Fernsehen auf dem laufenden halten. Einige besondere Leistungen des Staates seien im folgenden erwähnt (Stand Frühjahr 1997):

- Mutterschutzgesetz, Erziehungsgeld, Landeserziehungsgeld und Erziehungsurlaub wurden bereits oben dargestellt.
- Kindergeld: ab 1.1.96 DM 200 für das erste und zweite Kind (ab 1.1.97 DM 220), für das dritte Kind DM 300, für jedes weitere DM 350 monatlich. Das Kindergeld wird grundsätzlich bis zum 18. Lebesjahr bezahlt, bei noch nicht abgeschlossener Berufsausbildung kann es u.U. bis zum 27. Lebensjahr einschließlich bezogen werden. Die Auszahlung des Kindergeldes erfolgt über die Familienkassen in den Arbeitsämtern, Arbeitnehmer erhalten das Kindergeld allerdings in vielen Fällen vom Arbeitgeber ausbezahlt. Statt des Kindergelds kann auch ein Steuerfreibetrag in Anspruch genommen werden – DM 6264 im Jahr 1996, DM 6912 ab 1997.
- Rentenanspruch: ein Jahr Erziehungsurlaub pro Kind wird mit jeweils einem Jahr bei der Rentenversicherung angerechnet.
- Ausbildungsfreibeträge bei der Steuer: Für Kinder im Haushalt der Familie über 18 Jahre DM 2400, bei auswärtiger Unterbringung DM 4200 (für Kinder unter 18 auswärts DM 1800).
- Steuerliche Wohneigentumsförderung: Sie wird als Zulage über das Finanzamt ausgezahlt. Für 8 Jahre gibt's jährlich DM 5000 bei Neu- und 2500 bei Altbauten. Dazu statt des bisherigen Baukindergelds eine sog. Kinderzulage – DM 1500 jährlich pro Kind, ebenfalls 8 Jahre lang. So erhält z. B. eine Familie mit 2 Kindern DM 64000. Die Bausparförderung ist 1996 verbessert worden: Die Einkommensgrenzen beim Prämiensparen wurden auf DM 100000 für Verheiratete und DM 50000 für Ledige angehoben. Die prämienbegünstigten Höchstbeträge sind jetzt DM 2000 für Verheiratete und DM 1000 für Ledige.
- Arbeitsförderungsgesetz: Erworbene Ansprüche auf

berufliche Weiterbildung ruhen fünf Jahre pro Kind, wenn die Berufstätigkeit unterbrochen wird.

- Arbeitslosigkeit: 67 Prozent des bisherigen, regelmäßigen Nettolohns erhalten Arbeitslose mit Kind (ohne Kind nur 60 Prozent).
- Alleinerziehende: Haushaltsfreibetrag in Höhe von DM 5616 und Betreuungskosten als außergewöhnliche Belastung (bis DM 4000 für das erste und je DM 2000 für weitere Kinder).
- Fahrpreisermäßigung der Deutschen Bahn AG: Kinder unter 4 Jahren fahren kostenlos, Kinder zwischen 4 und 11 Jahren zahlen den halben Preis, für Kinder zwischen 12 und 25 gibt es das Twen-Ticket mit 25% Ermäßigung.
  Familien können eine Familienbahncard zum Preis von DM 120 (statt sonst DM 240) erwerben: ein Elternteil und mindestens ein Kind müssen sich an der Fahrt beteiligen, die Eltern fahren dann zum halben Preis, 4–11jährige

Kinder zu 1/4 des Fahrpreises, ältere Kinder zum halben Preis. Familienpaß der Deutschen Bahn AG: Familien ab drei Kindern (Kindergeldbezug als Nachweis) können diesen Paß (kostenlos) erhalten. Ein oder mehrere Kinder können auch ohne Eltern reisen, die Fahrpreisermäßigung wird wie bei der Familienbahncard gehandhabt. Eltern zahlen die Hälfte.

Übersichten

So entwickeln sich Körper, Wahrnehmung und soziales Verhalten

Diese Übersicht zeigt den normalen Entwicklungsverlauf. Erst wenn Sie mehrere Verhaltensweisen um ein bis zwei Monate verzögert beobachten, sollten Sie einen Kinderarzt fragen.
Probieren Sie am Ende des Monats ein- oder zweimal, ob Ihr Kind diese Reaktionen und Verhaltensweisen zeigt.

Am Ende des 1. Monats

♦ Körper: Wenn man das Kind an den Armen zum Sitzen hochzieht, hält es den Kopf für einige Augenblicke aufrecht. Wenn es auf den Bauch gelegt wird, dreht es den Kopf zum Atmen zur Seite. In der Bauchlage stützt es sich auf die angezogenen Knie und macht Bewegungen, als ob es kriechen wollte. Die Hände sind meistens fest zu Fäusten geschlossen. Man kann sie nur mit etwas Kraft öffnen.
♦ Wahrnehmung: Wenn man im Abstand von etwa 60 cm einen gut erkennbaren Gegenstand langsam hin- und herbewegt, folgt das Kind ihm mit dem Augen. Bei Geräuschen erschrickt es. Es ist noch nicht in der Lage, wiederkehrende typische Geräusche zu erkennen.
♦ Soziales Verhalten: Manche Kinder unterscheiden zwischen fremden und vertrauten Gesichtern. Wenn ein neues Gesicht vor ihnen auftaucht, sehen sie es sich kurze Zeit genau an. Wenn das Kind weint oder schreit, genügt es häufig schon, wenn Vater oder Mutter es aus dem Bett nehmen; dabei beruhigt es sich dann wieder.

Am Ende des 2. Monats

♦ Körper: In der Bauchlage hebt das Kind manchmal seinen Kopf schon einige Zentimeter hoch, aber nur wenige Sekunden lang. Wenn man es kurz aufsitzen läßt und unter den Armen hält, kann es für einige Sekunden den Kopf gerade halten; danach fällt es meistens nach vorn. Der Rücken ist beim Sitzen noch gekrümmt. Eine Rassel oder andere gut greifbare Gegenstände hält es bis zu einer halben Minute schon relativ sicher in der Hand.
♦ Wahrnehmung: Eine brennende Kerze, eine Taschenlampe, die farbige Großaufnahme eines Gesichts oder etwas anderes Interessantes schaut sich das Kind

schon genau an. Werden in seinem Blickfeld Dinge langsam und deutlich sichtbar vorbeigeführt, dann folgt es aufmerksam mit den Augen. Es lauscht interessiert den verschiedensten Geräuschen (Glocke, Rassel, Klingel, Telefon).

♦ Soziales Verhalten: Die meisten Kinder lächeln ihre Mutter schon manchmal an. Dabei strampeln sie lebhaft und freuen sich, wenn sie mit ihnen spricht. Sie «sprechen» auch schon selbst – jedenfalls geben sie unterschiedliche Laute von sich. Auch Wiederholungen derselben Laute sind schon zu beobachten (aber noch keine Silbenketten, wie z.B. ma-ma, bi-bi).

Am Ende des 4. Monats

♦ Körper: Das Kind ist von dieser Zeit an meistens sehr aktiv. Es kann aus der Bauchlage allein in die Rückenlage rollen (Vorsicht also beim Wickeln und Anziehen!). In der Bauchlage ergreift es auch seine Rassel und andere Dinge, die in Reichweite sind. Wenn man es zum Sitzen hochzieht, hilft es aktiv mit; es winkelt die Arme ab und hebt die Beine an, um das Gleichgewicht zu halten. Der Kopf bleibt nun senkrecht, auch wenn man das Kind ein wenig schräg hält. Faßt man es unter den Armen (bei aufrechter Körperhaltung), dann setzt es die Füße oder nur die Zehenspitzen fest auf dem Boden auf. Wenn es auf dem Rücken liegt, will es nach den Dingen greifen, die über dem Bettchen aufgehängt sind.

♦ Wahrnehmung: Alles, was es mit den Händen ergreift, prüft es auch mit dem Mund. Er ist sein ausgeprägtestes und zuverlässigstes Sinnesorgan (Tasten, Schmecken). Interessiert schaut es sich alles Neue in seiner Umgebung an und dreht den Kopf, um bestimmte Dinge besser sehen zu können.

♦ Soziales Verhalten: Vater und Mutter werden freudig lächelnd und strampelnd begrüßt. Man kann auch schon einen Dialog mit dem Kind führen, wobei es auf Worte und Gebärden des Erwachsenen Freudentöne von sich gibt oder auch einzelne Laute mehrfach wiederholt. Wenn es hochgehoben wird, betastet es das Gesicht seines Gegenübers. Im Bett plappert und erzählt es vor sich hin.

Am Ende des 6. Monats

♦ Körper: Das Kind kann sich mit der einen Hand in Bauchlage abstützen und mit der anderen gleichzeitig einen Gegenstand heranholen. Geschickt dreht es sich von der Bauchlage in die Rückenlage und umgekehrt. Es hilft intensiv mit, wenn man es zum Sitzen hochzieht und hält seinen Kopf dabei gerade. Beim freien Sitzen hält es gut Gleichgewicht oder stützt sich eventuell mit einem oder beiden Armen ab. Knie und Beine

werden bei kurzen Stehversuchen nicht mehr abgeknickt, das Kind steht dabei oft auf den Zehenspitzen und hüpft.
Sicher beherrscht es das Anfassen und Loslassen von Gegenständen und wählt zwischen mehreren Dingen, die man ihm hinhält, aus. Mit der offenen Hand tastet es die Oberfläche von Gegenständen ab.

♦ Wahrnehmung: Es steckt weiterhin alles prüfend in den Mund, schaut sich die Dinge aber vorher und nachher genau an. Es dreht sich neugierig in die Richtung, aus der ein Geräusch kommt, und es erkennt seine Rassel oder Glocke am Klang.

♦ Soziales Verhalten: Lallen, Gurren und schrille Freudentöne begleiten die Beschäftigungen des Kindes. Viele Laute werden dabei wiederholt verwendet (ihre Bedeutung allerdings ist noch kaum zu erkennen). Gegenüber der Mutter, dem Vater und den Geschwistern äußert es unterschiedliche Kontaktwünsche und wechselt seine «Favoriten»; meistens bevorzugt es jedoch die Mutter als die Person, die sich am intensivsten mit ihm beschäftigt hat.

Am Ende des 8. Monats

♦ Körper: Das Kind kann bereits in der Bauchlage rückwärts robben, krabbeln und so zum Sitzen kommen. In dieser Haltung verharrt es nun einige Zeit, ohne sich mit den Händen seitlich abzustützen. Wenn es jedoch längere Zeit sitzend spielen will, stützt es sich mit einem Arm ab. Beim Sitzen ist der Rücken gerade. Wenn man dem Kind beide Hände entgegenstreckt, zieht es sich aus der Rückenlage zum Sitzen oder auch aus dem Sitzen zum Stehen hoch. Wenn es sich festhalten kann, bleibt es schon kurze Zeit stehen.

♦ Wahrnehmung: Wenn das Kind an einem Tisch spielt, wählt es zwischen verschiedenen Gegenständen aus; Dinge, die heruntergefallen sind, sucht es auf dem Boden. Manchmal hört es den Gesprächen von Erwachsenen zu. Auch auf Musik und besondere Geräusche reagiert es bereits für kurze Zeit.

♦ Soziales Verhalten: Manche einfachen Silben spricht es deutlich aus und wiederholt sie (la-la, ba-ba). Dazu erfindet es aber auch ständig neue Laute und Lautkombinationen. Wenn ein Erwachsener diese Laute wiederholt, hört es aufmerksam hin. Manche Erwachsene lehnt es ohne deutlich erkennbaren Grund ab, mit anderen, auch fremden, hingegen findet es manchmal sofort Kontakt. Wenn man den Namen von bestimmten Gegenständen mehrmals wiederholt und sie dem Kind zeigt, schaut es später wieder dorthin.

Am Ende des 10. Monats

♦ Körper: Das Kind krabbelt auf Händen und Knien durch die ganze Wohnung. Vorformen der Fortbewegung, wie etwa das Robben auf dem Bauch, sind überwunden. Es macht ihm keine Mühe, längere Zeit gerade zu sitzen, sich dabei um die eigene Achse zu drehen und sich zwischendurch auch auf den Bauch zu legen. Satt und frisch gewickelt ist das Kind meist in ständiger Bewegung. Es zieht sich immer wieder zum Stehen hoch, wippt gerne auf und nieder und hält sich oft nur noch mit einer Hand fest. Es spielt schon sehr geschickt. Doch wenn man es um einen Gegenstand bittet, den es in der Hand hält, streckt es den Arm zwar aus, läßt aber nicht immer im gewünschten Augenblick los. Die Koordination von Handbewegung und Nachdenken gelingt bei dieser schwierigen Aufgabe nicht immer. Nach einiger Übung kann es einen Löffel zum Mund führen oder eine Tasse, die es an zwei Henkeln festhält.

♦ Wahrnehmung: Mit viel Freude macht das Kind Lärm und Geräusche. Es blickt interessiert den Dingen nach, die es vom Tisch schubst, und es kann einfache Handgriffe der Erwachsenen nachahmen.

♦ Soziales Verhalten: Erwachsene, die zu dem Kind sprechen, werden freudig begrüßt. Es antwortet mit Lallmonologen auf Sätze und Zurufe. Wenn man ihm einfache Laute vormacht, versucht es, sie zu wiederholen. Es versteht den Sinn bestimmter Redewendungen, wie «Gleich bringe ich die Flasche». Wenn man es lobt, wiederholt es diese Tätigkeit. Fremdeln wird seltener.

Am Ende des 12. Monats

♦ Körper: Es macht dem Kind viel Spaß, in der ganzen Wohnung herumzukrabbeln und sich interessante Ziele zu suchen. Schubst man es beim Sitzen ein wenig an, verliert es trotzdem nicht sein Gleichgewicht. Es macht ihm keine Mühe, längere Zeit zu sitzen. Es läuft bereits sicher am Tisch entlang. Viele Kinder machen einige Zeit vor oder nach ihrem ersten Geburtstag die ersten freien Schritte. Jetzt kann es einen Gegenstand im gewünschten Augenblick hergeben. Es hebt mit beiden Händen größere Dinge auf.

♦ Wahrnehmung und Denken: Wenn man vor den Augen des Kindes einen Gegenstand versteckt, findet es ihn wieder. Es benützt geschickt seine Hände und Beine, um sich einen weiter entfernten Gegenstand herbeizuangeln. Spielzeug, das an einer Schnur hängt, zieht es heran.

♦ Soziales Verhalten: Manche Kinder können jetzt schon zwei bis fünf Worte richtig nachsprechen, andere erst mit 15 Monaten. Längere Monologe mit vielen

Wiederholungen und neuen Lauten und Ausrufen kann man täglich hören. Es versteht den Sinn des Satzes «Bitte tu das nicht» und freut sich schließlich, wenn bestimmte Handlungen durch Worte wie «Prima hast du das gemacht» belohnt werden. Dann wird es gleich noch mal gemacht.

Bei diesen Symptomen sollten Sie den Arzt fragen

Im folgenden finden Sie eine Zusammenstellung von Krankheitsanzeichen. Wenn Sie eines oder mehrere dieser Symptome bei Ihrem Kind beobachten, sollten Sie unbedingt so rasch wie möglich einen Kinderarzt oder Ihren Hausarzt telefonisch um Rat fragen und ihm alle beobachteten Erscheinungen genau beschreiben. Noch besser ist es, wenn Sie Ihr Kind zum Arzt bringen, damit er es genau untersuchen kann.

Bei einigen Symptomen finden Sie ein Kleeblatt (♣). Das bedeutet, daß allerhöchste Eile geboten ist; verständigen Sie dann einen Notarzt oder, wenn Sie einen Sanitätswagen brauchen, z. B. das Rote Kreuz, den Malteser Hilfsdienst oder den Johanniterorden.

♦ Allgemeine Krankheitszeichen (nach Dringlichkeit geordnet):
- Fieber ♣ (auch mit Schüttelfrost)
- Erbrechen ♣
- trockene Windel ♣ (Flüssigkeitspegel im Körper insgesamt zu niedrig – verschiegene Ursachen möglich)
- Durchfall ♣
- Apathisches Verhalten des Kindes, Teilnahmslosigkeit, Kind zeigt kaum Reaktionen ♣
- Schmerzen: Ihr Kind reagiert heftig beim Berühren bestimmter Hautstellen, es schreit sehr, weint kläglich, zeigt einen schmerzhaften Gesichtsausdruck, schläft schlecht, ist motorisch sehr unruhig, seine Laune ist schlecht, der Appetit vermindert ♣
- wassergefüllte Bläschen; Hautblutungen ♣
- ungewöhnlich langer Schlaf ♣ (dann zwischendurch prüfen, ob das Kind geweckt werden kann)
- kurzer, unruhiger Schlaf, plötzliches Aufschrecken und Schreien
- geringe Nahrungsaufnahme über einen längeren Zeitraum hin
- Bluten (z. B. mehrmaliges Nasenbluten)
- auffällige Hautveränderungen, z. B. roter Ausschlag am ganzen Körper oder hinter den Ohren;

♦ Krankheitsanzeichen am Körper:
- Krampfanfälle ♣
- zehn Minuten lang über 150 oder unter 80 Herzschläge in der Minute ♣ (in Verbindung mit Blaßwerden und Schwitzen – kalter Schweiß)
- Lymphdrüsenschwellungen, z. B.

am Hals, an den Leistenbeugen, unter den Achseln; unerklärlicher Schweißausbruch;

♦ Krankheitsanzeichen am Kopf:
- Nasenflügel schließen und öffnen sich bei beschleunigter Atmung ♣
- gestörte Atmung oder Atemstillstand ♣
- ziehende Atmung ♣ (Kind hat Atmungsschwierigkeiten beim Ein- oder Ausatmen)
- verstärkter, mehr als 20 Minuten andauernder, anfallartiger Husten, der über einen längeren Zeitraum immer wieder in kurzen Abständen auftritt, bei dem das Kind glasigen oder eitrigen Schleim heraufwürgt oder erbricht
- eitriger und / oder blutiger Schnupfen
- starke Erkältung mit erheblicher Verstopfung der Atemwege
- Schwellung hinter dem Ohr ♣
- erheblich gedunsenes Aussehen ♣
- Verdickung der Mandeln
- bläuliche Verfärbung der Lippen, der Fingernägel und der Fußnägel; insgesamt blaue Hautfärbung ♣
- widerlicher, süßlicher Mundgeruch
- weißer Belag im Mundraum und auf der Zunge; auffällig rote Zunge
- auffälliges Hin- und Herwerfen des Kopfes
- Nackensteifigkeit ♣

♦ Krankheitsanzeichen an den Extremitäten:
- auffallende Ruhigstellung (Schonhaltung) eines Armes oder eines Beines ♣
- Rötung, Schwellung und fühlbare Erwärmung eines Armes oder eines Beines ♣

♦ Krankheitsanzeichen bei den Ausscheidungen:
- mehrmaliger Durchfall oder spritzender, stinkender, grünlicher Stuhl ♣
- blutiger (schwarzer) Stuhl ♣
- braunes, geronnenes Erbrochenes ♣
- Blut im Erbrochenen ♣
- in den ersten Wochen starkes, schwallartiges Erbrechen, unmittelbar nach jeder Mahlzeit (zumal wenn das Kind nicht zunimmt) ♣
- Würmer im Stuhl
- unregelmäßiger Stuhlgang
- Blut im Urin ♣

Über diese Adressen erhalten Sie Hilfe und Auskünfte

♦ Vergiftungserscheinungen
Wenden Sie sich sofort telefonisch an eine der aufgeführten Kliniken. Wenn Sie keinen Anschluß bekommen, wählen Sie die Nummer einer anderen Klinik. Dort sagt man Ihnen, was zu tun ist:

- Welche Maßnahmen Sie selbst zu Hause schon treffen können,
- ob Sie selbst sofort ein/e Krankenhaus / Kinderklinik aufsuchen sollen, das / die dafür geeignet ist, ob Sie einen Krankenwagen bestellen oder ihm entgegenfahren sollen usw. (ist der Krankenwagen erst in mehr als 15 Minuten zu erwarten, fahren Sie lieber selbst sofort zur nächsten Klinik),
- in dringenden Fällen wird sich die Klinik um einen Hubschrauber bemühen.

♦ Verzeichnis von Informationszentralen für Vergiftungsfälle /
Im folgenden sind Informationszentren für Vergiftungsfälle angegeben, die rund um die Uhr angerufen werden können. Sie können dort sofort Auskunft erhalten, wenn Sie mit einer Vergiftung rechnen, insbesondere bei Schädigungen durch Haushalts-, Pflanzenschutz- und Schädlingsbekämpfungsmittel.

Die Übersicht ist alphabetisch nach Orten aufbereitet:

14050 Berlin
Universitätsklinikum Rudolf Virchow
Standort Charlottenburg
Reanimationszentrum
Spandauer Damm 130

Tel.:	Vorwahl:	**0 30**
	Zentrale:	**30 35 – 0**
	Durchwahl:	**30 35 – 34 66 /**
		30 35 – 22 15 /
		30 35 – 34 36
Telefax:		**(0 30) 30 35 – 20 56**

14059 Berlin
Beratungsstelle für Vergiftungserscheinungen und Embryonaltoxikologie
Pulsstraße 3 – 7

Tel.:	Vorwahl:	**0 30**
	Zentrale:	**3 02 30 22**
Telefax:		**(0 30) 34 30 70 21**

53113 Bonn
Informationszentrale gegen Vergiftungen
Zentrum für Kinderheilkunde der Rheinischen Friedrich-Wilhelms-Universität
Adenauerallee 119

Tel.:	Vorwahl:	**02 28**
	Durchwahl:	**2 87 32 11 /**

2 87 33 33
Telefax: (02 28) 2 87 33 14

38126 Braunschweig
Medizinische Klinik II des Städtischen Klinikums
Salzdahlumer Straße 90
Tel.: Vorwahl: **05 31**
Zentrale: **5 95–0**
Durchwahl: **6 22 90**
Telefax: **(05 31) 5 95 26 54**

28205 Bremen
Klinikum der Freien Hansestadt Bremen
Zentralkrankenhaus
Klinikum für innere Medizin
Intensivstation
St. Jürgen Straße
Tel.: Vorwahl: **04 21**
Zentrale: **4 97 01**
Durchwahl: **4975288/**
4973688
Telefax: **(04 21) 4 97 33 45**

99089 Erfurt
Giftnotruf Erfurt
Gemeinsames Giftinformationszentrum der Länder Mecklenburg Vorpommern, Sachsen, Sachsen-Anhalt und Thüringen
c/o Klinikum Erfurt
Nordhäuser Straße 74
Tel.: Vorwahl: **03 61**
Durchwahl: **730730**
Telefax: **(03 61) 7 30 73 17**

79106 Freiburg
Universitäts-Kinderklinik Freiburg
Informationszentrale für Vergiftungen
Mathildenstraße 1
Tel.: Vorwahl: **07 61**
Pforte: **2 70 43 00/01**
Durchwahl: **2 70 43 61/**
2 70 43 05
Telefax: (07 61) 2 70 44 57/2 70 44 81

37075 Göttingen
Georg-August-Universität
Kinderklinik und Poliklinik
Robert-Koch-Straße 10
Tel.: Vorwahl: **05 51**
Zentrale: **39 62 10**
Durchwahl: **39 62 39/**
39 62 31
Telefax: **(05 51) 39 62 52**

66421 Homburg/Saar
Universitätskinderkliniken
Klinik für Kinder und Jugendmedizin
Tel.: Vorwahl: **0 68 41**
Zentrale: **1 60**
Durchwahl: **16 22 57/**
16 28 48
Telefax: **(0 68 41) 16 40 17**

34117 Kassel
Untersuchungs u. Beratungsstelle für Vergiftungen
Labor Dr. med. M. Hess u. Kollegen
Karthäuserstraße 3
Tel.: Vorwahl: **05 61**
Durchwahl: **91 88–320**
Telefax: **(05 61) 9188–199**

24105 Kiel
Zentralstelle zur Beratung bei Vergiftungsfällen an der I. Medizinischen Universitäts-Klinik
Schittenhelmstraße 12
Tel.: Vorwahl: **04 31**

Zentrale:	**5 97–0**
Pforte:	**5971393–4**
Durchwahl:	**5974268**
Telefax:	**(04 31) 5971302**

04107 Leipzig
Universitätsklinikum
Toxikologischer Auskunftsdienst
Hänelstraße 16–18

Tel.:	Vorwahl:	**03 41**
	Durchwahl:	**311916**

55131 Mainz
Beratungsstelle bei Vergiftungen
Klinische Toxikologie
II. Medizinische Klinik und Poliklinik Johannes Gutenberg-Universität
Langenbeckstraße 1

Tel.:	Vorwahl:	**06131**
	Durchwahl:	**232466/ 232467**
Telefax:		**(061 31) 176605**

41061 Mönchengladbach
Toxikologische Untersuchungsstelle
Gemeinschaftspraxis für Labormedizin D. rer. nat. Th. Stein, Dr. med. H. Kehren, Dr. med B. Beckers, Dr. rer. nat. Dr. med. D. Siepen, Prof Dr. med. W. Storch, M. I. Wimmer
Wallstraße 10

Tel.:	Vorwahl:	**02161**
	Zentrale:	**81940**
Telefax:		**(02161) 819450**

81675 München
Giftnotruf München
(Toxikologische Abteilung der II. Medizinischen Klinik rechts der Isar der TU)
Ismaninger Straße 22

Tel.:	Vorwahl:	**0 89**
	Durchwahl:	**4140–2211**
Telefax:		**(0 89) 4140–2467**

90419 Nürnberg
II. Medizinische Klinik des Städtischen Klinikums
Toxikologische Intensivstation
Flurstraße 17

Tel.:	Vorwahl:	**09 11**
	Zentrale:	**3980**
	Durchwahl:	**3982451**
Telefax:		**(09 11) 3982205**

26871 Papenburg/Ems
Pädiatrische Abteilung Marienhospital
Hauptkanal rechts 75

Tel.:	Vorwahl:	**049 61**
	Zentrale:	**93–0**
	Durchwahl:	**93–1381** (8.00–17.00 Uhr)
Telefax:		**(049 61) 93–1389**

Österreich:

1090 Wien
Vergiftungsinformationszentrale
Allgemeines Krankenhaus
Währinger Gürtel 18–20

Tel.:	Vorwahl (Wien):	**1**
	Durchwahl-Notruf:	**40400/ 2222**
	allgemeine Anfragen:	**434343**

Schweiz:

8030 Zürich
Schweizerisches Toxikologisches
Informationszentrum
Klosbachstr. 107

Tel.:	Vorwahl (Zürich):	**1**
	Durchwahl-Notruf:	**2515151**
	allgemeine Anfragen:	**2516666**

♦ Sonstige Notfälle und Beratung:
Tragen Sie hier bitte die Telefonnummern der Ihnen am nächsten gelegenen Dienststellen ein:

Polizei ....

Unfall ....

Feuerwehr ....

Ärztlicher Notdienst ....

Kinderarzt ....

Hausarzt ....

Kinderkrankenhaus ....

Mütterberatungsstelle ....

Familien- und
Erziehungsberatungsstelle ....

GEWICHT UND GRÖSSE

Wichtige Tips:

Die Bedeutung von Körpergewicht und Körpergröße sollte nicht überschätzt werden – lassen Sie sich also nicht beunruhigen, wenn Ihr Kind gesund ist, aber von den angegebenen Werten abweicht!

Gewicht und Körpergröße sollten einander möglichst entsprechen. Über der jeweils angegebenen Obergrenze und unterhalb der Untergrenze liegen jeweils fünf Prozent der Kinder mit ihren Meßdaten.

Tabelle 9: Gewicht und Größe im 1. Lebensjahr (auf- und abgerundet)

Alter	Gewicht in g			Größe in cm		
Ende des Monats	**Unter-grenze**	**Mittel-wert**	**Ober-grenze**	**Unter-grenze**	**Mittel-wert**	**Ober grenze**
Mädchen						
Geburt	2500	3300	4100	46	50	54
1	3000	3900	4800	49	53	57
2	3600	4800	6000	52	56	60
3	4300	5600	6900	55	59	63
4	4900	6400	7900	58	62	66
6	5800	7500	9200	61	66	71
9	7000	8800	10600	66	71	76
12	7700	9800	11900	68	74	80
Jungen						
Geburt	2500	3400	4300	47	51	55
1	3200	4100	5000	50	54	58
2	3700	5000	6300	54	58	62
3	4500	5800	7100	57	61	65
4	5000	6600	8200	60	64	68
6	6100	7800	9500	63	68	73
9	7400	9200	11000	67	72	77
12	8100	10200	12300	69	75	81

LITERATUR

Adam, D. & Stoll, P.: Elternschule. Baierbrunn 1990

Beck, C.H. (Redaktion – Hg.): Jugendrecht. München 1991

Beck, U.: Risikogesellschaft. Auf dem Weg in eine andere Moderne. Frankfurt 1986

Bundeszentrale für gesundheitliche Aufklärung (Hg.): Das Baby. Köln 1990

Bundeszentrale für gesundheitliche Aufklärung (Hg.): Die neue Sicherheitsfibel. Ein Ratgeber für Eltern – zur Verhütung von Kinderunfällen. Köln 1988

Bundeszentrale für gesundheitliche Aufklärung (Hg.): Selbsthilfe für Eltern. Köln 1983

Cramm, D. von: Für Babys. Was schmeckt und gut bekommt! München 1991

Deutsche Arbeitsgemeinschaft Selbsthilfegruppen e.V. (Hg.): Selbsthilfegruppen-Förderung. Gießen 1987

Deutsche Gesellschaft für Ernährung (Hg.): Von Anfang an. Zur Bedeutung der Ernährung in den ersten Lebensjahren. Frankfurt a. M. 1984

Deutsches Jugendinstitut e.V. (Hg.): Wie geht's der Familie? München 1988

Ebert, S. (Hg.): Zukunft für Kinder. Grundlagen einer übergreifenden Politik. München 1991

Endres, W.: Geschwister … Weinheim und Basel 1987

Friedrich, W. J.: Rechtskunde für jedermann. München 1990

Gewerkschaft Öffentliche Dienste, Transport und Verkehr (Hg.): Mehr … für Kinder. Anstöße zur Reform der öffentlichen Kinderbetreuung. Stuttgart 1990

Hilsberg, R.: Schwangerschaft, Geburt und erstes Lebensjahr. Reinbek 1989

Hurlock, E. B.: Die Entwicklung des Kindes. Beltz 1972

Katalyse e.V. – Institut für angewandte Umweltforschung: Kinderernährung. Köln 1987

Katalyse-Umweltgruppe Köln e. V. (Hg.): Chemie in Lebensmitteln. Köln 1991

Kohnstamm, R.: Praktische Kinderpsychologie. Eine Einführung für Eltern, Erzieher und Lehrer. Bern 1985

Kühne, P.: Säuglingsernährung. Bad Liebenzell 1991

Meili, R.: Lehrbuch der psychologischen Diagnostik. Bern / Stuttgart 1961, S. 411

Meinerzhagen, M. & Eckardt, N.: Der Öko-Berater für Eltern, Reinbek 1989

Miller, A.: Am Anfang war Erziehung. Frankfurt a. Main 1987

Ministerium für Arbeit, Gesundheit und Soziales des Landes Nordrhein-

Westfalen (Hg.): Sicherheits-Lexikon für alle Haushalte. Düsseldorf 1988

Müller-Kaldenberg, R.: Mütter mit Beruf. Reinbek 1990

Münch, E. M. von: Ehe- und Familienrecht von A–Z. München 1989

Mussen, P. H. u. a.: Essentials of Child Development and Personality. Cambridge u. a, S. 147

Niessen, K.-H.: Ernährung des Säuglings. Stuttgart 1990

Oerter, R. & Montada, L. (Hg.): Entwicklungspsychologie. München–Weinheim 1987

Painter, G.: Baby-Schule. Gütersloh 1972

Palitzsch, D. (Hg.): Pädiatrie. Stuttgart 1990

Presse- und Informationsamt der Bundesregierung (Hg.): Politik für die Familie. Bonn 1990

Schenk-Danzinger, L.: Entwicklungspsychologie. Wien 1987

Schneewind, K. A. u. a.: Eltern und Kinder. Stuttgart 1983

Speichert, H. & Schön, B. (Hg.): Das rororo Elternlexikon. Reinbek 1988

Stadt Nürnberg (Hg.): Sozial-Atlas 91/92. Stadtwegweiser für Bürger und soziale Dienste. Nürnberg 1991

Stiftung Warentest (Hg.): Jahrbuch für 1991. Berlin 1991

Zeile, E. (Hg.): Ich habe ein behindertes Kind. München 1988

Zimmer, J. u. a. (Hg.): Erziehung in früher Kindheit. Band 6: Enzyklopädie Erziehungswissenschaft. Stuttgart 1985

Bildquellen

Berger, Stella, München 94 oben und Mitte, 102, 105, 110 links oben und unten, 111 unten, 124 oben, 133 unten, 145, 163, 164, 181 unten links, 188, 191 unten, 195 oben rechts, 212 unten, 218 unten.

Diekmeyer, Ulrich, Kirchheim 11, 61, 94 unten, 98, 110 oben rechts, 111 oben, 116, 120 rechts unten, 124 unten, 125 unten, 133 oben, 138, 155, 181 unten rechts, 191 oben, 195 Mitte rechts und unten, 198, 199, 203, 209, 215, 218 oben, 231.

Fiebig, Jochen, München 24, 25, 30, 35, 41, 49, 51, 88, 120 oben und Mitte, 150, 181 oben, 195 oben links, 200, 210, 212 oben.

Leitl, Reinhard, Passau 23

Storchenmühle, Werkfoto 125 oben

Die folgende Firma hat uns freundlicherweise Artikel für Fotos geliehen:
Wagner, Büro – Buch – Spiel,
Olching (vgl. S. 163/164)

Register

Abendessen 98
Abfalleimer 63
Abhängigkeit 159
Ablehnung 158
Abnabelung 22
Abspreizhemmung 50
Abstillen 86, 87, 93
Abwehr 81, 158
Abwehrkräfte 45
Abwehrstoffe 58, 76, 80, 81
After 68, 70
Aggressionen 32, 143
Aktivität 178, 179, 194
Alkohol 26, 63
Alleinerziehende 31, 230
Allergie 90
Altersabstand 139
Anerkennung 155, 189, 191
Anfall 74, 75
Angebot 158, 184, 192
Angst 127
Anhänglichkeit 159
Anlagen 178
Anregungen 13, 148, 149, 154, 156, 158, 166, 178, 179, 180, 182, 183, 184, 185, 198, 208, 210, 211, 216
Anreize 155
Antibiotika 76
Antipädagogik 10
Anwalt 28
Anwesenheit 221
Anzeichen 20
Apgar-Index 55
Apotheke 66, 83, 109
Appetit 83, 168, 239
Appetitlosigkeit 70
Arbeit 134
Arbeitsförderungsgesetz 230
Arbeitslosigkeit 32, 158, 230
Arbeitszeit 108
Arme 185, 186, 189, 190, 201, 235, 236, 240
Arzt 16, 18, 21, 22, 34, 41, 55, 58, 65, 66, 67, 68, 70, 72, 73, 74, 75, 76, 85, 140, 239
Ärztlicher Notdienst 242
Arzttermine 16
Atemmuskulatur 58
Atemstillstand 69
Atemwege 22, 42, 67
Atmung 36, 55, 69, 74, 240
Aufgaben 19, 82, 137, 190, 237
Aufmerksamkeit 29, 137, 141
Aufsicht 226
Augen 68, 74, 152
Augenpartie 219
Ausbildungsfreibeträge 230
Ausdauer 193
Auseinandersetzungen 132
Ausflug 172
Ausgrenzung 32
Ausscheidungen 240
Ausscheidungsvorgänge 39
Aussehen 240
Auto 123, 127

Babygarderobe 108
Babygruppen 30
Baby-Mahlzeiten 97
Babynahrungshersteller 90
Babynahrungsmittel 90
Babypflege 221
Babyrolle 137
Babysachen 112
Baby-Sicherheits-Schale 126
Babysitter 143
Baby-Waage 103
Baden 47, 48, 50, 73, 139, 158, 169, 187, 196, 201
Badetuch 48
Badewanne 45
Badewasser 62, 73
Bakterien 73, 87, 101
Balkon 43, 122
Balkontür 60
Bananenbrei 96
Bauch 42, 55, 185, 187, 201, 234, 237
Bauchlage 42, 185, 187, 189, 194, 234, 235, 236
Bauchmuskulatur 75
Bauchschmerzen 84
Bäuerchen 83, 84, 99, 105, 186
Baukindergeld 230
Beatmung 67, 68
Bedürfnisse 9, 14, 28, 29, 37, 53, 80, 90, 130, 131, 149, 151, 158, 211, 217
Begabung 154
Begreifen 151
Behandlung 57, 72, 73, 74, 75, 76, 77
Behinderung 32
Beikost 93, 100, 104
Beine 77, 185, 186, 190, 201, 235, 236
Beißringe 41
Bekannte 31, 144, 219
Belastung 32, 58, 76
Bemühungen 187
Beobachten 166
Beratung 242
Bereitschaft 13
Beruf 132, 134
Berufstätigkeit 31, 134, 220, 230

Beschäftigungen 13, 53, 161, 166, 180, 198, 236
Beschützen 158
Besuch 32, 123, 144
Betreuung 10
Bett 63, 76, 114, 115, 117, 141, 152, 193, 207, 211, 235
Bettchen 62, 162, 182, 187, 192, 194, 200, 205, 235
Bettruhe 73
Beweglichkeit 10
Bewegung 43, 105, 185, 186, 189, 190, 193, 197, 234, 237
Bewegungsgrundmuster 189
Bewegungsmuster 187
Bewegungsspiele 35
Bewußtlosigkeit 69, 74
Bewußtsein 130, 149
Beziehungen 31, 132, 157, 159, 201, 206, 217, 221
Bezugspersonal 134, 135, 153, 157, 220
Bilder 119, 121, 207
Bilderbuch 165
Bildung 10
Bindungsfähigkeit 151
Biographie 31
Bißwunden 66
Blähungen 105
Bläschen 239
Blase 39
Bluten 68, 239, 240
Blutkörperchen 97
Brandblase 66
Brei 95, 96, 97, 101, 203
Breikost 37, 95
Broschüren 72
Bruch 67
Bruchpforte 75
Bruder 136, 137, 141
Brust 84, 86, 99, 100, 104
Brustdrüsen 35
Brüste 80, 82
Brustentzündung 26, 86
Brustpflege 26
Brustwarzen 82, 84, 86
Bundeserziehungsgeld 229
Büstenhalter 84

Dammschnitt 26
Darm 39
Daumen 197, 198
DDE 81
DDT 81
Denken 10, 149, 161, 196, 207, 210, 237
Denktätigkeit 161, 186
Diagnose 57
Dialekt 201
Dialog 235
Diphtherie 58, 59
Drachenmethode 50
Dressur 38
Drogerie 83
Dualunion 149
Durchfall 66, 71, 73, 76, 85, 92, 100, 104, 240
Durst 71, 92, 100, 130

Eifersucht 137
Einfallsreichtum 166
Einkaufen 123, 127
Einrichtung 208
Einschlafzeremoniell 43
Einstellung 80, 127, 149, 158, 159, 211, 217
Einzelkinder 28, 136, 139, 141
Eiweiß 80, 87
Ekzeme 74
Elektrizität 62
elterliche Gewalt 226
elterliche Sorge 225, 226, 227
Eltern-Selbsthilfegruppen 32
Empfinden 210
Entbindung 18, 21, 22
Entdeckungsreisen 121, 193
Entfaltung 29, 148, 224
Entmutigung 182
Entspannung 151
Enttäuschung 154, 217
Entwicklung 11, 12, 13, 14, 28, 29, 34, 56, 83, 86, 121, 123, 132, 139, 142, 148, 149, 154, 155, 156, 157, 158, 159, 166, 178, 183, 189, 190, 197, 211, 213, 214, 219, 224
Entwicklungsabschnitt 10
Entwicklungsalter 179
Entwicklungsanregungen 12, 13, 14, 54, 60, 121, 132, 166, 177, 178, 179, 180
Entwicklungsbedingungen 9
Entwicklungsbereiche 156, 179
Entwicklungsstand 180
Entwicklungsstörungen 55
Entwicklungsverlauf 234
Entwicklungsverzögerungen 157
Entwicklungsvorsprung 180
Entwicklungszustand 55
Entzündungen 72, 73
Entzündungsgefahr 35
Erbanlagen 140, 148, 178
Erbe 225
Erbersatzanspruch 225
Erbrechen 66, 67, 71, 73, 158, 159, 239, 240
Erbrecht 225
Erfahrungen 30, 60, 131, 148, 153, 154, 161, 179, 182, 201, 210, 217
Erfolg 189, 192
Erkältung 45, 112, 240
Erkältungskrankheiten 127
Erkennen 153
Erkenntnisse 14
Erkrankungen 27, 76
Erlebnisse 211
Ernährung 10, 28, 35, 41, 56, 79, 81, 85, 87, 90, 93, 104, 132, 157, 224
Ernährungsstörungen 74, 76
Eröffnungsperiode 22
Erschrecken 62
Erstgeborene 28, 136, 139
Erste-Hilfe-Kurs 65
Ersticken 62, 67, 69
Erstnahrung 80

Ertrinken 69
Erwachsene 130, 152, 153, 180, 182, 219, 220
Erwerbstätigkeit 31
Erziehung 10, 14, 131, 132, 141, 148, 221, 224, 226
Erziehungsberatungsstelle 137, 160, 180, 242
Erziehungsgeld 228, 229, 230
Erziehungsmethoden 132
Erziehungsprozeß 148
Erziehungsstil 9, 156
Erziehungsurlaub 228, 229, 230
Essen 53, 56, 99, 100, 102, 103, 105, 121, 131

Fähigkeiten 10, 13, 152, 155, 179, 194, 208
Fahrpreisermäßigung 230
Familie 18, 28, 29, 31, 32, 74, 132, 134, 140, 158, 230
Familienberatungsstelle 16, 137, 160, 180, 242
Familienformen 30, 31
Familienklima 221
Familienstammbuch 17
Farben 121, 165, 193, 200
Farbenspiele 196
Fehlbildungen 55, 76, 77
Fehlentwicklungen 55, 157
Fehlerstrom-Schutzschaltung 62
Feingefühl 179
Fernsehen 131
Fertiggemüse 96
Fertigkeiten 10, 13, 152, 179
Fertigkost 141
Fertignahrung 87, 89, 97, 99, 100, 101
Fertigprodukte 87, 95, 100
Fett 80, 87, 97
Fettcreme 44
Fettgewebe 35
Feuerwehr 242
Fieber 40, 70, 71, 73, 74, 92, 100, 104, 239
Fieberthermometer 70
Finanzämter 32
Finger 119, 190, 197
Fingerspiele 220
Fläschchen 53, 86, 103, 143
Flasche 97, 99, 101, 102, 141
Flaschennahrung 90
Flaschenwärmer 103
Fleisch 95, 96
Fluorid 81
Fluorid-Zusatz 93
Flüssigkeiten 67, 90
Fontanellen 36, 56
Förderung 155, 156
Forderungen 179
Formen 165, 193, 197, 198, 200, 210
Formenspiele 196
Fortschritte 132, 184, 191
Foto 169, 171, 173, 198
Fototagebuch 12
Frau 31, 134
Frauenmilch 82
Freiheit 131, 179, 224
Freiraum 11
Freizeit 135
Freizeitgestaltung 135
Fremde 146, 219
Fremdeln 153, 237
Fremdkörper 67, 68
Freude 143, 180, 201, 214, 216, 237
Freunde 10, 31, 130, 143, 144, 146, 219
Freundschaft 139
Frischluft 43
Fruchtblase 22
Früchte 99
Fruchtsäfte 93
Fruchtwasser 20, 21, 22
Früherkennungs-Untersuchung 34, 50, 55, 56, 57, 71, 72, 171
Frühgeborene 27, 86
Frühgeburt 20, 27, 53, 149
Frühstück 98
Fühlen 149, 186
Fürsorge 28
Fußboden 113, 119, 158
Fußbodenbeläge 60
Füße 113, 187, 190, 192
Füttern 100, 104, 153

Garderobe 109
Garnituren 109
Garten 96, 172, 210
Gebärmutter 20, 26, 80
Geborgenheit 80
Geburt 11, 16, 18, 19, 20, 21, 22, 26, 34, 35, 36, 37, 54, 55, 71, 80, 82, 85, 108, 109, 136, 137, 140, 149, 156, 157, 168, 169, 217, 228
Geburtsgeschwulst 36
Geburtsgewicht 85
Geburtsschädigung 22
Geburtstag 154, 155, 237
Geburtstermin 16, 20
Gedeihen 90
Geduld 28, 97, 131, 143, 202
Gefahr 60, 68, 115, 144
Gefahrenquellen 60
Gefühle 152, 184, 206, 214, 216, 220
Gegenstände 153, 162, 166, 193, 194, 196, 199, 207, 236, 237
Gehirn 36, 38
Gehirnerschütterung 67
Gehör 205
Gelbsucht 26
Gemüse 85, 93, 95, 96, 99
Gemüse-Kartoffel-Fleisch-Brei 95, 96
Geräuschdosen 166
Geräusche 170, 205, 235, 236, 237
Geschenke 161
Geschichte 202, 204
Geschicklichkeit 194, 197
Geschlechtshormone 35
Geschlechtsorgane 37, 55
Geschlechtsteile 47, 213
Geschlechtsverkehr 26
Geschwister 31, 122, 136, 139, 141, 148, 158, 184, 236
Geschwülste 74
Gesellschaft 14, 31, 32
Gesetze 230

Gesichter 152, 219, 234
Gesichtswäsche 47
Gespräche 132
Gestik 202
Gesundheit 55, 220
Gesundheitsamt 58, 81
Gesundheitsbehörden 72
Getränke 97
Getreide-Obst-Brei 96
Gewalt 226, 227
Gewicht 26, 50, 243
Gewichtstabelle 50
Gewichtszunahme 85, 100
Glas 61, 162
Gleichberechtigung 221
Gleichgewicht 189, 190, 192, 235, 237
Gleichheit 224
Glück 151, 216
Greifen 161, 197
Grippe 43, 144
Großeltern 10, 31, 130, 143
Grundrecht 224
Gruppe 130
Gymnastik 26, 35, 170, 172, 186

Haare 48
Haarwäsche 48
Halbmilch 89
Haltung 83
Haltungsschäden 76
Hämangiome 74
Hände 186, 187, 189, 193, 197, 201, 237
Handpumpe 83
Hauptmahlzeiten 53
Hausapotheke 67
Hausarzt 242
Hausentbindung 18
Hausgeburt 16, 56
Haushaltsfreibetrag 230
Haustier 64
Haut 36, 56, 73, 74, 82, 90, 100, 109, 151
Hautkontakt 217
Hautpflege 48
Hautrisse 86
Hautveränderungen 239
HCB 81
Hebamme 16, 18, 19, 22, 83
Heiterkeit 214, 216
Heizdecken 62
Heizstrahler 62
Helfer 18
Herztonschreiber 22
Herunterziehen 61
Herz 37, 55, 65
Herzmassage 68, 69
Herzschlag 22, 68
Hexenmilch 35
Hib 59
Hilfe 104, 132, 155, 160, 217, 241
Hilfsbereitschaft 139
Hilfsmaßnahmen 65
Hitze 62, 69, 100
Hitzschlag 66
Hoden 75
Hodensack 37
Höhensonne 62
Holz 208
Hörbereitschaft 185
Hören 149, 206
Hörentwicklung 205
Hüftgelenkserkrankung 50, 76, 77
Hüftgelenksluxation 77
Hund 64
Hunger 83, 86, 99, 130, 141, 217
Hungergefühle 151
Husten 72, 240
Hygiene 26, 45, 102, 128, 158

Ich-Gefühl 141
Impfkalender 59
Impfpaß 55, 58
Impfstoff 58
Impfungen 56, 58, 59, 72, 224
Individualität 149
Infektion 40, 47, 73, 81, 144
Infektionsgefahr 26, 66
Infektionskrankheiten 58, 72
Informationen 72
Informationszentralen 67, 241
Initiative 121
Innenleben 149
Insektenstich 67
Institutionen 31
Instrumente 206
Integration 32
Interesse 10, 13, 29, 56, 131, 213, 224

Jugendämter 32
Jungen 35, 37, 112, 159, 244
Juniorkost 97

Kaiserschnitt 22
Kälte 113, 123, 126
Karies 41, 81, 93, 95
Karotten-Brei 95, 101
Karotten-Kartoffel-Brei 95
Katarrhe 43
Katze 64
Keuchhusten 58, 59
Kinderarzt 26, 37, 41, 46, 55, 56, 58, 65, 67, 70, 71, 73, 75, 81, 84, 100, 104, 105, 234, 239, 242
Kindererziehung 130
Kinderfeindlichkeit 29
Kindergarten 139, 144
Kindergeld 230
Kinderklinik 67
Kinderkrankenhaus 242
Kinderkrippe 31, 134, 157
Kinderlähmung 59
Kindernahrung 87
Kindersitz 126
Kindertee 92
Kinderunfälle 60
Kinderwagen 63, 123, 126, 141, 165, 193
Kinderzimmer 12, 28, 45, 60, 112, 118, 119, 121, 122, 141, 208
Kindesfreibetrag 230
Klang 205, 236
Kleidung 17, 47, 84, 108, 109, 112, 113, 224
Kleinfamilie 130, 134

Kleinkinder 29, 128
Kleinkinderkost 97
Kleinkindzeit 12
Kleinstkind 134
Klinik 11, 16, 17, 18, 21, 22, 26, 56, 65, 66, 67, 68, 101, 168, 169, 241
Knochenbruch 67
Kohlenhydrate 80
Kolostrum 80, 81, 82
Kommunikation 134
Komplikationen 19, 72, 168
Komplimente 144, 146
Konflikte 130, 132, 158
Konkurrenz 139
Kontakt 32, 72, 82, 126, 131, 134, 137, 142, 144, 149, 151, 152, 157, 184, 185, 211, 214 , 220, 236
Kontinuität 135
Koordination 237
Kopf 36, 117, 119, 201, 202, 219, 234, 240
Kopfform 42
Kopfhaut 48
Kopfkissen 42
Kopf-Körper-Proportionen 36
Körbchen 115, 119
Körper 34, 35, 40, 48, 151, 185, 186, 189, 194, 201, 213, 214, 217, 234, 235, 236, 237, 239
Körpergewicht 37, 89, 126, 243
Körpergröße 109
Körperkontakt 151, 217
Körpermaße 56
Körperpflege 45, 47, 80
Körperwärme 50
Körperwäsche 47
Kosenamen 213
Kosmetika 63
Kostenvorschuß 17
Krabbelalter 112, 119
Krabbeln 190, 191
Krampfanfälle 74, 239
Krampfbereitschaft 74
Krankenhaus 66, 67, 71, 241
Krankenkassen 16, 32, 55, 81
Krankenversicherungen 228
Krankheiten 26, 32, 55, 58, 70, 71, 72, 77, 85, 86, 135, 158
Krankheitsanzeichen 239, 240
Krankheitserreger 45, 58, 64
Kreativität 10, 208
Kreislauf 37
Krippenerziehung 134
Küche 60, 62, 119, 183, 193
Kuhmilch 73, 89, 90, 104
Kulturkreise 31
Kündigungsschutz 228, 229

Lächeln 219
Lage 21, 115
Landeserziehungsgeld 229, 230
Laufen 155
Laufenlernen 121
Laufstall 113, 121, 122, 190
Laute 153, 171, 202, 235, 236, 237, 238
Lautmalerei 202
Lebensbedingungen 9, 34
Lebensgefahr 63, 65
Lebensjahr 14, 28, 168, 182
Lebensplan 158
Lebensraum 9
Lebenssituationen 14, 31
Lebensstil 130
Lebensumfeld 130, 180
Leistenbruch 75
Leistungen 139, 155, 190, 191
Lenkung 148
Lernanregungen 179
Lernanreize 178
Lernbeeinträchtigungen 12
Lernbereiche 13, 161, 183
Lernen 154, 161, 178, 179, 180, 182, 184
Lernfähigkeit 12, 161
Lernmodell 221
Lernperioden 54
Lernschwierigkeiten 13
Lernspiele 191
Licht 118
Liebe 9, 14, 28, 29, 136, 151, 153, 159
Liebesobjekt 220
Lieblingsspielzeug 166
Lieder 186, 216
Lob 182
Löffel 101, 190
Luft 43, 118, 123, 185
Luftröhre 67
Lunge 55
Lungenentzündung 72
Lust 214
Lutschen 198
Luxation 76

Mädchen 35, 38, 112, 159, 243
Magenpförtnerkrampf 76
Mahlzeit 43, 47, 53, 83, 84, 86, 87, 89, 93, 99, 100, 103, 105, 141, 186, 203, 240
Mandeln 240
Masern 58, 59
Massenmedien 135
Material 118, 162, 197, 208
Mattigkeit 70
Medikamente 63, 85
Melodien 114, 186, 206
Menschenrechte 225
Menstruation 20
Menüs 97
Mikrowelle 92
Milch 80, 82, 84, 85, 89, 90, 91, 97, 100
Milchbildung 80
Milchmahlzeit 96
Milchschorf 74
Milchstau 85
Milchzähne 40, 41
Mimik 193, 202
Mineralien 100
Mineralstoffe 80
Mißbrauch 227
Mißtrauen 159
Mitgefühl 214
Mittagessen 98
Mittagshitze 43
Mittellage 186, 187
Mittelohrentzündung 72, 73

Mittelpunkt 29
Mittelwert 156
Mitwelt 12, 148
Möbel 122
Mobile 194, 207, 211
Mode 112
Motorik 56, 161
Müdigkeit 43
Müllarten 63
Mullbinde 65
Mumps 59
Mund 62, 151, 162, 187, 197, 202, 235, 236
Mundschutz 45
Musik 189, 206, 236
Muskeln 203
Muskulatur 34, 35
Muster 193
Mütterberatungsstellen 72, 242
Mutter-Kind-Zentren 72
Mutterkuchen 22
Muttermilch 37, 80, 81, 82, 89, 90, 93, 104
Muttermund 22
Mutterpaß 16, 17, 22, 55, 72
Mutterschutz 228
Mutterschutzgesetz 230
Muttersprache 201
Müttertreffs 72

Nabel 45, 75
Nabelbinde 17, 22, 45, 46
Nabelbruch 75
Nabelpflege 46
Nabelschnur 22, 151
Nabelwunde 46
Nachahmung 154
Nachgeburt 22
Nachwehen 80
Nägelschneiden 48
Nährstoffe 101
Nahrung 26, 37, 62, 96, 97, 99, 100, 101, 102, 104, 178, 185, 217
Nahrungsaufnahme 99, 151, 239
Nahrungsbedarf 86
Nahrungsbestandteile 100
Nahrungsmenge 89, 92, 99, 101
Nahrungsmittel 87, 90, 95, 97
Nahrungsstoffe 87
Nahrungsverweigerung 159
Nahrungszubereitung 103
Nase 47, 162
Naturbürste 48
Nervensystem 55, 56
Nervosität 100
Neugeborene 27, 29, 34, 36, 37, 55, 80, 136, 137, 139, 144, 148, 149, 224
Neugeborenen-Erstuntersuchung 55
Neugier 161, 196
Neurosen 39
Nieren 37
Normalbereich 155
Normalkost 85
Notarzt 67, 239
Notfälle 71, 242
Notruf 67, 68, 69

Obst 53, 85, 93, 104
Obstmus 93, 96
Obstsäfte 93, 95, 96
Ohren 47, 152, 239
Ohrenschmerzen 73
Öl 45, 47, 48
Onanieren 38
Operation 76
Optimismus 214
Ordnung 131, 211
Organe 56
Organismus 43, 58, 76, 99, 151, 217
Orientierung 132

Papier 208
Partner 9, 10, 13, 28, 29, 135, 220
Partnerschaft 29
PCB 81
Periode 20
Personalausweis 17
Persönlichkeit 9, 10, 14, 135, 142, 148, 151, 178, 179, 211, 224
Perspektiven 153
Pflege 10, 30, 45, 134, 140, 141, 146, 157, 226
Pflegemittel 47
Phantasie 166
Phimose 75
Pinzette 63, 67
Plakate 121
Planschen 48
Plastikspielsachen 162
Plazenta 22
Plazentakreislauf 34
Polizei 242
Pulsschlag 37
Puppe 165

Qualität 109
Querlage 21

Rachitis 43, 93
Radio 131
Rahmenbedingungen 14
Raumausstattung 119
Reaktionen 38, 149, 152, 153, 180, 182, 234, 239
Realitätsprinzip 151
Recht 10, 29, 224, 225
Reflexe 55, 56
Reformhaus 93
Reformhauskost 87
Regelmäßigkeit 53
Regeln 180
Regionen 14
Reifungsprozeß 148
Reime 216
Reinigungsmittel 63, 68
Reisen 128
Rentenanspruch 230
Rettungsdienst 65
Richtung 205, 236
Rohmilch 91
Rollen 134, 137
Rooming-in 19, 83
Röteln 59
Rückbildung 80
Rücken 113, 186, 187, 190, 201, 234, 235, 236
Rückenlage 185, 187, 235, 236

Rückenmuskulatur 185
Rückhaltesystem 126
Rückzug 32
Ruhe 143

Säfte 93, 95, 100, 101
Salz 95
Sätze 237
Sauberkeit 39, 103
Sauberkeitserziehung 38
Sauerstoff 69
Sauerstoffmangel 69
Saugen 100, 198
Sauger 103
Saugerloch 93, 99, 100
Säugling 34, 36, 37, 38, 76, 82, 95, 149, 151, 152, 158
Säuglingsalter 38
Säuglingskurs 16
Säuglingsmilch 82, 87, 89, 90, 93, 100, 104
Säuglingsschwester 46
Sauglochstanzer 103
Schädigungen 55, 158
Schadstoffbelastung 81
Schadstoffmengen 96
Schaukeln 114, 159
Schaukelpferd 121
Scheide 68
Scheidung 227
Schlaf 42, 43, 54, 70, 72, 112, 114, 115, 217, 239
Schlafbedürfnis 54
Schlafdauer 42
Schlafperioden 43
Schlafphasen 37
Schlafstörungen 158, 159
Schlaftier 115, 162
Schlagader 65
Schleim 240
Schleimpfropf 21
Schluckimpfung 59
Schmerzäußerung 66
Schmerzen 20, 40, 43, 104, 217
Schneiden 61
Schnellverband 65
Schnuller 198
Schnupfen 72, 144, 240
Schnüre 63
Schock 65, 68
Schonhaltung 66, 240
Schonkost 104
Schorf 46, 48
Schreien 159, 239
Schritte 154, 155, 192, 237
Schuhe 113
Schuldgefühl 158
Schuppen 47, 48
Schuppenbildung 74
Schutzgitter 60, 62
Schwangerschaft 16, 18, 21, 22, 84, 85, 86, 149, 217, 228
Schwangerschaftsgymnastik 16
Schwellung 240
Schwester 136, 137, 141
Schwimmtiere 48, 165
Sehen 149, 161, 196, 207
Seife 47, 48
Seitenlage 187
Selbständigkeit 60, 137, 141, 142, 151, 158, 179, 191
Selbstbewußtsein 211, 213
Selbstsicherheit 132, 161, 179
Selbstvertrauen 213
Selbstwertgefühl 32
Sexualität 32, 38
sexueller Mißbrauch 227
Sicherheit 10, 12, 16, 46, 62, 75, 126, 143, 149, 161, 191
Sicherheitserziehung 60
Sicherheitsmaß 63
Sicherheitsmaßnahmen 44
Sicherheitsnadeln 62
Sicherheitsnorm 194
Sicherheitsvorkehrungen 123
Sinnesorgane 55, 56, 235
Situation 9, 14, 28, 31, 32, 60, 65, 130, 153, 214
Sitzen 235, 236, 237
Skelett 34, 56
Sofortmaßnahmen 68
Sommer 216
Sonne 43, 117, 118, 193
Sonnenbestrahlung 62
Sonnenbrand 66
Sonnenstich 66
Soor 75
Sorge 31, 225, 226, 227
Sorgerecht 227
Sozialämter 32
soziales Verhalten 234, 235, 236, 237
Spannungen 130, 131, 132, 134, 149, 151
Spaß 178, 180, 182, 186, 187, 196, 202, 216, 219
Spätgeburt 27
Spazierfahrten 194, 216
Spaziergang 43, 123
Speiseplan 99
Speisen 97
Spezialbad 47
Spezialtraining 76
Spielangebot 183
Spielanregungen 13
Spielbereiche 122
Spielecke 28
Spielen 13, 112, 118, 131, 161, 166, 178, 179, 180, 182, 184, 185, 200, 208, 210, 213, 214, 220
Spielformen 132
Spielplatz 117
Spielübungen 183
Spielzeiten 183
Spielzeug 53, 121, 122, 137, 141, 142, 152, 161, 162, 165, 166, 168, 189, 190, 191, 193, 194, 196, 199, 202, 237
Sportwagen 123, 126, 127
Sprache 10, 142, 153, 183, 201, 203
Sprachentwicklung 56
Sprachförderung 96
Spraydose 63
Sprechen 10, 183, 185, 201
Sprechenlernen 204
Sprechentwicklung 153, 156
Sprechweise 220
Spritzen 71
Spülmittel 103

Spurenelemente 80, 96
Staat 32
Stadt 43
Stechen 61
Steckdosen 121
Stehen 236
Steißlage 21
Steuerung 203
Stiche 67
Stillen 11, 26, 80, 81, 82, 83, 84, 85, 86, 89, 100, 140, 151, 217
Stillmahlzeiten 100
Stillregeln 82
Stillrhythmus 83
Stillschwierigkeiten 85
Stillzeit 85
Stimme 152, 220
Stimmungen 82
Stoffpuppe 165
Stofftiere 165
Stoffwindeln 108
Stolpern 60
Storchenbiß 36
Störung 57, 71, 154, 158
Strampler 17, 109
Straßenverkehr 63
Streicheln 159, 197, 201
Streit 221
Streitigkeiten 132
Stromunfälle 68
Stuhl 73, 104, 240
Stürze 60, 66, 67
Sympathie 219
Symptome 71, 72, 73, 74, 75, 76, 77, 158, 159, 239

Tagebuch 168
Tagesablauf 53, 54
Tagesmütter 31
Tagespflege 134
Tagespflegestellen 31
Tageszeiten 182
Tanz 189
Tasten 210
Tastsinn 200
Tee 93, 100, 104
Teilzeitarbeit 228, 229
Telefonnummer 143
Temperatur 12, 62, 70, 92, 113, 119
Teppichboden 60, 119
Terrasse 43
Tetanus 58, 59
Tetanus-Impfung 65
Thermometer 50, 62, 70
Tier 64, 66, 165, 210
Töne 205
Töpfchen 38, 39
Tragen 46
Tragetasche 123, 126
Tragetuch 126
Transportgeräte 127
Treppenstufen 191
Trinken 84, 99, 103, 105, 131
Triset 123, 126
Trotz 38
Turnen 186

Überbesorgtsein 158
Überfütterung 99
Übergangsmilch 82
Überhitzung 50, 71
Übungen 180, 182, 183, 184, 187, 189, 237
Ultraschall 77
Ultraschallgerät 21
Umgebung 118, 128, 193
Umwelt 28, 108, 118, 127, 131, 148, 149, 151, 178, 217, 220
Umweltengel 118
Umzug 131
Unfall 65, 126, 135, 242
Unfallgefahren 60
Unfallrettungsdienst 66
Unfallstatistik 60
Unsicherheit 28
Unterernährung 76, 100
Unterhalt 224
Unterhaltung 202
Unterkühlung 71
Untersuchung 22, 55, 56, 224
Untersuchungsheft 55, 57
Urin 73, 75, 240
Urkunden 17
Urlaub 128, 131, 135, 137, 220
Ursache 72, 73, 74, 75, 76, 207, 216

Vater 14, 21, 30, 31, 108, 130, 131, 134, 135, 136, 152, 168, 169, 170, 184, 216, 220, 226, 234, 235, 236
Vaterschaft 225
Veränderungen 135
Veranlagung 35, 159
Verantwortung 31, 132
Verätzungen 68
Verband 65
Verbraucherzentralen 87, 118, 123
Verbrennung 62, 66
Verdauung 53, 56, 100, 104
Verdauungsorgane 37
Verdauungsstörungen 70
Vergiftungen 63, 67, 69, 73
Vergiftungserscheinungen 241
Verhalten 132, 154, 178, 183, 184, 216, 239
Verhaltensauffälligkeiten 56
Verhaltensstörungen 39, 159
Verhaltensweisen 10, 154, 180, 219, 234
Verletzungen 62, 65, 66, 224
Veröffentlichungen 126
Verschlucken 62
Verstopfung 73, 104, 240
Vertrauen 80, 131, 132, 143, 151, 211, 217, 219
Verwandte 10, 130, 144, 161
Verwöhnung 159
Verzögerungen 40, 156, 179
Virus 72
Vitalität 55
Vitamin D 43, 81, 93
Vitamine 80, 87, 89, 93, 96, 100
Vollmilch 37, 93
Vollmilch-Getreide-Brei 96
Vollmilch-Quark 97

Vorbeugung 73
Vorbild 180, 221
Vorhaut 75
Vormilch 80, 81
Vormittagsschlaf 54
Vornamen 213
Vorzugsmilch 91

Waage 50, 84, 85
Wachzeit 53
Wahrnehmung 10, 151, 154, 161, 186, 200, 210, 219, 234, 235, 236, 237
Wald 210
Wärme 80, 151
Wärmflaschen 62
Wärmteller 102
Wäsche-Grundausstattung 17
Waschen 46, 48, 131, 158
Wasser 47, 48, 187, 208
Wassertemperatur 47
Wattestäbchen 47
Wegwerfwindeln 108
Wehen 20, 21, 22
Weinen 119
Welt 217, 219
Weltgesundheitsorganisation 27
Wickelaufsatz 45, 47
Wickelmethode 50
Wickeln 61, 131, 139, 183, 186
Wiege 114, 115, 117
Wiegen 50
Wiese 210
Windeln 17, 46, 50, 84, 104, 108, 109, 112, 137
Winter 43
Wirbelsäule 42, 56, 67, 114, 127
Wirbelsäulenbelastung 42, 123
Wirbelsäulenverformung 76
Wissen 161
Witterung 44
Wochenbett 18
Wochenfluß 26
Wohlbefinden 201
Wohnung 28, 60, 113, 115, 143, 172, 190, 196, 237
Wohnzimmer 60, 119, 122
Wort 154
Wörter 202
Wundbehandlung 65
Wunde 65, 66, 68
Wundgel 66
Wundsein 73
Wundwerden 109
Wünsche 29, 179, 198, 211, 214, 217, 226

Zahnärzte 41
Zahnbürste 41
Zähnchen 102
Zahndurchbruch 41
Zähne 40
Zahnpflege 41
Zärtlichkeiten 80, 137, 159, 220
Zehen 113
Zeichnungen 121, 204
Zeit 131, 135, 136, 139, 141, 178, 179, 210, 217, 219
Ziele 14, 191, 237
Zigaretten 26, 63
Zimmer 118, 193, 196, 202
Zimmertemperatur 50
Zittern 158
Zucker 41, 95, 104
Zuneigung 29, 136
Zuwendung 9, 14, 131, 132, 136, 153, 201
Zwiemilchernährung 100
Zwiesprache 153, 214
Zwillinge 53, 140, 141, 142, 148